铁路专业系列教材

铁路动车组概论

中国国家铁路集团有限公司机辆部　主编

中国铁道出版社有限公司

2025 年·北 京

内 容 简 介

为加强铁路专业技术和技能人才队伍建设，增强铁路职业教育和技术业务培训的系统性、针对性，中国国家铁路集团有限公司组织编写了铁路专业系列教材。

《铁路动车组概论》为铁路专业系列教材之一，全书包含动车组概述，动车组关键技术，CR400 平台动车组，CRH380A 平台动车组，CRH380B 平台动车组，CRH1A 平台动车组，CRH5A 平台动车组等内容。

本书既可作为高等职业学校铁道类相关专业基本教材，又可作为普通高等学校铁路专业入门教材，同时也可作为铁路企业管理人员、专业技术人员、技能人员岗位培训和业务学习参考用书。

图书在版编目(CIP)数据

铁路动车组概论/中国国家铁路集团有限公司机辆部主编. —北京：中国铁道出版社有限公司，2022. 8(2025. 1 重印)

铁路专业系列教材

ISBN 978-7-113-29234-8

Ⅰ. ①铁… Ⅱ. ①中… Ⅲ. ①高速动车-教材 Ⅳ. ①U266

中国版本图书馆 CIP 数据核字(2022)第 098905 号

书　　名：铁路动车组概论

作　　者：中国国家铁路集团有限公司机辆部

责任编辑：李润华　王明容　　**编辑部电话：**(010)51873138

封面设计：崔丽芳　　**封 面 摄 影：**王明柱

责任校对：孙　玫

责任印制：高春晓

出版发行：中国铁道出版社有限公司(100054，北京市西城区右安门西街 8 号)

网　　址：http://www.tdpress.com

印　　刷：北京联兴盛业印刷股份有限公司

版　　次：2022 年 8 月第 1 版　2025 年 1 月第 4 次印刷

开　　本：787 mm×1 092 mm 1/16　**印张：**14.25　**字数：**319 千

书　　号：ISBN 978-7-113-29234-8

定　　价：43.00 元

前言

为加强铁路专业技术和技能人才队伍建设，增强铁路职业教育和技术业务培训的系统性、针对性，在全国铁道职业教育教学指导委员会指导下，中国国家铁路集团有限公司组织编写了铁路专业系列教材。

近年来，随着我国铁路事业的快速发展，铁路技术装备加快升级，铁路生产组织、作业方式、作业规章发生了较大变化，对铁路专业技术及技能人才的知识结构、技能结构提出了更高要求。从对院校铁路专业教学调研的情况看，部分院校专业教材存在知识老化、与现场岗位技能要求脱节的问题，影响了铁路技能人才培养质量。中国国家铁路集团有限公司组织编写本套教材，旨在引导院校加强铁路主专业建设，将铁路企业现场新技术、新规章、新技能融入专业教材中，指导院校完善课程体系，改进专业教学，提高铁路人才队伍源头培养质量。

本套教材由中国国家铁路集团有限公司各业务部门组织铁路企业专业技术人员及院校专家共同编写，历时一年完成。在教材编写过程中，广泛征求了铁路企业和院校专家意见，并经多次修改完善。整套教材紧扣铁路现代化发展，系统梳理了近年来我国铁路发展特别是高速铁路发展理论和实践经验，全面概括了铁路各专业学科的基本内容、基本要求，是我国铁路专业教材建设的重要成果。本教材有以下主要特点：

第一，系统性。系列教材涵盖铁路主要行车工种对应的行车、客运、货运、机务、车辆、动车组、工务、信号、通信、供电等各专业，编写思路清晰，结构科学严谨。通用教材与专业教材承接紧密，各专业教材之间协调互补，构建了全面、系统的铁路专业知识体系，反映了铁路专业学科特色和基本要求。

第二，权威性。坚持专业领航、产教融合、校企合作，组建“企业（技术管理、运营维护、科学研究、生产制造）+院校”的编写团队，由中国国家铁路集团有限公司各业务部门牵头把关，组织来自铁路局集团公司、铁科院集团公司、高等学校、高职院校以及生产制造企业的数百名专业人士，潜心撰写，深入研讨，既有理论阐释，又有现场作业演示，全方位、多视角呈现了铁路专业学科知识。

第三，实用性。坚持学以致用，注重对最新规章标准文件的运用和解读，针对铁路现场岗位技能要求，确保教材内容与铁路运输岗位标准相契合，突出铁路职工岗位必知必会内容。本套教材减少大篇幅的理论推导和施工报告式的工艺流程堆砌，避免晦涩难懂的专业术语和理论运算，体现实用性和可读性相互兼顾。根据普通高校、职业院校和铁路职工岗位专业学习的特点，系列教材既有一般教材的共性，又有铁路专业学科的知识体系、逻辑结构和体例风格，特别是结合现场工作要求，突出岗位技能，使广大师生和铁路从业人员学得懂、用得上。

第四，融合性。坚持融合出版，本套教材收入了大量的现场设备及现场作业实景图片，图文并茂，生动易懂。在编写和出版过程中，积极运用“互联网+职业教育”的思维方法，推动传统教学理论变革，打造立体化新型教材，推进学术性与知识性结合。同时，充分运用现代信息技术，融合电子图书、课程视频、知识库等多种数字资源，进一步丰富教材内容，通过手机浏览器扫描二维码，下载安装教材 App，获得电子教材与规章标准数据联通共享，知识内容检索等增值服务，便于读者深入学习和拓展阅读。

本套教材既可作为高等职业学校铁道类专业基本教材，又可作为普通高等学校铁路专业入门教材，同时也可作为铁路企业管理人员、专业技术人员、技能人员岗位培训和业务学习参考用书。

本书为《铁路动车组概论》，包含动车组概述，动车组关键技术，CR400平台动车组，CRH380A 平台动车组，CRH380B 平台动车组，CRH1A 平台动车组，CRH5A 平台动车组等内容。本书只论述动力分散动车组。

本书由中国国家铁路集团有限公司机辆部主编。参加编写人员有：动车组技术中心郭晓燕，中车长春轨道客车股份有限公司朱彦，中车青岛四方机车车辆股份有限公司陶桂东，中车唐山机车车辆有限公司张雷，青岛四方阿尔斯通铁路运输设备有限公司王开团，铁科院集团公司史俊玲（第一章）；

动车组技术中心邵军、王铁胜、戴晓超、梁德龙、马斌、王刚、刘克思、焦晨、邹晓宇，中车青岛四方机车车辆股份有限公司焦京海、曹佳林，铁科院集团公司沈通（第二章）；中车长春轨道客车股份有限公司王超、刘俊阳、杨集友、马永靖、王华伟、吕龙、刘俊明、高林林、刘静、李婧，中车青岛四方机车车辆股份有限公司贾向杰、杨欣、周建升、张明、王洁先、王翔、宋晗，中车唐山机车车辆有限公司赵金星、高军，青岛四方阿尔斯通铁路运输设备有限公司吕吉玉（第三章）；中车青岛四方机车车辆股份有限公司林松、陈文宾、党学东、李文彪、杨欣、于大海、张永生、曲子扬、王双全、张贤凯、张永明、于勇、潘贵翔、戚磊、吕文俊、王宗昌、储成龙、杨旭升、胡亚锋（第四章）；中车唐山机车车辆有限公司赵金星、高军、李杰、马志会、刘晨辉、王振宏、王家鑫、苏慈、吕白、王鑫、马宏宇、刘英、于文学、周强、张爱华、王海生、庹霞、卢海超，中车长春轨道客车股份有限公司范军、左明洁、吴迪迪（第五章）；青岛四方阿尔斯通铁路运输设备有限公司王志春、赵建葵、于百川、于泓、周海廷、周建烽、付兴金、王锐锋、宿伟、刘爱伶、兰菊花（第六章）；中车长春轨道客车股份有限公司王峰、李林、韩宣、刘正威、杨川、韩俊峰、陈昶、金鑫、侯达明、徐慧星、毕仲国、胡易轩、张晓明、丛国强，中车唐山机车车辆有限公司王野（第七章）。审定人员有：中国国家铁路集团有限公司机辆部任广强，铁科院集团公司张波、赵红卫，黑龙江交通职业技术学院马文哲。

本书在编写过程中得到了黑龙江交通职业技术学院和铁科院集团公司的大力支持，在此一并表示感谢。

由于编者水平有限，书中难免有遗漏和不妥之处，诚请读者批评指正。

编 者

2022 年 7 月

目录

第一章

概 述

学习任务

学习动车组基本知识及其发展史是学习动车组技术的基础。铁路相关专业有必要了解我国各阶段的典型型号动车组及其技术特点。

本章阐述了动车组的定义、不同的分类方式及主要组成部分，对国内外不同时期典型动车组及发展趋势、我国动车组型号编排规则等进行介绍。

通过学习，掌握动车组的基本概念、分类及组成，了解国内外动车组的发展历史，熟悉我国动车组型号编排规则，形成对铁路动车组的宏观认识，为后续章节的学习奠定基础。

第一节 动车组的定义及分类

一、动车组的定义和术语[1]

动车组：由动车（有动力）和拖车（无动力）组成的自带动力、固定编组、两端均可操纵驾驶、整列一体化设计的一组列车。

电动车组：以电力为动力源的动车组。

内燃动车组：以内燃机为动力源的动车组。

动力分散动车组：动力设备分散布置在若干车辆上，并且每辆车均能载客的动车组。

动车：在动车组中具有牵引力输出能力的车辆。

拖车：在动车组中不具有牵引力输出能力的车辆。

动力单元：由多个安装有动力设备的车辆连接在一起组成一个完整的可提供牵引动力的车辆组合。

二、动车组的分类

动车组的分类方式主要有三种：按动力配置方式分类、按牵引动力类型分类及按转向架连接方式分类。

1. 按动力配置方式分类

按照动力配置方式,可将动车组分为动力分散动车组和动力集中动车组。

(1)动力分散动车组:指动力设备分散布置在若干车辆上,并且每辆车均能载客的动车组,如我国的 CRH1、CRH2、CRH3、CRH5、CR400、CR300 等。

(2)动力集中动车组:指将列车的动力设备集中在列车的一端或两端车辆上且动力车辆不载客的动车组,如我国的 CR200J。

2. 按牵引动力类型分类

按照牵引动力类型,可将动车组分为电动车组、内燃动车组以及混合动力动车组。

(1)电动车组:指以电力为动力源的动车组,通常是在电气化铁路上运行。由于电力牵引具有牵引功率大、轴重轻、经济性好、利于环保等优点,因此,从世界各国高速铁路的发展状况来看,80% 以上的高速动车组都是采用电力牵引。

(2)内燃动车组:指以内燃机为动力源的动车组。根据内燃机的种类,可分为柴油动车组和燃气轮动车组。我国铁路内燃动车组绝大多数是柴油动车组。内燃动车组由于其运用线路投资少、见效快等优点,常用于尚未电气化的铁路区段。

(3)混合动力动车组:指以多种动力驱动的动车组,如油电混合型(内燃机 + 接触网电能或者内燃机 + 动力蓄电池)、电电混合型(接触网电能 + 动力蓄电池)等,可实现电气化和非电气化铁路间跨线运行,为乘客出行提供方便。

3. 按转向架连接方式分类

按照转向架连接方式,可将动车组分为独立式动车组和铰接式动车组。

(1)独立式动车组:指传统的转向架与车体的连接方式,每节车的车体都由两台转向架支撑,车辆与车辆之间通过车端连接装置相连接,动车组解编后车辆可独立行走。

(2)铰接式动车组:指动车组车体与车体之间用弹性铰相连接,在两个车体连接处共用一台转向架,因此每节车辆不能从动车组中解编下来独立行走。

三、动车组的组成

动车组通常包括车体、转向架、高压牵引系统、制动系统、网络系统、辅助供电系统、驾驶设施、车内设备等功能组成部分,如图 1-1 所示。

(1)车体分为带司机室车体和不带司机室车体两种,是容纳乘客和司机驾驶的地方,同时也是安装与连接其他设备和部件的基础。车体多采用铝合金或不锈钢材料,车体前端的自动车钩具有重联和救援功能。

(2)转向架可分为动力转向架和非动力转向架。转向架处于车体和轨道之间,用来牵引和引导车辆沿轨道行驶,同时承受和传递来自车体及线路的各种载荷,缓和冲击和振动。

(3)高压牵引系统为动车组提供牵引动力,一般包括受电弓、主断路器、其他高压设备、牵引变压器、牵引变流器、牵引电机、齿轮箱等。

(4)辅助供电系统是为动车组辅助负载设备提供电能的系统,一般由辅助变流器、蓄电池、充电机等组成。

(5)制动系统是保证列车减速或准确停车及安全运行所必需的系统,主要有再生制动和空气制动两种形式,通常采用电空复合制动模式,一般包括供风装置、基础制动装置、制

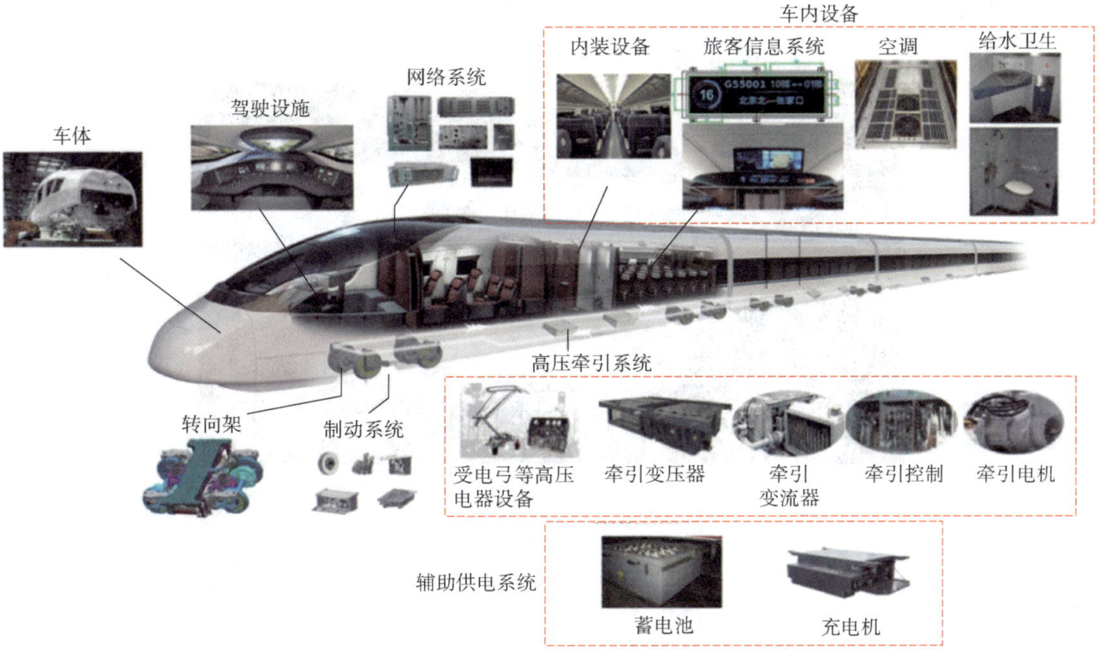

图 1-1 动车组组成示意

动控制装置等。

(6)网络系统主要负责对动车组牵引、制动、转向架、辅助供电、车门、空调等系统的控制、监视和诊断,主要由列车总线、车辆总线、中央控制单元等设备组成。

(7)驾驶设施是动车组司机操纵控制动车组的区域及其设备,包括司机操纵台、座椅、雨刮器、外部照明等。

(8)车内设备是指服务于旅客的车内附属装置,包括旅客信息系统、给水卫生、空调、采暖、照明、车窗、车门、座椅、行李架等设备和系统。

第二节 国外动车组发展史

日本、法国、德国是国际上较早发展高速铁路技术的国家。

日本动车组主要采用动力分散牵引方式,主要包括两大系列:第一种是以百位数字表示的高速列车,从 0 系开始,发展出 100 系、200 系、300 系、400 系、500 系、700 系、800 系及 N700 系等型号;第二种是 E 系高速列车,有 E1、E2、E3、E4、E5、E6、E7/W7 等型号。日本目前运行的各系动车组的最高运营速度从 210 km/h 到 320 km/h 不等,其研制的新一代动车组为 N700S 型动车组和在研的 ALFA-X 型试验列车。N700S 型动车组最高运营速度为 300 km/h,专注于轻量化、节能、提升舒适性,采用了基于碳化硅功率器件的牵引系统,有 8 辆、12 辆和16 辆三种编组形式。ALFA-X 型动车组是 JR 东日本铁路公司主导研制的高速试验列车,以轻量化、环境友好、提升舒适性为设计目标,最高运营速度目标为 360 km/h,为 10 辆全动车编组。N700S 型新干线列车如图 1-2 所示。

图 1-2 N700S 型新干线列车

法国自 1978 年研发第一列 TGV 高速列车以来,目前形成了四代产品:第一代 TGV-PSE 型高速列车,采用动力集中方式,速度为 275 km/h;第二、三代高速列车依然采用动力集中方式,第二代包括 TGV-A、TGV-R、TGV-TMST、TGV-PBKA 等型号,第三代包括 TGV Duplex、TGV Dasye、TGV 2N2 和 TGV Duplex Ouigo 等型号;第四代为 AGV 高速列车,采用动力分散、永磁同步牵引电机、涡流制动等技术,速度为 350 km/h。目前最新研究的动车组为新一代动力集中双层动车组 TGV Horizon,最高速度为 350 km/h,采用 2M9T 编组,动车组采用轻量化设计,动力车和拖车轴重均不大于 17 t;采用永磁电机驱动系统和紧凑型动力车,铰接式转向架;动车组高压贯通,运行时单弓受流。AGV 高速列车如图 1-3 所示。

图 1-3 AGV 高速列车

德国高速动车组经历了从动力集中向动力分散的发展过程。其中 ICE1 采用动力集中模式,最高运营速度 280 km/h,其后又研制了 ICE2,也采用动力集中模式。随着动车组运行速度的提高,德国动车组的技术体系也从动力集中转向动力分散模式,其最典型的动车组为 2002 年投入运营的 ICE3,采用 4M4T 动力配置,最高运营速度提高到 320 km/h。除了常规型动车组外，为了适应既有线多曲线的要求，德国还研制并投入运营了大量动力分散摆式动车组，包括电力摆式动车组 ICE T 和内燃摆式动车组 ICE TD。德国最新研制并已投入运营的动力分散动车组为 ICE4，典型配置采用 6M6T，最高运营速度为 250 km/h，其最大特点为采用模块化动力方案，可根据运营需求选择 5 ~ 14 辆编组，最高速度可达 280 km/h。目前，德国西门子公司正在研发最新一代高速动车组平台 Velaro NOVO，重点关注全寿命周期成本，目标是能耗降低 30% ，采购成本降低 20%，维护成本降低 30%，重量减少 15%，定员增加 10%。ICE4 动车组如图 1-4 所示。

图 1-4 ICE4 动车组

随着日本、法国、德国高速铁路技术的发展，从 20 世纪 90 年代开始，意大利、西班牙、比利时等国纷纷开始发展高速铁路，欧洲高速铁路网络逐步成型；此后，亚洲、北美洲等也加入到发展高速铁路行列，世界范围内掀起了高速铁路建设热潮。

第三节 国内动车组发展史

一、早期研制动车组

我国对动车组技术的探索和动车组的研制，最早可以追溯到 1979 年，根据当时的铁道部规划，研究开发了 140 km/h 速度级动力分散式电动车组。此后，我国先后研发了 26 款种类各异的动车组样车，牵引类别涵盖了内燃和电力，动力配置涵盖了动力集中和动力分散，速度等级涵盖了 100 km/h、120 km/h、140 km/h、180 km/h 和 200 km/h 等。这些国产动车组吸收了 25 型铁路客车的研发成果，同时也广泛借鉴了国外先进技术，其代表性动车组有：200 km/h 电动旅客列车组（“大白鲨”）、“蓝箭”、“中华之星”、“先锋号”、“春城号”、“新曙光号”、“中原之星”、“长白山”等。国内早期研制典型动车组如图 1-5 所示。

“大白鲨”动车组是 1999 年由长春客车厂、株洲电力机车厂、四方机车车辆厂、唐山机车车辆厂、浦镇车辆厂及株洲电力机车研究所等研制的动力集中电动车组，最高运营速度

(a) “大白鲨”动车组　(b) “蓝箭”动车组

(c) “中华之星”动车组　(d) “先锋号”动车组

图 1-5　国内早期研制典型动车组

200 km/h，采用 1M6T 动力配置，由 1 辆动力车、5 辆单层拖车和 1 辆双层拖车组成，列车总定员为 436 人；动力车采用直流电传动，牵引功率为 4 000 kW。

“蓝箭”动车组是 1999 年—2001 年由株洲电力机车厂与长春客车厂联合研制的我国第一列采用交流传动技术的电动车组，先后完成两批共 8 组样车并投入使用。动车组为动力集中电动车组，最高运营速度 200 km/h，采用 1M6T 动力配置，牵引功率 4 000 kW，列车总定员为 421 人/435 人。

“中华之星”动车组是 2001 年由长春客车厂、四方机车车辆股份有限公司、株洲电力机车厂和大同机车厂共同研制的动力集中电动车组。动车组最高运营速度 270 km/h，采用 2M9T 动力配置，牵引功率 9 600 kW，采用交流传动技术，列车总定员 726 人。

“先锋号”动车组是 2001 年由浦镇车辆厂研制的动力分散电动车组，最高运营速度 200 km/h，采用 4M2T 动力配置，由两个 2 动 1 拖的牵引动力单元组成，牵引功率 4 800 kW，采用交流传动技术，列车总定员 424 人。

“春城号”动车组是 1999 年由长春客车厂、株洲电力机车研究所和昆明铁路局研制的动力分散电动车组，采用 4M2T 动力配置，直流传动，最高运营速度 120 km/h。

“新曙光号”动车组是 1999 年由戚墅堰机车车辆厂、浦镇车辆厂及上海铁路局联合研制的准高速内燃动车组，采用 2M9T 动力集中型式，最高运营速度 180 km/h。

“中原之星”动车组是 2001 年由株洲电力机车厂、四方机车车辆股份有限公司、株洲电力机车研究所联合研制的动力分散电动车组，采用 4M2T 动力配置，最高运营速度 160 km/h。

“长白山”动车组是2003年由长春轨道客车股份有限公司研制的动力分散电动车组，采用6M3T动力配置，最高运营速度200 km/h。

二、和谐号动车组

从2004年起，我国通过技术引进、消化吸收再创新形成了和谐号CRH系列动车组，主要包括CRH1、CRH2、CRH3和CRH5四大技术平台。

1. CRH1动车组技术平台

CRH1动车组技术平台是由中车青岛四方机车车辆股份有限公司与加拿大庞巴迪公司的合资公司青岛四方阿尔斯通铁路运输设备有限公司（原名：青岛四方庞巴迪铁路运输设备有限公司）研制生产的，目前有CRH1A、CRH1B、CRH1E、CRH380D、CRH1A-A等型号。

CRH1A型动车组的原型车是加拿大庞巴迪公司为瑞典国铁（SJ）设计的Regina C2008型电动车组。2007年2月，首批CRH1A型动车组投入运用。采用不锈钢车体，8辆编组，5M3T动力配置，轴重不大于16.5 t，牵引总功率为5 300 kW，最高运营速度200 km/h或250 km/h（不同批次）。正常运行时，采用单弓受流。车端连接装置采用全自动车钩，中间车采用半永久性车钩装置。列车网络控制系统采用符合IEC 61375标准的TCN网络。

2007年，在CRH1A型动车组基础上扩编成16辆编组座车，形成CRH1B型动车组，采用10M6T动力配置。同时，以新研发的ZEFIRO250系列为基础，生产16节车厢的大编组卧铺动车组，2009年10月首列CRH1E型动车组下线，最高运营速度为250 km/h。与CRH1A型动车组相比，CRH1E型动车组采用了新头型设计。

CRH380D型动车组是2012年基于ZEFIRO380平台研发的高速动车组，采用4M4T动力配置，牵引功率10 000 kW，可重联增至16辆，最高运营速度350 km/h。CRH380D型动车组车体采用通长的铝合金型材，车内振动小，噪声低，温度、湿度可自动调节，总定员为556人。

2015年，研制CRH1A-A型动车组，最高运营速度250 km/h，采用铝合金车体减轻重量并改善列车气密性，设计流线型新头型降低气动阻力，优化转向架悬挂参数提高稳定性，同时对部分列车设备进行重新布置，主要是04车和05车的座席布置。CRH1动车组技术平台典型动车组如图1-6所示。

2. CRH2动车组技术平台

CRH2动车组技术平台是由中车青岛四方机车车辆股份有限公司消化吸收日本川崎重工E2-1000系动车组技术研制生产的，目前有CRH2A、CRH2B、CRH2E、CRH2C、CRH380A、CRH380AL、CRH6A、CRH6F、CRH2G等型号。

首批CRH2A型动车组于2007年1月投入运营，最高运营速度250 km/h，采用8辆编组、4M4T的动力配置方式，由2个动力单元组成，每个动力单元由2辆动车和2辆拖车（T+M+M+T）组成。动车组轴重不大于15 t，牵引总功率为4 560 kW，车体材质为铝合金。2013年，在CRH2A型动车组基础上对定员、旅客服务、司机操作等方面进行了变更，如取消一等包厢等，最终形成统型CRH2A型动车组。

(a) CRH1A型动车组

(b) CRH1E型动车组

(c) CRH380D型动车组

(d) CRH1A-A型动车组

图 1-6　CRH1 动车组技术平台典型动车组

2007 年,先后在 CRH2A 型动车组基础上扩编研制形成 CRH2B、CRH2E 型 16 辆编组座车/卧铺动车组,加装了半主动减振器、车端耦合减振器(车端阻尼器)、头车两侧车灯,对空调通风系统也进行了改进。

CRH2C 型动车组在 CRH2A 型动车组基础上通过技术升级提升运行速度,共分为两个阶段。首列 CRH2C 第一阶段动车组于 2007 年 12 月下线,在 CRH2A 型动车组的基础上进行了调整,动力配置由 4M4T 调整为 6M2T、转向架悬挂参数进行了优化等,最高运营速度 310 km/h。首列 CRH2C 第二阶段动车组于 2010 年下线,在第一阶段的基础上进行提升,采用 365 kW 电机,降低传动比,增大 IGBT 元件的额定电流等级,最高运营速度 350 km/h。

CRH380A、CRH380AL 型动车组是 2010 年在 CRH2C 型动车组基础上自主研制的高速动车组,最高运营速度 350 km/h。其中,CRH380A 型动车组编组为 6M2T,牵引功率为 9 360 kW,采用了通长铝合金型材的车体和低气动阻力的流线型车头。CRH380AL 型动车组为 CRH380A 型的长编组形式,采用 14M2T 动力配置,牵引功率为 21 021 kW。CRH380A/AL 统型动车组定员分别为 556 人和 1 061 人。

除上述动车组外,2013 年研制了 CRH6A 和 CRH6F 型城际动车组,2015 年研制了 CRH2G 型高寒动车组。CRH6A 型城际动车组最高运营速度 200 km/h,CRH6F 型城际动车组最高运营速度 160 km/h。CRH2G 型高寒动车组可在 −40 ~ +40 ℃ 极端气候条件下正常运营,最高运营速度 250 km/h,转向架采用高寒适应性设计,车下设备舱采用密封结构,空调系统采用防风沙和空气过滤设计等。CRH2 动车组技术平台典型动车组如图 1-7 所示。

3. CRH3 动车组技术平台

CRH3 动车组技术平台是由中车唐山机车车辆有限公司和中车长春轨道客车股份有限公司消化吸收西门子 Velaro-E 动车组技术研制生产的,目前有 CRH3C、CRH380B、CRH380BG、CRH380BL、CRH380CL、CRH3A 等型号。

(a) CRH2A型动车组

(b) CRH2A统型动车组

(c) CRH2C型动车组

(d) CRH380A型动车组

(e) CRH2G型高寒动车组

(f) CRH6A型城际动车组

图 1-7 CRH2 动车组技术平台典型动车组

CRH3C 型动车组,最高运营速度 350 km/h,8 辆编组,4M4T 动力配置,牵引功率 8 800 kW,轴重不大于 17 t,2008 年 8 月正式投入运营。

CRH380BL 型动车组是在 CRH3C 型动车组基础上自主研制的新一代高速动车组,2010 年5 月底首列样车完成试制。与 CRH3C 型动车组相比,CRH380BL 型动车组采用 16 辆编组,8M8T 动力配置,牵引功率为 18 400 kW,最高运营速度 350 km/h,通过提升牵引功率、降低传动比、气动外形减阻等方式优化了列车性能,通过车厢降噪、加强车内气压控制提高了列车舒适度。

CRH380B 和 CRH380BG 型动车组以 CRH380BL 型动车组为基础,各系统结构及功能基本保持不变,牵引功率为 9 200 kW。CRH380B 型动车组为 CRH380BL 型的短编型式;CRH380BG 型动车组为高寒型,针对哈大客专的高寒运用环境进行了适应性优化,在材料低温特性、密封防雪及防结冰、空调采暖、水系统防冰、转向架系统低温适应性等方面进行了改进,可适应 -40 ~ +40 ℃环境运营要求。

CRH380CL 型动车组是在 CRH3C 和 CRH380BL 型动车组基础上于 2011 年研发的高速动车组,为 16 辆编组(8M8T),采用了新头型以降低列车高速运行时的气动阻力,采用基于日立技术的牵引及网络控制系统,牵引功率为 19 200 kW,最高运营速度 350 km/h。

2016 年,研制了时速 250 km 的 CRH3A 型动车组,为 8 辆编组(4M4T),牵引总功率

5 500 kW,最高运营速度 250 km/h,采用了国产化网络控制系统。CRH3 动车组技术平台典型动车组如图 1-8 所示。

(a) CRH3C型动车组

(b) CRH380B型动车组

(c) CRH380CL型动车组

(d) CRH380BG型高寒动车组

(e) CRH3A型动车组

图 1-8　CRH3 动车组技术平台典型动车组

4. CRH5 动车组技术平台

CRH5 动车组技术平台是由中车长春轨道客车股份有限公司消化吸收阿尔斯通 SM3 型动车组技术研制生产的,目前有 CRH5A、CRH5G、CRH5E 等型号。

CRH5A 型动车组为 8 辆编组,采用 5M3T 的动力配置方式。第一列国产 CRH5A 型动车组于 2007 年下线,最高运营速度 250 km/h,轴重不大于 17 t,牵引总功率为 5 500 kW,车体材质为铝合金。

2014 年,研制了 CRH5G 型耐高寒抗风沙动车组,该型动车组在 CRH5A 型动车组基础上,主要系统的设计原理、主体结构和主要技术参数保持不变,根据兰新、哈大线等典型高寒风沙地区的运用条件,从系统匹配、结构设计、材料选择等方面进行了优化设计,在动车组定员、平面布置、旅客界面、司机操作界面、运用界面等方面进行了改进,最高运营速度 250 km/h。

2015 年,研制了 CRH5E 型动车组,为耐寒型卧铺动车组,可以在 -40 ℃的环境下长时间运营,具备简洁实用的“座卧转换”功能,可实现夜间卧、白天坐两种运营模式。CRH5 动车组技术平台典型动车组如图 1-9 所示。

(a) CRH5A型动车组 (b) CRH5G型动车组

图 1-9 CRH5 动车组技术平台典型动车组

三、复兴号动车组

为解决我国动车组技术引进后带来的自主化、简统化及运用适应性问题，按照国家创新驱动发展战略，2013 年起，我国研制了 CR400 平台和 CR300 平台复兴号系列动车组，8 辆编组相同速度等级的复兴号动车组可互联互通、实现重联运营。2017 年以后，为满足我国智能高铁发展需求，研制了京张和京雄智能动车组。

复兴号动车组是在充分吸收我国多年来动车组运用检修经验的基础上，以市场需求为目标、坚持问题导向、坚持自主创新、开展正向设计、全面提高自主化水平研制的具有完全自主知识产权的标准化、系列化、简统化动车组，达到国际领先水平，满足未来发展需求。

1. CR400 平台动车组

CR400 平台动车组为时速 350 km 的复兴号动车组，有 CR400AF（图 1-10）和 CR400BF（图 1-11）两种技术平台，包括 8 辆编组（CR400AF、CR400BF）、16 辆编组（CR400AF-A、CR400BF-A）、17 辆编组（CR400AF-B、CR400BF-B）、8 辆编组高寒型（CR400AF-G、CR400BF-G）等不同技术配置动车组。

CR400 平台 8 辆编组复兴号动车组为时速 350 km 的动力分散式电动车组，采用 4 动 4 拖。为满足大客流干线客流运输需求，2017 年研制了时速 350 km 的 16 辆编组复兴号动车组，即 CR400AF-A 和 CR400BF-A，采用 8 动 8 拖配置，总长度超过 410 m，可满足时速 350 km 运营要求；继承了 8 辆编组复兴号动车组自主化、统型、互联互通创新成果，车体、转向架、牵引、制动等主要系统方案与 8 辆编组复兴号动车组相同，对平面布置进行了适应性调整，对网络系统、旅客信息、辅助供电系统按照 16 辆编组进行了扩展设计。与 8 辆编组复兴号动车组重联相比，16 辆编组复兴号动车组将中间车头部分换为正常车厢，可方便旅客在全列车内通行，每列定员达到了 1 193 人。

图 1-10 CR400AF 型动车组

图 1-11 CR400BF 型动车组

2018 年,为进一步提升京沪高铁等繁忙干线动车组列车的载客能力,研制了 17 辆编组复兴号动车组,全长约 440 m,载客定员 1 283 人,载客能力较 16 辆编组提升了 7.5%。

2. CR300 平台动车组

为满足不同速度等级线路使用需求,2018 年在 CR400 平台动车组基础上研制了时速 250 km 的 CR300 平台动车组,如图 1-12 和图 1-13 所示。与 CR400 平台动车组相比,CR300 平台动车组具有以下特点。

(1)旅客界面、操作界面、运用维护界面深化统型,提高了不同厂家同速度等级复兴号动车组互联互通性能,方便运营管理;实现不同型号动车组轮对、齿轮箱、车钩、空调、座椅等 100 余项零部件统型,提高了互换性,减少了备件种类。

(2)首次采用以太网控车技术,应用实时以太网总线构建百兆级列车控制网络,数据传输速率高,由 1.5 Mbit/s 提高到 100 Mbit/s。以太网的应用探索为高智能化、多网融合、大数据应用、智能化运用及维修提供平台支持,代表了下一代动车组发展技术的趋势。

(3)进一步规范了功能逻辑、故障代码及故障显示,在充分借鉴 CR400 平台动车组统型经验的基础上,针对高压、牵引、制动等主要系统的功能逻辑、故障代码及故障显示进行了统型。

图 1-12　CR300AF 型动车组

图 1-13　CR300BF 型动车组

3. 智能动车组

京张高铁复兴号智能型动车组 CR400BF-C 是复兴号动车组的家族产品,定位于复兴号的智能型,由中车长春轨道客车股份有限公司研制。动车组采用了低阻力新型流线型车头,运行阻力较 CR400BF 型动车组减少约 10%,能耗降低约 7%;首次实现有人值守的自动驾驶;首次应用应急自走行技术,可在京张线任意点自走行至临近站;首次采用智能列车安全监控系统,实现多系统、整车级交互监测。2019 年底 2 列智能动车组在京张高铁投入运营。

京雄高铁复兴号智能型动车组 CR400AF-C 是复兴号动车组的家族产品,定位于复兴号的智能型,由中车青岛四方机车车辆股份有限公司研制。动车组聚焦智能、舒适、绿色及新形象,较 CR400AF 型动车组新增 ATO、PHM、5G、以太网、抬头显示等系统,多场景提升智能行车、智能运维、智能服务水平;增设司机登乘门、优化商务及一等客室,提升噪声、空气质量、压力控制水平,设盲文标识,全面提升乘坐及环境舒适性;采用灰水回收、变频空调等节能技术,选用环保材料践行环保理念;开发新头型,新头型较 CR400AF 型动车组可降低气动阻力 2%。

此后，在京张、京雄智能动车组优化技术方案的基础上，结合运用检修需求和不同线路开通的运营线路条件，提出了在既有成熟的时速 350 km 短编组、长编组复兴号动车组上增加智能配置的总体技术方案，研制了智能配置动车组，包括 8 辆编组智能型 CR400AF-Z、CR400BF-Z 和 17 辆编组智能型 CR400AF-BZ、CR400BF-BZ，短编、长编整列均增加 2 个商务定员，其中 8 辆编组定员由 576 人增至 578 人，17 辆编组定员由 1 283 人增至 1 285 人；动车组采用以太网控车；二等座椅增加 USB 和手机卡槽，PIS 系统增设卫生间禁烟语音提示和无线局域网组网功能，增设超员视频联动功能，统一融合监控室智能监控屏、旅客服务智能显示屏显示功能及主要操作界面，统一手持移动终端接口，统一受电弓视频监控接口及异常诊断模型。

CR400BF-C 型京张智能动车组如图 1-14 所示，CR400AF-C 型京雄智能动车组如图 1-15 所示，时速 350 km 复兴号智能配置动车组如图 1-16 所示。

图 1-14　CR400BF-C 型京张智能动车组

图 1-15　CR400AF-C 型京雄智能动车组

图 1-16　时速 350 km 复兴号智能配置动车组

第四节　我国动车组型号编排规则

我国动车组型号及车组号如下：

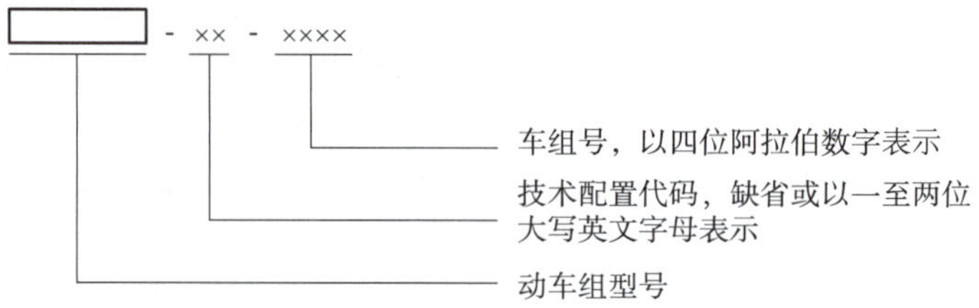

一、动车组型号及技术配置代码

1. 复兴号动车组

复兴号动车组型号及技术配置代码如下：

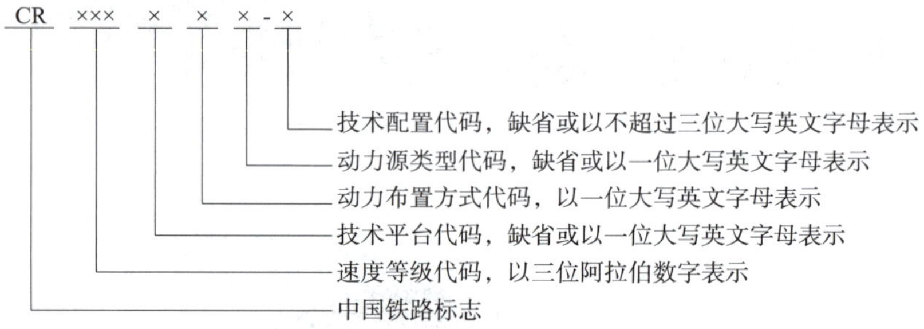

其中，以最高试验速度值确定速度等级代码，以三位阿拉伯数字表示：

450——最高试验速度为 400 km/h $<v\leqslant$450 km/h；

400——最高试验速度为 350 km/h $<v\leqslant$400 km/h；

350——最高试验速度为 300 km/h $<v\leqslant$350 km/h；

300——最高试验速度为 250 km/h $<v\leqslant$300 km/h；

250——最高试验速度为 200 km/h $<v\leqslant$250 km/h；

200——最高试验速度为 150 km/h $<v\leqslant$200 km/h；

150——最高试验速度为 100 km/h $<v\leqslant$150 km/h。

技术平台代码以一位大写英文字母表示：

A——中车青岛四方机车车辆股份有限公司申请定型的动力分散动车组；

B——中车长春轨道客车股份有限公司申请定型的动力分散动车组；

C——中车株洲电力机车有限公司、中车唐山机车车辆有限公司申请定型的动力集中动车组；

D——中车大连机车车辆有限公司、中车南京浦镇车辆有限公司申请定型的动力集中动车组；

M——中车株洲电力机车有限公司、中车南京浦镇车辆有限公司申请定型的动力集中动车组；

N——中车大连机车车辆有限公司、中车唐山机车车辆有限公司申请定型的动力集中动车组。

分置式双源制动力集中动车组代码缺省，其余预留。

动力布置方式代码以一位大写英文字母表示：

F——动力分散动车组；

J——动力集中动车组。

动力源类型代码以一位大写英文字母表示：

N——内燃型；

S——内燃、电力分置式双源制；

H——内燃、电力集成式双源制；

电力型缺省，其他混合动力、多源制、多流制等能源类型根据需要确定。

技术配置代码以不超过三位大写英文字母表示，用以区分同型号下的不同编组、运用环境、综合检测用途等不同技术配置的一般改进型产品：

A——动力分散动车组的 16 辆编组；

B——动力分散动车组的 17 辆编组；

C——京张、京雄智能动车组；

G——高寒配置（动力分散）/高原配置（动力集中）；

J——综合检测动车组；

Z——智能配置；

动力分散动车组的 8 辆编组缺省，平原型及基本型缺省。

以上编码可共同使用，如 17 辆编组动力分散智能配置动车组技术配置代码为 BZ。动力集中动车组长、短编通过车组号区分，不在技术配置代码中体现。

例如：CR400AF-A-2065 为中车青岛四方机车车辆股份有限公司申请定型的 16 辆编组动力分散动车组，时速 350 km，2065 为车组号。

2. 和谐号动车组

和谐号动车组型号分速度等级命名和技术序列代码命名两种方式。

（1）速度等级命名

CRH380 系列动车组型号以速度等级命名，其型号及技术配置代码如下：

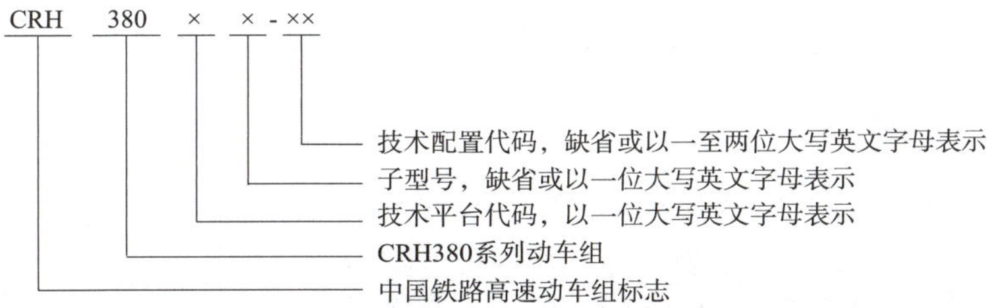

技术平台代码以一位大写英文字母表示：

A——中车青岛四方机车车辆股份有限公司申请定型的动车组、8 辆编组、座车；

B——中车长春轨道客车股份有限公司/中车唐山机车车辆有限公司申请定型的动车组、8 辆编组、座车;

C——中车长春轨道客车股份有限公司申请定型的动车组(与 B 采用不同的牵引及控制系统)、8 辆编组、座车;

D——青岛四方阿尔斯通铁路运输设备有限公司申请定型的动车组、8 辆编组、座车;

其余字母预留。

子型号以一位大写英文字母表示,缺省时为基本型:

G——耐高寒动车组;

J——综合检测动车组;

L——基本型的 16 辆编组动车组;

M——更高速度等级试验列车改为综合检测动车组;

N——永磁电机动车组;

其余字母预留。

技术配置代码以一至两位大写英文字母表示,用以区分同一基本型号下的不同技术配置,每个型号的基本型产品技术配置代码缺省。

例如:CRH380AN 为中车青岛四方机车车辆股份有限公司申请定型的 8 辆编组永磁电机动车组。

(2)技术序列代码命名

以技术序列代码命名的和谐号动车组型号及技术配置代码如下:

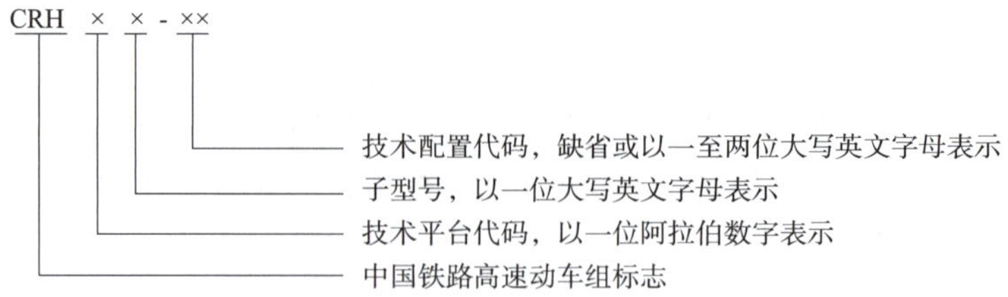

技术平台代码以一位阿拉伯数字表示:

1——青岛四方阿尔斯通铁路运输设备有限公司申请定型的动车组;

2——中车青岛四方机车车辆股份有限公司申请定型的动车组;

3——中车唐山机车车辆有限公司/中车长春轨道客车股份有限公司申请定型的动车组;

5——中车长春轨道客车股份有限公司申请定型的动车组;

6——中车青岛四方机车车辆股份有限公司申请定型的城际动车组;

7 及后续数字——预留的动车组技术平台标识代码。

子型号以一位大写英文字母表示:

A——时速 200~250 km、8 辆编组、座车;

B——时速 200~250 km、16 辆编组、座车;

C——时速 300~350 km、8 辆编组、座车;

D——时速 300~350 km、16 辆编组、座车;

E——时速 200～250 km、16 辆编组、卧车；
F——时速 160 km、8 辆编组、城际动车组；
G——时速 200～250 km、8 辆编组、耐高寒座车动车组；
H——预留；
I——预留；
J——综合检测动车组；
K 及后续字母——预留的动车组子型号。

技术配置代码缺省或以一至两位大写英文字母表示，用以区分同一基本型号下的不同技术配置，每个型号的基本型产品技术配置代码可缺省。

例如：CRH5E 为中车长春轨道客车股份有限公司申请定型的 16 辆编组卧铺动车组，时速 250 km。

(3)其他动车组

CJ2——中车唐山机车车辆有限公司申请定型的城际动车组，时速 250 km，8 辆编组座车。

CJ3——中车唐山机车车辆有限公司申请定型的城际动车组，时速 160 km，4 辆编组座车。

CJ5D——中车长春轨道客车股份有限公司申请定型的油电混合动力动车组，时速 120～160 km，3 辆编组座车。

CJ5E——中车长春轨道客车股份有限公司申请定型的电电混合动力动车组，时速 120～160 km，3 辆编组座车。

CJ5E-A——中车长春轨道客车股份有限公司申请定型的城际动车组，时速 160 km，4 辆编组座车。

CJ6——中车株洲电力机车有限公司申请定型的城际动车组，时速 160 km，4 辆编组座车。

其他代码预留。

二、动车组中车辆的车种及车辆号

动车组中车辆的车种代码是车种名称的汉语拼音缩写，车种代号、名称见表 1-1。

表 1-1 车种代号、名称

序号	车种代号	车种名称
1	ZY	一等座车
2	ZE	二等座车
3	KZ	控制车/一等座车
4	SW	商务座车
5	ZYS	一等/商务座车
6	ZES	二等/商务座车
7	ZEC	二等座车/餐车
8	ZYT	一等/特等座车

续上表

序号	车种代号	车种名称
9	ZET	二等/特等座车
10	WR	软卧车(动力分散)
11	WY	硬卧车(动力分散) 一等卧车(动力集中)
12	WE	二等卧车(动力集中)
13	WG	高级软卧车
14	CA	餐车
15	WRC	软卧车/餐车
16	JC	检测车
17	DGN	多功能车
注:动力集中动车组的动力车车种代号按机车相关规定执行。		

例如:ZE 516205 为二等座车,车组号为 5162,05 为车辆号。

复习思考题

1. 什么是动车组?有哪些类型的动车组?
2. 动车组主要由哪些部分组成?
3. 我国早期研制的动车组典型车型有哪些?有什么技术特点?
4. 我国和谐号动车组有哪些技术平台?各有哪些典型车型?
5. CR400 平台动车组有哪些型号?目前有哪些技术配置的动车组?
6. “CR400AF-BZ”每个字母及数字代表什么?

引用规章文件

[1]《动车组词汇　第 1 部分:基本词汇》(TB/T 3453.1—2016)第 2.1 ~ 2.3、2.5、3.1、3.2、3.5 条

第二章 动车组关键技术

学习任务

动车组的设计、生产和创新，主要围绕着动车组的关键技术，它们是动车组的核心，在动车组中占据主要位置。

本章阐述了动车组车体、转向架、高压牵引系统、制动系统、网络系统、辅助供电系统、驾驶设施、车内设备等8大关键系统的基本组成、关键技术及发展方向。

通过学习，掌握动车组的关键组成部分及其关键技术特点，为后续不同平台动车组的学习奠定基础。

第一节　车　　体

动车组车体为整体承载结构，提供了包括自重、有效载荷、安装在车体上的所有结构部件、设备件及正常运营载荷和特殊试验载荷在内的所有载荷的承载功能。车体材料主要有碳钢、不锈钢、铝合金、复合材料等几种，铝合金由于具有质量轻、性能好、易制造、维保费用低和外形美观等特点而被广泛应用。动车组车体主要包括车体结构、车端连接、设备舱、车端减振器、前端开闭机构等。

与传统客车采用的碳钢车体相比，动车组车体在轻量化、车体外形、强度、模态、气密强度、气密性、隔声降噪等方面具有更高的技术性能要求，以满足动车组高速运行时的安全性、舒适性需求。

(1)轻量化方面：目前动车组车体普遍采用与其基本等长的大型中空铝合金型材组焊而成，为薄壁筒形整体承载结构。

(2)车体外形方面：为节能降耗及提高旅客乘坐舒适性，车体采取流线型车头、车体表面平顺化设计、转向架及车间风挡扰流和导流控制技术，将空气阻力降到最低。

(3)车体强度及模态方面：为了保证结构的安全性、可靠性，车体应具备抵抗永久变形和破坏的能力。动车组车体结构强度标准通常采用 EN 12663《铁路应用　铁道车辆车体的结构要求》,为避免列车发生共振,整备车辆的车体模态应符合 TB/T 3502《铁道客车及动车组模态试验方法及评定》的规定。

(4)气密强度方面:随着动车组运行速度的提高,气密强度载荷对车体结构强度及车辆舒适性的影响越来越显著,为保证行车安全性及适宜的乘坐舒适性,时速 250 km 速度级、时速 350 km 速度级动车组车体气密强度载荷分别为 ±4 000 Pa、±6 000 Pa。

(5)气密性方面:为避免动车组高速通过隧道或列车交会时产生较大的车内空气压力变化而引起旅客耳鸣、恶心、呕吐等现象,动车组的气密性应符合 TB/T 3250《动车组密封设计及试验规范》的要求。

轻量化技术以及减阻技术是车体未来主要发展方向。

(1)轻量化方面:轻量化技术主要包括材料轻量化和结构轻量化两个方面。材料轻量化是最快捷、最安全、最有效的方法,目前高速动车组的车体材料广泛采用铝合金、不锈钢及复合材料等,与碳钢材料车体相比,不锈钢材料车体可降低重量约 8%~10%;铝合金材料车体降低重量约 15%~25%;以碳纤维为例,复合材料车体降低重量约 50%~60%。结构轻量化设计采用整体化、模块化的设计,减少车体零部件数量,提高部件一体化程度。

(2)减阻方面:动车组高速运行时,摩擦阻力和压差阻力占列车总阻力的 80% 以上。摩擦阻力与列车裸露面积及表面光滑程度相关,优化方向为部件包覆及平顺化,如转向架区域采用裙板包覆、受电弓采用合理的导流技术;压差阻力主要与车体断面相关,优化方向为优化头型及减小车体断面积,如增加头型的长细比、适当减小车辆的断面尺寸。

第二节 转 向 架

转向架作为动车组的走行机构,直接影响动车组运行品质和行车安全。转向架直接承载整车重量,并通过减振器、钢弹簧及空气弹簧等悬挂部件缓冲车轮和轨道间振动冲击,保证乘坐的舒适性;同时传递车辆牵引力和制动力,以实现动车组加速前进和减速停车;具有一定的转向能力,以适应线路弯道曲线,保证车辆安全顺利通过曲线。动车组转向架主要包括轮对轴箱装置、一系悬挂、构架、二系悬挂、中央牵引、传动装置、基础制动、轴端及辅助设备等。

依据轴数、车辆连接、悬挂方式、动力配置、轨距、轴箱定位方式等特点,转向架结构存在多种形式,如法国 TGV、AGV 系列动车组采用铰接式转向架,西班牙 Talgo 动车组采用更为特殊的单轴铰接转向架,在意大利、西班牙等多山地线路条件的动车组多采用有倾摆装置的摆式转向架。我国动车组均以传统两轴无摇枕转向架为主,动车组的动力车和拖车分别采用动力转向架(一般称动车转向架)和非动力转向架(一般称拖车转向架)。

与传统的铁路客车转向架相比,动车组转向架的运行速度更高,轮轨接触及载荷工况更为复杂、恶劣,因此对其动力学性能、结构强度和旋转部件可靠性提出更高的技术要求。

(1)动力学性能方面:车辆的临界速度更高,需要对轮对定位装置、一系悬挂及二系悬挂各零部件结构及参数进行更复杂的设计,同时优化车轮踏面廓形,实现轮轨关系与悬挂参数的系统匹配，以满足高速运用工况下车辆的稳定性、安全性、平稳性等动力学指标。

(2)结构强度方面：车辆高速运行工况下，来自轮轨的振动冲击更大、结构承载件载荷工况更为复杂，全寿命周期内受载频次更高，需合理选材和设计结构，并通过充分的仿真计算、台架试验、线路振动及动应力测试和服役性能跟踪等手段进行强度可靠性评估及验证。

(3)旋转部件方面：由于运用速度更高，轴箱轴承、齿轮箱及联轴节的转速更高，振动和载荷条件也更恶劣，为了满足安全性及可靠性要求，在结构可靠性及内部润滑上需要进行特殊的设计，并通过充分的仿真分析、台架试验验证及长期的服役性能跟踪，确保旋转部件寿命期内安全可靠。

随着我国高速铁路网规模日益扩大，动车组面临着特有的超大规模路网、跨时区跨温度带复杂地理气候条件、超长距离持续高速运营的巨大挑战。因此动车组转向架未来除需在环境适应性、高速性能和高可靠性方面继续深入研究、夯实技术基础之外，高速驱动、轻量化、智能化、低噪环保等技术也将是转向架的未来发展方向。

(1)高速驱动：为了适应更高的运用速度，转向架的旋转部件如轴箱轴承、齿轮箱及联轴节需要进行更深入的研究，以满足全寿命周期内的安全性及可靠性要求。

(2)轻量化：如采用轴箱内置转向架、轻质合金材料和复合材料。

(3)智能化：如旋转部件采用振动、温度复合的监控技术，构架裂纹检测技术、悬挂系统主动控制技术等。

(4)低噪环保：如采用静音闸片、人字齿和弧形齿齿轮箱技术等。

第三节　高压牵引系统

动车组高压牵引系统主要作用是在牵引运行时将接触网电能转换成机械能，再生制动时将机械能转换成电能并反馈给接触网。牵引运行时，受电弓将接触网 AC 25 kV 单相工频交流电，经过相关的高压电气设备传输给主变压器，主变压器降压输出单相交流电供给牵引变流器，牵引变流器的脉冲整流器将单相交流电变换成直流电，经中间直流电路输出给牵引逆变器，牵引逆变器输出电压/频率可调的三相交流电驱动牵引电机，牵引电机的转矩和转速通过齿轮变速箱传递给轮对驱动列车运行，从而实现电能到机械能的转换。再生制动时，控制牵引逆变器使牵引电机处于发电状态，牵引逆变器工作于整流状态，牵引电机发出的三相交流电被整流为直流电并对中间直流环节进行充电，使中间直流环节电压上升。同时脉冲整流器工作于逆变状态，中间直流回路直流电被逆变为单相交流电，该交流电通过牵引变压器、真空断路器、受电弓等高压设备反馈给接触网，从而实现机械能到电能的转换。

动车组高压牵引系统主要由高压电器设备和牵引系统设备组成。高压电器设备包括受电弓、真空断路器、避雷器、电流互感器、电压互感器、高压隔离开关、接地保护开关等。牵引系统设备包括牵引变压器、牵引变流器（含整流器、中间直流环节、牵引逆变器）、牵引电机等。

牵引系统按控制方式分为车控式、架控式、轴控式三种。车控式是指每个变流器内部一组逆变器驱动同一辆车上的全部牵引电机;架控式是每个变流器内部一组逆变器驱动同一转向架上的全部牵引电机;轴控式是每个变流器内部一组逆变器驱动单个轴上的牵引电机。动车组牵引系统主要采用车控和架控方式。

与传统机车相比,动车组高压牵引系统主要有以下几方面区别:一是能量源,动车组能量源来源于接触网,机车能量源来源于内燃机或接触网;二是控制方式,动车组牵引系统主要采用车控和架控方式,机车主要采用轴控方式。

世界各国均大力发展交流高压牵引系统相关的新技术。在功率模块低损耗提升牵引变流器效率方面,2017 年开始,新一代 SiC(碳化硅)器件的研发成功,满足了牵引变流器低损耗、高性能、轻量化的需求,可实现牵引变流器进一步小型化、轻量化;在变压器轻量化方面,ABB 公司的 Resibloc 型无油冷却牵引变压器,容量 1 300 kV·A,取消油泵,没有变压器油外泄的风险,基本达到了免维护运行;在提升牵引电机效率方面,德国、日本、法国等正在积极研制以永磁电机为核心的高压牵引系统,永磁电机具有能量密度高、能耗低、加速性能好、过载能力强、控制特性优异等优点。

第四节　制动系统

制动,俗称"刹车",轨道车辆制动系统是通过制动控制装置或制动机接收司机、列车网络或列控设备发出的制动指令,控制施加制动力使运行中的列车进行减速或停车动作。按照制动方式可分为黏着制动和非黏着制动,黏着制动是通过轮轨间的黏着作用产生制动力,且制动力的最大值受黏着力的限制,一旦轮轨间的作用力超过了轮轨黏着的限制,就会打滑,黏着制动包括空气制动、再生制动和电阻制动等。非黏着制动则无需通过轮轨黏着产生制动力,其制动力的大小自然也就不受其限制,非黏着制动包括涡流制动、磁轨制动和风阻制动等。目前国内动车组、客车及机车均采用黏着制动。

普通低速列车一般采用自动式空气制动系统,设置贯通全列的列车管,司机通过控制列车管减压量来传递制动指令,阀件在列车减压量变化后控制风缸中的压缩空气充入制动夹钳单元,通过转向架上的制动盘和闸片之间的摩擦实施空气制动进行降速或停车。动车组采用直通式空气制动系统,电空复合制动方式,其中空气制动通过制动控制装置接收司机发出的制动指令,直接控制风缸中的压缩空气充入制动夹钳单元,通过转向架上的制动盘和闸片之间的摩擦实施空气制动进行降速或停车;电制动即再生制动,是在制动时将原来驱动轮对的牵引电动机变为发电机,由轮对带动发电,将动能转变成电能,并将电能反馈回电网,从而产生制动作用。

动车组制动系统主要由供风装置、制动控制装置、基础制动装置等部件组成,其中供风系统为列车用风设备提供清洁、干燥的压缩空气;制动控制系统负责接收司机、列车控制系统的制动指令,进行制动力的管理;基础制动装置包含制动夹钳单元、制动盘和闸片,将制动控制装置输出的空气压力转换为闸片和制动盘间的摩擦制动力，将列车的动能转化为热能。制动系统一般具有常用制动、紧急制动 EB、紧急制动 UB、停放制动、保持制动、比例制动、清洁制动、防滑控制、踏面清扫、撒砂控制和制动夹钳防冻结等功能。

随着动车组技术的发展和运用速度的不断提高，制动系统总体向设备集成化、更短的制动距离、更好的黏着利用、大热容量制动盘方向发展，其中设备集成化主要研究电机械制动夹钳的研发及应用，更短的制动距离主要研究风阻制动等非黏着制动型式及紧急制动多级变减速度控制，更好的黏着利用主要研究更优的防滑控制策略，大容量制动盘主要研究碳陶制动盘。

第五节　网络系统

列车网络系统是动车组的核心系统，可实现对列车的控制、监视和诊断功能，与列车运行的安全性、可靠性及舒适性紧密相关。列车网络系统通过车载计算机来实现列车上各个系统之间的信息交换，对车辆运行状态和车载设备信息进行集中管理，完成车载各个部件故障数据的采集、分析、转储和显示，对动车组和各个重要部件的性能进行实时监测和报警，确保动车组运行安全。网络系统由具有通信功能的网络设备（如中央控制单元 CCU、人机接口显示屏 HMI 等）和各子系统控制器（如牵引控制单元 TCU、制动控制单元 BCU 等）组成，通过列车控制网络进行数据传输和信息共享，以协调控制和管理动车组各子系统。

随着计算机技术、通信技术、控制技术及系统集成技术的不断发展，动车组网络系统发展出 WTB、MVB、以太网、ARCNET、ATI、电流环、RS-485、CAN 等多种总线形式。目前国内 CRH1A、CRH3A、CRH3C、CRH5A、CRH380B、CRH380D 等平台动车组采用 WTB + MVB 总线，CRH2A、CRH2C、CRH380A 平台动车组采用 ARCNET + 电流环总线，CRH380C 平台动车组采用 ATI + RS-485 总线，CR400AF、CR400BF 型动车组控制网采用 WTB + MVB 总线，维护网采用以太网总线，CR300AF、CR300BF 型动车组及复兴号智能配置动车组控制网和维护网均采用以太网总线。CR200J 型动力集中动车组（直车体）司机室采用 MVB + 以太网总线，动力机车和控制机车采用 WTB 总线，客车与司机室之间采用 LonWorks 总线；CR200J 型动力集中动车组（鼓形车体）司机室采用 MVB + 以太网总线，动力机车和控制机车采用 WTB 总线，客车与司机室之间采用以太网总线。

随着科技的发展，动车组网络系统正朝着安全性、智能化、数据传输速率更快的方向发展，与以太网通信、云/边缘计算、大数据、物联网、5G、北斗导航等新技术不断融合。车辆用户对网络系统安全要求不断提高，通过运用先进控制算法以及硬件防护措施保证网络系统安全成为研究方向之一。未来网络系统还需要具备旅客信息传输、在线音视频监控和远程数据服务等功能。针对网络控制而言，实时性、确定性是问题的关键，而旅客信息传输、在线音视频监控和远程数据服务等功能需要更大的带宽，现有网络总线技术无法同时满足上述需求。基于上述需求发展起来的时间敏感型网络，具备以太网大数据传输能力，传输具备实时性和确定性，同时在监控、诊断和服务等方面实现智能化提升，实现无线物联、全寿命周期智能化精准决策控制、预见修,全面提升动车组的自适应能力,已成为广泛聚焦的技术。

第六节　辅助供电系统

辅助供电系统是负责向动车组除牵引系统之外的其他所有用电设备进行供电和配电的系统,分为辅助交流系统和辅助直流系统。辅助交流系统通过辅助变流器将来自牵引变流器中间直流环节的直流电逆变为三相交流电,经交流母线分别向空调、电加热、充电机等交流负载供电;辅助直流系统通过充电机将来自辅助交流系统的交流电整流为直流电,经直流母线分别向蓄电池、照明、网络、信息显示等直流设备供电,当充电机无法提供电力时,蓄电池将按既定的供电策略,采用逐步减载的方式为动车组各级负载提供一定时间的不间断供电,从而保证动车组的运用安全和应急处置。

当动车组通过分相区时,如果速度大于设定值,动车组牵引系统由牵引工作模式变为再生制动工作模式。此时,牵引变流器将再生制动产生的电能整流为直流电,反向传输给中间直流环节,从而使辅助变流器正常工作。因此,过分相区时辅助交流和辅助直流系统可以正常给各负载供电,使其正常工作。普通低速客车将来自于机车或者发电车的直流电进行相应变换后供给客车负载,与动车组不同。

随着动车组技术的不断发展和科技进步,辅助供电系统在设计上正朝着设备冗余性和并网供电方向发展,具体表现为辅助变流器、充电机、蓄电池等关键设备均为冗余设计,同时采用并网分段供电模式。这种设计,在一个或几个设备发生故障时,动车组可以不减载或者按既定的策略减载工作,从而最大限度保证动车组的正常运营。同时,以 SiC 为代表的第三代半导体材料已经在辅助变流器、充电机等设备上逐步开始应用,这些设备正朝着高功率和高频化的方向发展;以钛酸锂电池为代表的具有更高功率密度、能量密度、长寿命和安全环保的锂电池是动车组电池应用的发展方向,特别是京张智能动车组配备了动力型钛酸锂电池,不仅满足辅助直流系统的供电需要,还实现了动车组应急自行走功能。

第七节　驾 驶 设 施

动车组驾驶设施包括司机操纵台和驾驶配套设施两部分。司机操纵台是司机驾驶动车组的操作平台,主要用于控制动车组行驶,获取车辆运行信息,显示动车组运行状态,显示故障提示,进行紧急制动施加和缓解、升降弓、合断主断路器、开关门、设备复位等重要操作;操纵台上安装有列控系统显示器,列车网络系统显示器,司机警惕系统,司机控制器,紧急制动、升降弓、合断主断路器、开关门、复位等按钮。驾驶配套设施包括遮阳帘、风笛、雨刮器、外部照明等部件。遮阳帘用于为司机遮挡刺眼阳光;风笛用于动车组向外输出警示信号;雨刮器用于清洁前窗玻璃。

目前,国内动车组、客车及机车驾驶设施设置基本一致,动车组司机操纵界面主要参考UIC 651《机车、车辆、动车组和带有控制台拖车的司机室布置》和UIC 612《EMU/DMU、机车和牵引车辆人机界面要求》进行设计,兼具安全性、可靠性、舒适性、可维护性和整体美观性。

随着国内动车组技术的发展,驾驶设施发展方向为简洁化和统型化。简洁化主要指简化司机操作,降低操作复杂性及司机劳动强度,向全自动驾驶模式靠拢;统型化是指统一各车型动车组操作方式,避免操作模式不统一导致误操作。

第八节 车内设备

车内设备主要包含旅客信息、视频监控、空调、照明、给排水卫生、座椅等,主要为旅客和司乘人员提供舒适便利的乘车环境。其中,旅客信息系统是为旅客和司乘人员提供音视频服务的分布式信息系统,主要包含信息显示功能、广播与对讲功能、娱乐功能;视频监控系统包含客室视频监控和受电弓视频监控,客室视频监控系统用于采集和存储车厢内公共区域的视频,受电弓视频监控系统用于采集、存储受电弓的状态,并利用人工智能分析技术对受电弓的状态进行智能分析;空调系统是为司乘人员提供一个舒适的车内空气环境,主要包括客室空调机组、废排装置、压力波保护装置、空调控制柜、司机室空调机组、温度传感器、风扇、电加热器等零部件。

随着科技的发展,车内设备向着节能环保、轻量化、低噪声和便利、舒适化的方向发展。其中,高效低噪的变频空调机组正逐步取代定频空调,功耗低、光效高的LED灯具已经全面替代传统的荧光灯具,座椅的私密性、舒适性、方便性程度越来越高,客室内装板逐步采用高强度低密度材料,表面复合多孔或织物类材料达到美观与降噪的双重效果。

复习思考题

1. 动车组关键技术主要包括哪些?
2. 动车组车体关键技术有哪些?
3. 动车组转向架技术未来发展方向主要有哪些?
4. 动车组高压牵引系统主要实现什么功能?未来发展新技术方向有哪些?
5. 动车组的制动方式有哪些?
6. 动车组网络系统有哪些总线形式?
7. 辅助供电系统的作用是什么?有哪些类型?
8. 驾驶设施包括哪些?操纵台上主要有哪些显示器或者按钮?
9. 动车组车内设备主要有哪些?简述其中一个设备的主要作用。

第三章

CR400平台动车组

学习任务

CR400 平台动车组是复兴号系列动车组的典型代表,是具有完全自主知识产权、达到世界先进水平的动车组。

本章以 CR400AF、CR400BF 型动车组为典型车型,从总体、车体、转向架、高压牵引系统、制动系统、网络系统、辅助供电系统、驾驶设施、车内设备等主要系统的组成、原理和功能等方面进行阐述,同时与 CR300 平台动车组进行了简单对比。

通过学习,熟悉 CR400 平台动车组的概念、基本构成,掌握 CR400 平台动车组各系统主要工作原理和功能,提高对 CR400 平台动车组各系统技术的理解。

第一节　总　　体

一、概　　述

CR400 平台动车组为动力分散电动车组,包括 CR400AF、CR400BF、CR400AF-A、CR400BF-A、CR400AF-B、CR400BF-B、CR400AF-G、CR400BF-G、CR400AF-C、CR400BF-C、CR400AF-AZ、CR400BF-AZ、CR400AF-BZ、CR400BF-BZ、CR400BF-GZ 等型号。其中,CR400AF-A、CR400BF-A、CR400AF-AZ、CR400BF-AZ 型动车组为 16 辆编组动车组,CR400AF-B、CR400BF-B、CR400AF-BZ、CR400BF-BZ 型动车组为 17 辆编组动车组,其他型号为 8 辆编组动车组。

CR400AF/BF 型动车组为 CR400 平台动车组的典型车型,最高运营速度为 350 km/h,可在高速铁路及客运专线、新建 200 km/h 客货共线铁路和既有线电气化区段上运行。

CR400AF/BF 型动车组外形采用流线型设计,如图 3-1 和图 3-2 所示。动车组两端为对称设计,两端均设有司机室,便于列车双向驾驶。

图 3-1　CR400AF 型动车组

图 3-2　CR400BF 型动车组

二、平面布置

1. 平面布置

CR400AF/BF 型 8 辆编组动车组为时速 350 km 的动力分散电动车组，4 动 4 拖，定员 576 人，按座椅布置的不同可分为商务/一等座车、商务/二等座车、二等座车和餐座合造车。商务车厢座席一般采取 1 +2 布置，一等车厢座席采取 2 +2 布置，二等车厢座席采取 2 +3 布置；餐座合造车厢设置厨房及二等座椅；整列动车组除餐车外各车厢均设有卫生间，其中 04 车设有轮椅存放区和无障碍卫生间。以 CR400BF 型动车组为例，平面布置如图 3-3 所示。CR400AF 型动车组与 CR400BF 型动车组相比，仅端部车内设备布置和内饰美工方案不同。

2. 车下设备布置

CR400AF/BF 型动车组车下布置有牵引变流器、牵引变压器、制动控制单元、风缸、污水箱、充电机、蓄电池等设备，以 CR400AF 型动车组为例，车下设备布置如图 3-4 所示。CR400BF 型动车组与 CR400AF 型动车组相比，仅设备布置位置不同。

3. 车顶设备布置

CR400AF/BF 型动车组车顶布置有天线、空调、受电弓、避雷器等设备。以 CR400AF 型动车组为例，车顶设备布置如图 3-5 所示。

总定员：576人（商务座10人，一等座28人，二等座538人）								
车　号	01	02	03	04	05	06	07	08
等　级	商务/一等	二等	二等	二等	二等	二等	二等	商务/二等
定员（人）	5/28	90	90	75	63	90	90	5/40

图 3-3　CR400BF 型动车组平面布置

三、主要技术参数

CR400AF/BF 型动车组主要技术参数见表 3-1。

表 3-1　CR400AF/BF 型动车组主要技术参数

项　点	参　数	项　点	参　数
编组方式	4 动 4 拖	车体材质	铝合金
车组设计寿命(年)	30	车体总长(m)	约 209
环境温度(℃)	-25～+40	车体最大高度(mm)	4 050
全列载重(t)	46.1	车体最大宽度(mm)	3 360
最大轴重(t)	17	车辆定距(mm)	17 800
最高试验速度(km/h)	385	车辆固定轴距(mm)	2 500
最高运营速度(km/h)	350	重联时双弓间距(m)	约 208
通过最小曲线半径(m)	250	受电弓落弓高度(mm)	4 436/4 466
通过最小 S 形曲线半径(m)	180+10+180	自动车钩中心高度(mm)	1 000
适应站台高度(mm)	1 250	中间车钩中心高度(mm)	935
正常运行网压(kV)	22.5～29	轮周牵引总功率(kW)	9 750/10 140
最大制动距离(m)	6 500	蓄电池电压(V)	DC 110
车轮直径(mm)	920	外接电源电压(V)	AC 380

注：参数中用“/”隔开的，前面为 CR400AF 型动车组参数，后面为 CR400BF 型动车组参数。

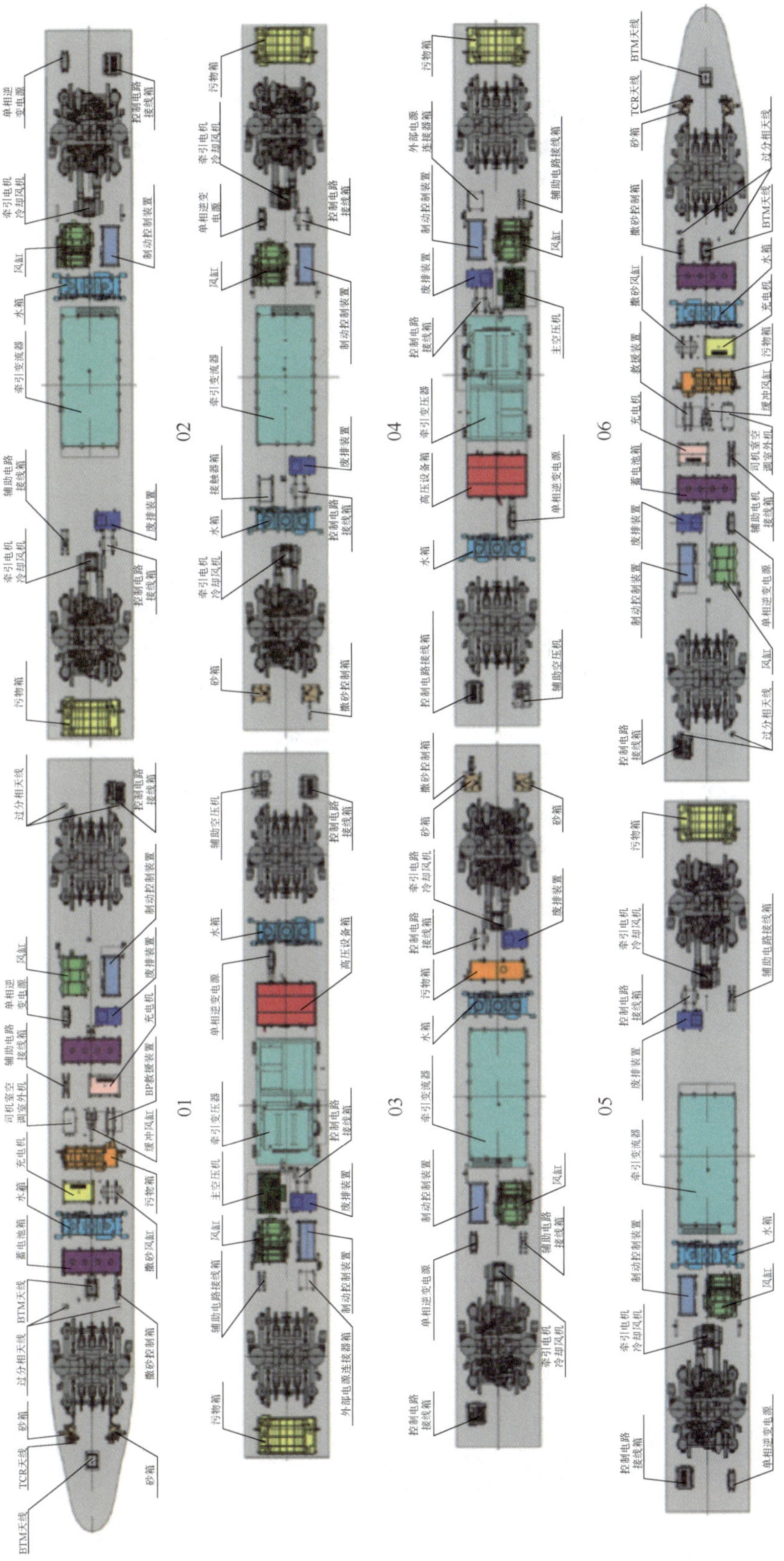

图 3-4　CR400AF型动车组车下设备布置

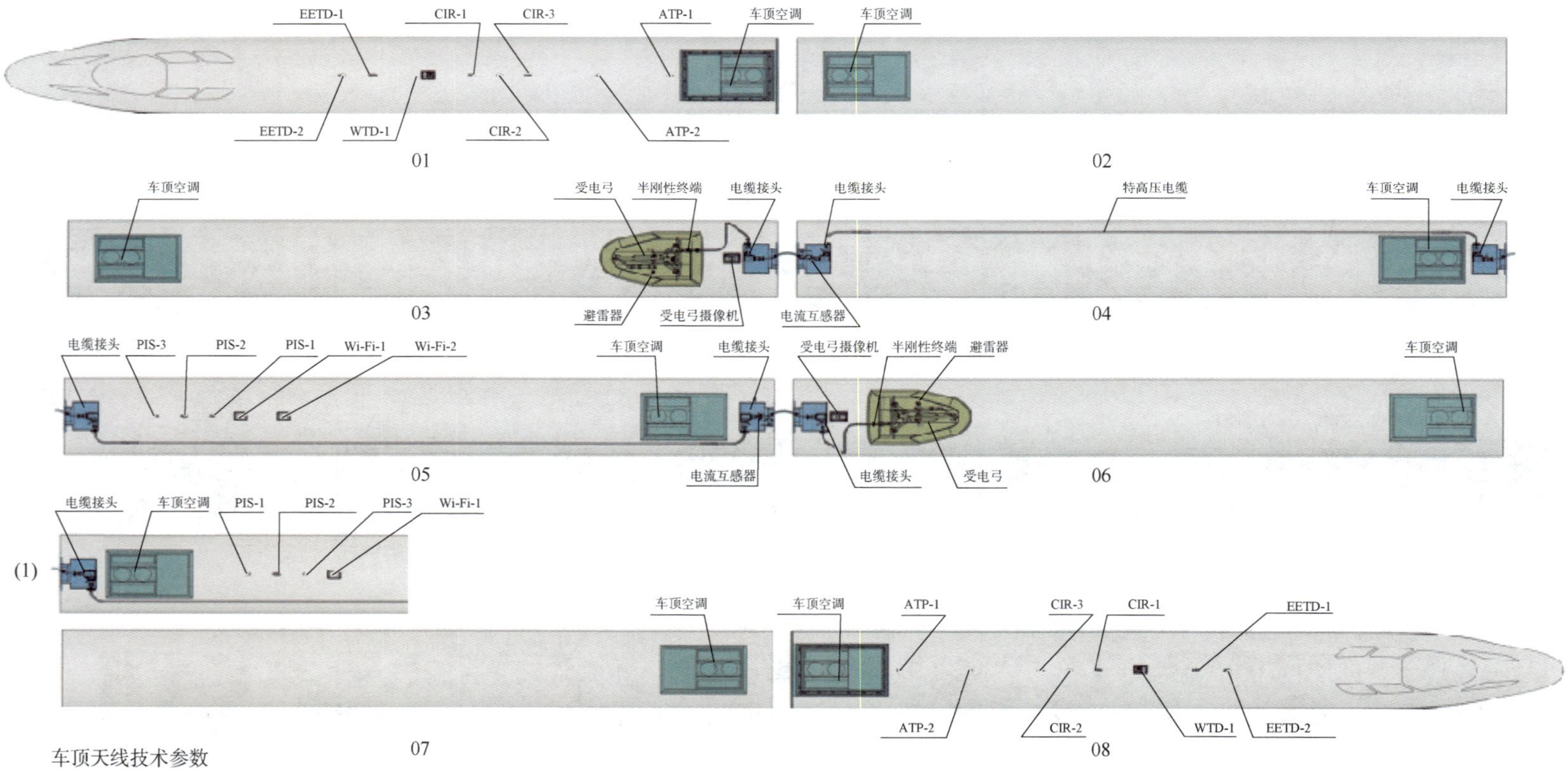

车顶天线技术参数

序号	名称	说明	序号	名称	说明	序号	名称	说明
1	EETD-1	车载地震紧急处置装置组合天线1：远程数据传输和卫星定位，两天线冗余	6	CIR-3	OSR-R及OPS组合天线：GSM-R工作模式下车次号等数据信息传输	11	PIS-1	GPS天线：接收GPS卫星信号；实现自动报站
2	EETD-2	车载地震紧急处置装置组合天线2：远程数据传输和卫星定位，两天线冗余	7	ATP-1	OSR-R天线1：车载信号与地面信号RBC之间数据传输，两天线冗余	12	PIS-2	座位信息系统天线：接收12306系统票务信息
3	WTD-1	远程数据传输OPR3和卫星定位：数据传给地面数据中心	8	ATP-2	OSR-R天线2：车载信号与地面信号RBC之间数据传输，两天线冗余	13	PIS-3	FN天线：接收广播电台的收音机音频节目
4	CIR-1	GSM-R及GPS组合天线：GSM-R工作模式下语言调度信息传输	9	Wi-Fi-1	连接移动、联通、电信的移动数据网络，两天线冗余			
5	CIR-2	460/800/900 MHz机车多频段天线：450 MHz工作模式下语言和数据信息传输	10	Wi-Fi-2	连接移动、联通、电信的移动数据网络，两天线冗余			

注：(1)为CR400AF-0208列05车车顶布置，CR400AF-0207/0208列空调位于二位端，CR400AF-0207列相对图中PIS-2与Wi-Fi-1位置互换。

图3-5 CR400AF型动车组车顶设备布置

第二节 车 体

一、组成及功能

动车组车体主要包括车体结构、车端连接装置、设备舱、前端开闭机构等。

车体结构作为车辆主要承载部件,用于容纳旅客、乘务人员、行李等人员设施及安装各种设备。车端连接装置的主要作用是实现车辆间的机械连接、电气和气路连接,同时为车辆间的人员流动提供安全、舒适的通道等。设备舱的功能为减少空气阻力,保护车下设备。前端开闭机构打开时可实现车钩的连挂,关闭后可以保护前端设备并降低动车组的气动阻力。

二、车体结构

车体结构主要分为中间车车体和头车车体两种,中间车车体由底架、侧墙、车顶、端墙组成,头车车体设有司机室结构。车体结构采用通长的大型中空型材焊接而成,为筒形整体承载结构。车体结构所使用的材料为可焊接铝合金材料,主要材料牌号有5083、6005A、6A01、6082、7B05。CR400AF型动车组头车车体结构如图3-6所示,CR400BF型动车组头车车体结构如图3-7所示,有受电弓中间车车体结构如图3-8所示。CR400AF型动车组头车车体长度为27 200 mm,CR400BF型动车组头车车体长度为27 255 mm,中间车车体长度为25 000 mm,车体宽度为3 360 mm,车顶距轨面高度为4 050 mm。

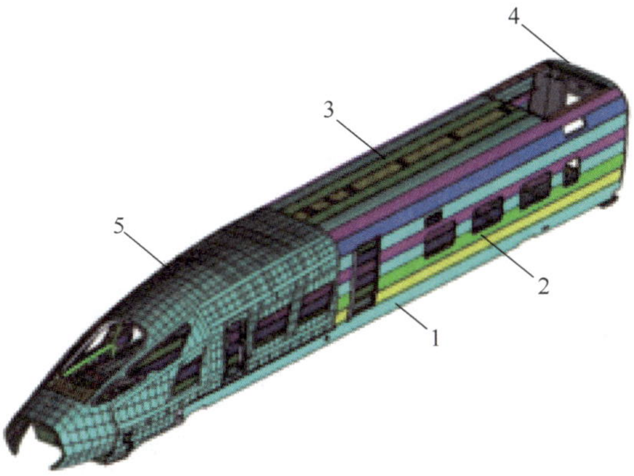

图3-6 CR400AF型动车组头车车体结构

1—底架;2—侧墙;3—车顶;4—端墙;5—司机室

图3-7 CR400BF型动车组头车车体结构

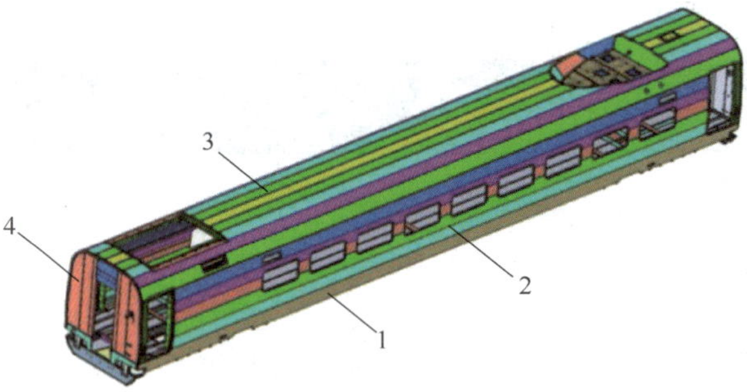

图 3-8　有受电弓中间车车体结构

1—底架；2—侧墙；3—车顶；4—端墙

三、车端连接装置

车端连接装置在动车组中具有重要的作用，不仅要实现车辆间的机械连接，还要实现电气通路和空气通路的连接。机械连接的作用主要是使连接各车辆彼此间保持一定的距离，并且传递与缓和动车组在运行过程中及调车过程中产生的纵向力及其冲击和振动。电气通路和空气通路连接为车辆间提供各种电压的电气通路与压缩空气通路。动车组前端的自动车钩具有重联和救援功能。车端连接装置还为车辆间的流动人员提供安全、舒适的通道。车端连接装置主要由车钩缓冲装置、风挡、电气连接、空气管路连接及车端减振器等部件组成。车端连接装置布置如图 3-9 所示。

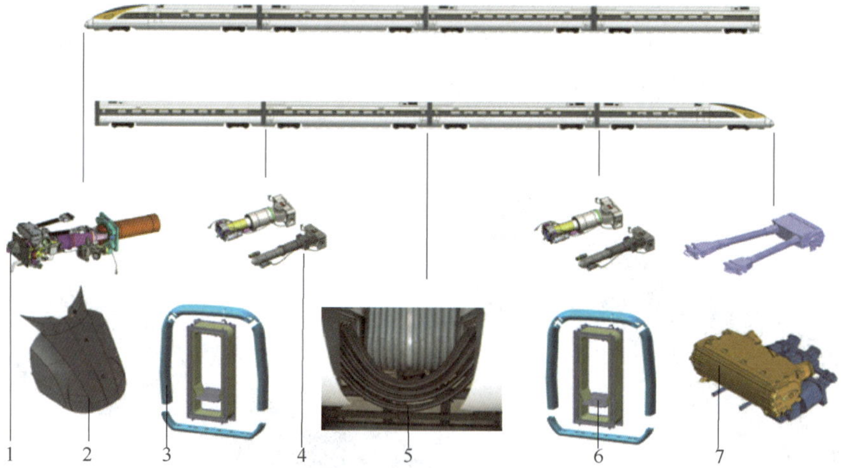

图 3-9　车端连接装置布置

1—自动车钩；2—前端开闭机构；3—外风挡；4—中间车钩；
5—电气连接；6—内风挡；7—端部电气车钩

（一）车钩缓冲装置

为实现两列动车组之间机械、电气和气路连接，动车组的两端设有自动车钩。车辆之间的中间车钩使用半永久车钩或半自动车钩。和谐号、复兴号动车组的自动车钩类型主要有连杆式和柱销式两种。在动车组无火回送和救援时,需使用机车或动车组进行连挂牵引,如存在车钩高度差或钩头类型不同而无法与动车组直接连挂,则需要使用过渡车钩。

1. 自动车钩

自动车钩采用连杆式车钩,由机械车钩、电气车钩、主风管、连接卡环、接线盒、缓冲装置、接地线、压溃系统等零部件组成,为一体式自动车钩,距轨面高度 1 000 mm。电气车钩安装在机械车钩上部,由气缸推动控制机构,实现电气车钩的伸出和缩回。自动车钩如图 3-10 所示。

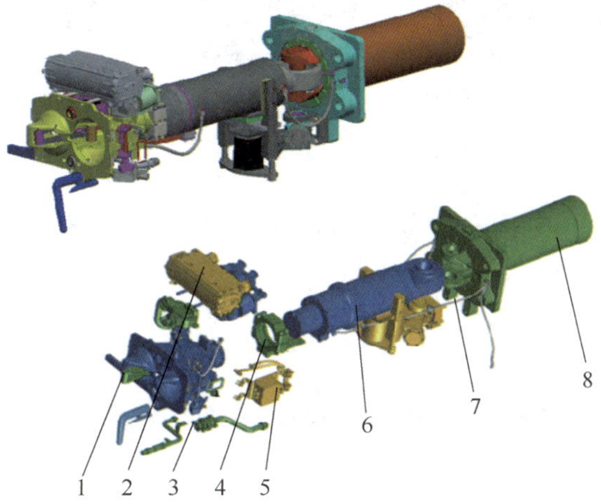

图 3-10 自动车钩

1—机械车钩;2—电气车钩;3—主风管;4—连接卡环;5—接线盒;6—缓冲装置;7—接地线;8—压溃系统

2. 中间车钩

中间车钩采用半永久车钩,包括带缓冲器中间车钩和带压溃管中间车钩两种,如图 3-11 所示。相比于自动车钩,半永久车钩连接及分解时需人工操作。两半永久车钩通过卡环连接在一起,可满足动车组的垂直曲线运动、水平曲线运动以及两连接车辆间的相对旋转运动。

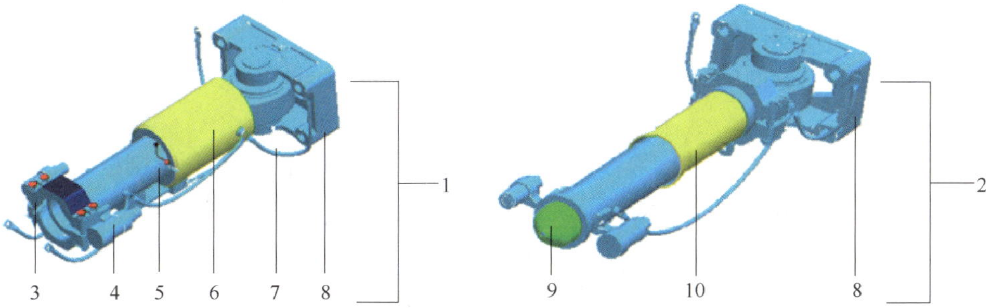

图 3-11 中间车钩

1—带缓冲器中间车钩;2—带压溃管中间车钩;3—卡环组成;4—风管连接器;5—牵引杆;6—缓冲器组成;7—接地线;8—安装座;9—导向锥;10—压溃管

3. 过渡车钩

动车组无火回送和救援工况，有时需使用动车组配备的过渡车钩连挂。过渡车钩包括5种模块，如图3-12所示。根据不同的车钩类型和安装高度，两种不同的模块可组合成一套过渡车钩，模块之间通过插隼连接。

(a) 10型过渡车钩(1)　(b) 10型过渡车钩(2)　(c) 10型过渡车钩(3)　(d) 柴田式过渡车钩　(e) 13号过渡车钩

图3-12　过渡车钩模块

10型过渡车钩(1)：与车钩安装高度1 000 mm/1 025 mm的连杆式车钩配合使用，设置制动风管接头。

10型过渡车钩(2)：与车钩安装高度880 mm的连杆式车钩配合使用，设置制动风管接头。

10型过渡车钩(3)：与车钩安装高度1 000 mm的连杆式车钩配合使用，设置制动风管接头和总风管接头。

柴田式过渡车钩：与车钩安装高度1 000 mm的柱销式车钩配合使用，未设置风管接头。

13号过渡车钩：连挂轮廓与机车车钩的连挂轮廓相同，与机车车钩配合使用，设置上下防跳止挡。

CR400平台动车组过渡车钩由10型过渡车钩(1)(与自动车钩连挂)和13号过渡车钩(与机车连挂)组合而成，如图3-13所示。

(二)风　挡

风挡包括内风挡和外风挡，内风挡是动车组连接两车端的柔性部件，可以补偿车辆之间各种相对运动，并为乘客、司乘人员和物资流动提供安全可靠、舒适的贯通通道。内风挡具有良好的气密性能、隔声性能、隔热性能、曲线通过性能。外风挡为压缩式结构，功能原理是将车体端部外表面延伸，使两车体外表面在风挡位置间距缩小或完全连通，减弱气流分离及气流冲击端墙表面的强度，以减小列车空气压差阻力。

1. 内风挡

内风挡包括折棚组成、渡板、踏板、过渡板等部件，折棚组成由两个连接框、双层折棚和防护裙边组成。连接框由铝型材焊接而成，设有锁闭机构。双层折棚由柔软的篷布材料制成，内外篷布用铝型材压褶在一起，形成完整封闭O形。折棚组成通过锁闭装置固定在车体端墙上。折棚具有足够刚度和阻尼的特性，以抑制车体侧滚、摇头等相对运动。内风挡如图3-14所示。

2. 外风挡

外风挡位于车端外轮廓的上部、侧部和下部，在车端减振器位置断开，实物如图3-15、图3-16所示。

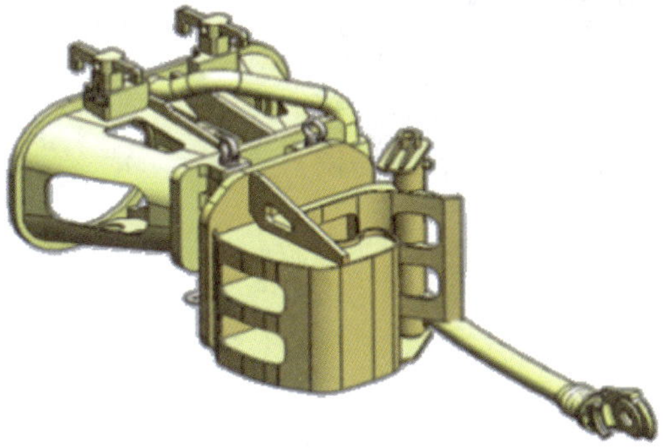

图 3-13　过渡车钩

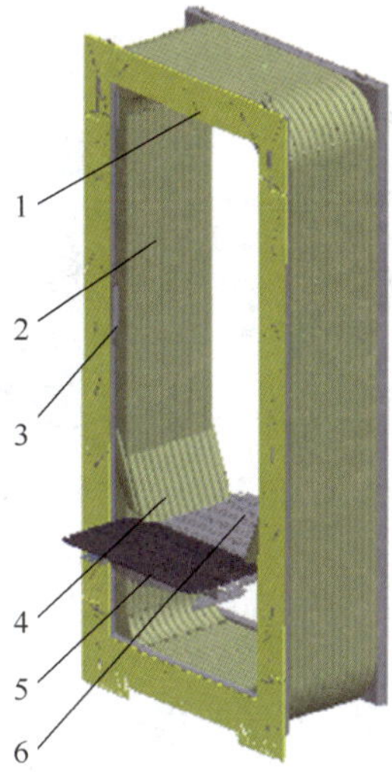

图 3-14　内风挡

1—过渡板；2—折棚组成；3—锁闭机构；
4—防护裙边；5—踏板；6—渡板

图 3-15　CR400AF 型动车组外风挡

1—左侧外风挡；2—下部外风挡；
3—上部外风挡；4—右侧外风挡

图 3-16　CR400BF 型动车组外风挡

(三)电气连接

车端电气连接按位置分为重联动车组间电气连接和车间电气连接。

1. 重联动车组间电气连接

重联动车组间电气连接通过安装在自动车钩上的电气车钩来实现。两列车未连挂时，电气车钩处于关闭状态；两列车连挂时，电气车钩自动连挂。电气连接如图 3-17 所示。

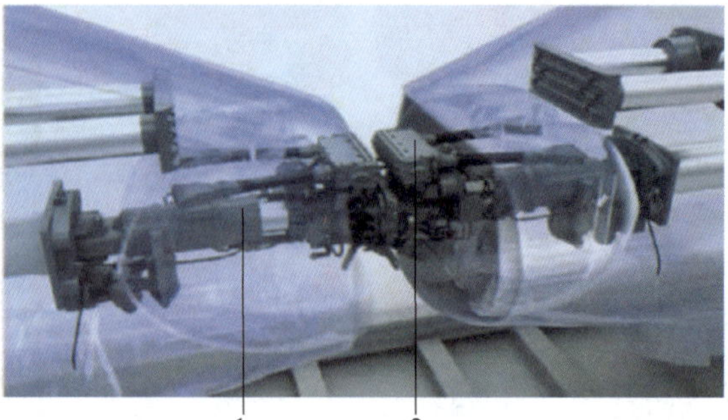

图 3-17　电气连接

1—自动车钩;2—电气车钩

2. 车间电气连接

CR400AF 型动车组车间电气连接布置采用车端连接器安装座及连接器插头结构形式。动车组连挂时,车端电气连接系统主要通过车端连接器插头与插座插接进行连接,并用线夹紧固线缆,如图 3-18 所示。CR400BF 型动车组车间电气连接采用专用过桥电缆,包括高压、中压和低压电气连接,如图 3-19 所示。

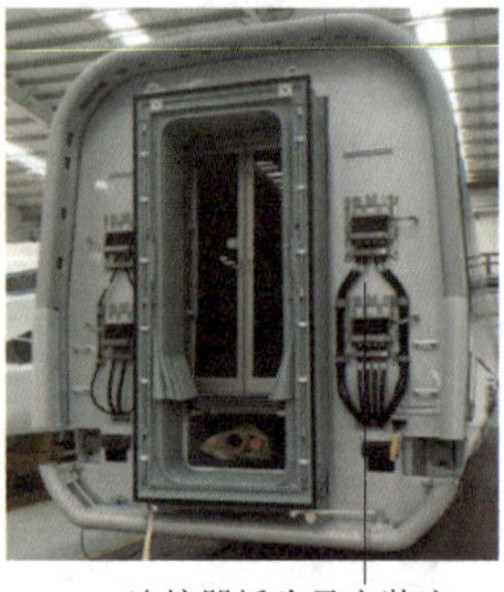

图 3-18　CR400AF 型动车组车间电气连接

图 3-19　CR400BF 型动车组车间电气连接

(四)空气管路连接

动车组车端空气管路连接按照位置可分为前端压缩空气管路连接和车辆间压缩空气管路连接。前端压缩空气管路布置如图 3-20 所示,空气管路连接集成在自动车钩上,按照用途可分为制动风管连接器、总风管连接器和解钩风管连接器。自动车钩风管连接器如图 3-21 所示。

1. 前端压缩空气管路连接

(1)制动风管连接器

制动风管连接器位于车钩头表面上部的中心处,安装在套筒中,如图 3-22 所示,风管接头(包括 4—垫圈、5—橡胶套座、6—止动弹簧)突出车钩表面,在连挂过程中将其按下,使其接触相邻车钩的风管接头,实现压缩空气连接装置的良好密封。制动管空气管路的止动弹簧可以防止垫圈从孔中脱落。制动风管连接器配有由车钩控制的阀门,该阀门保证制动管路在连挂和解钩过程中自动开关。如果车钩损坏,制动管路保持打开状态,同时列车制动系统启动。

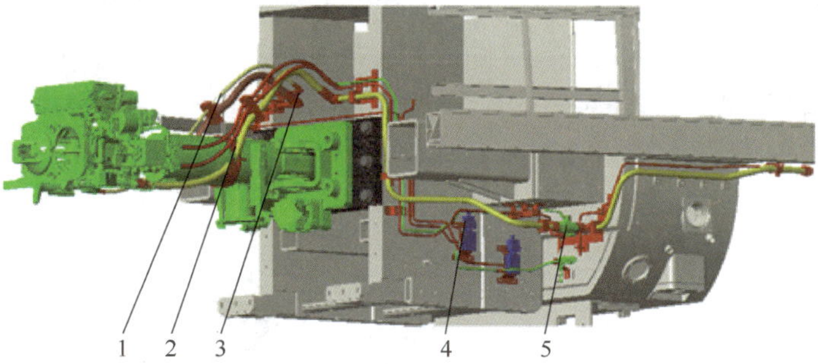

图 3-20　前端压缩空气管路布置

1—制动管空气管路;2—总风管空气管路;3—解钩管空气管路;4—电磁阀;5—截断阀

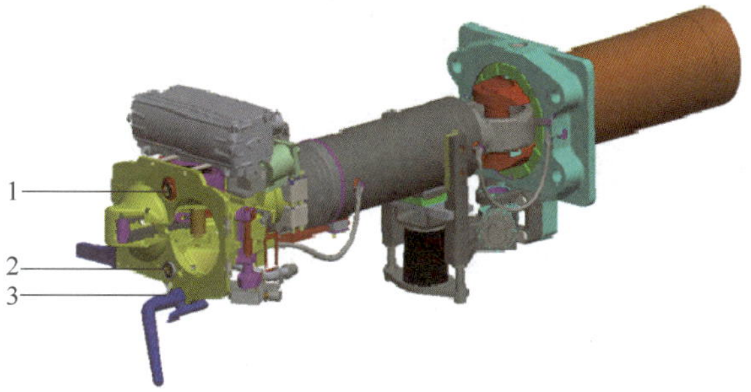

图 3-21　自动车钩风管连接器

1—制动风管连接器;2—总风管连接器;3—解钩风管连接器

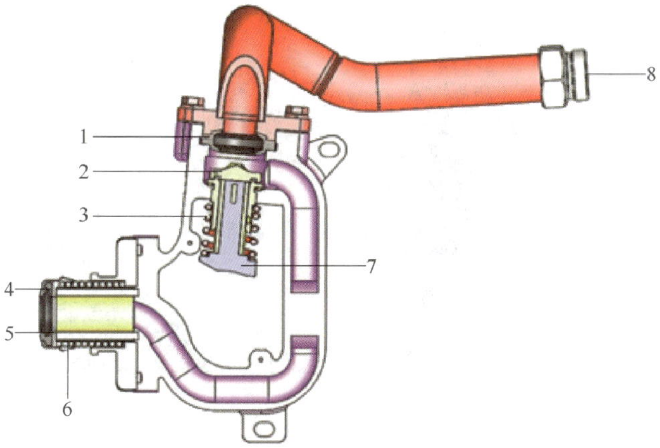

图 3-22　制动风管连接器

1—风管密封垫;2—止回阀体;3—顶杆弹簧;4—垫圈;5—橡胶套座;
6—止动弹簧;7—凸轮顶杆;8—风管接头

(2)总风管、解钩风管连接器

总风管、解钩风管连接器位于车钩头表面下部的中心处,包括接头和垫圈,突出车钩表面,连接与密封原理同制动管空气管路。总风管空气管路的止动弹簧可以防止风管接头从孔中脱落。

2. 车辆间压缩空气管路连接

车辆间压缩空气管路连接通过半永久车钩的风管连接器实现,在半永久车钩连挂完成后自动连接,如图 3-23 所示。

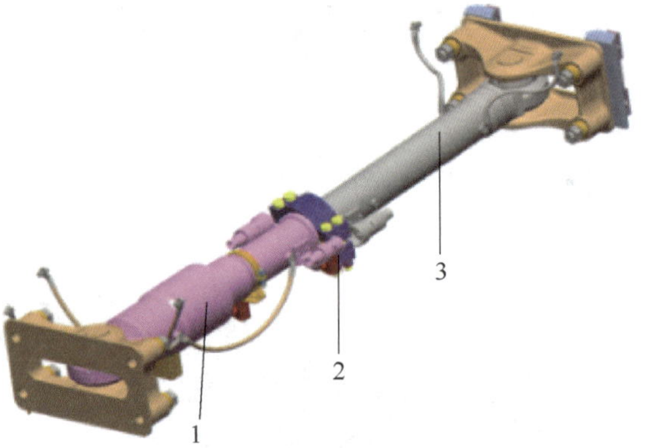

图 3-23 车辆间压缩空气管路连接

1—带缓冲器半永久车钩;2—风管连接器;3—半永久车钩

(五)车端减振器

车辆间设车端减振器,相邻车辆对称布置在左右两侧。车端减振器的主要作用是减缓车辆间的振动和冲击,抑制车辆的点头和摇头运动,改善车辆运行的平稳性,提高乘客的乘坐舒适度。车端减振器如图 3-24 所示。

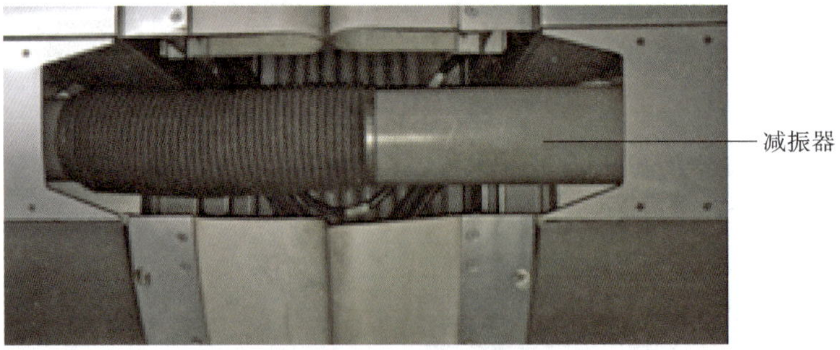

图 3-24 车端减振器

四、设 备 舱

动车组在高速运行时会产生很强的空气压力波,轨道附近的小石块、冰块或其他物体会被吸起,击打车下设备,危及动车组的运用安全。为减少空气阻力,保护车下设备,确保动车组的安全运行,需配置具有导流、防护、检修功能的设备舱。

CR400AF 型动车组车下设备舱为整体模块化结构,分为端部模块、中部模块、端板和防护板四部分。端部模块位于枕外,中部模块位于枕内,防护板位于转向架区域车体地板下方,端板位于转向架前后部的端部托架上,如图 3-25 所示。

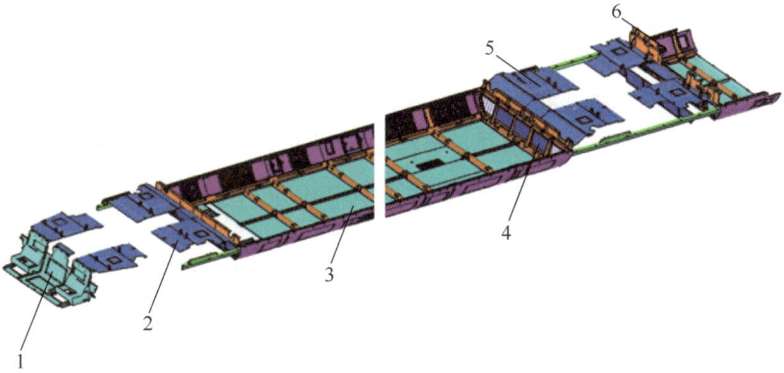

图 3-25　CR400AF 型动车组车下设备舱

1、6—端部模块;2、5—防护板;3—中部模块;4—端板

CR400BF 型动车组设备舱由裙板、底板、设备舱支架等组成,与车体底架隔墙形成一个密闭型舱体,将车下设备置于其中。

五、前端开闭机构

前端开闭机构位于动车组头车前端,在动车组正常运行期间,处于关闭状态,防止叶片、灰尘和冰雪的进入。在重联、回送和救援工况下,前端开闭机构可自动/手动打开和关闭。CR400BF 型动车组前端开闭机构由机械机构、电气部件和气动部件三部分组成,外部结构和内部结构如图 3-26、图 3-27 所示。

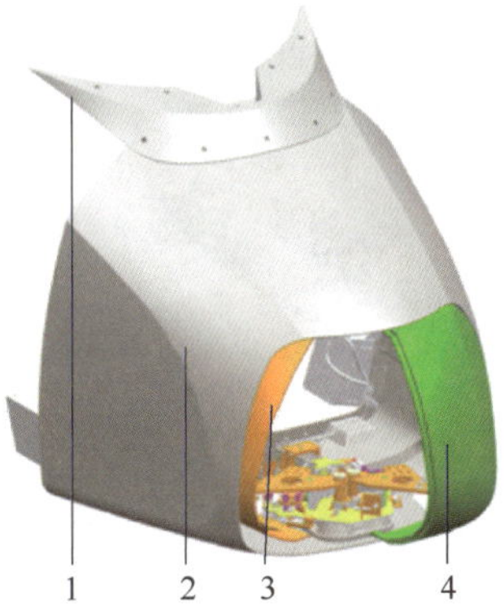

图 3-26　前端开闭机构外部结构

1—上部雨刮器盖板;2—玻璃钢承载体;
3—舱门(打开状态);4—舱门(关闭状态)

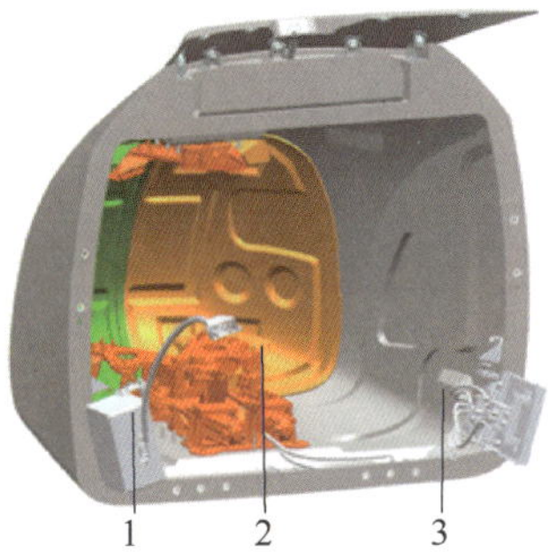

图 3-27　前端开闭机构内部结构

1—电气控制装置;2—运动机构;
3—气路控制装置

第三节 转 向 架

一、组 成

CR400 平台动车组转向架主要由轮对轴箱装置、一系悬挂、构架、二系悬挂及中央牵引、传动装置、基础制动、轴端及辅助设备等组成。动车转向架与拖车转向架主要区别在于动车转向架配置有传动装置。动车转向架配置有两条带齿轮箱的动车轮对,拖车转向架配置两条拖车轮对。

CR400AF 型动车组转向架如图 3-28 所示,CR400BF 型动车组转向架如图 3-29 所示。

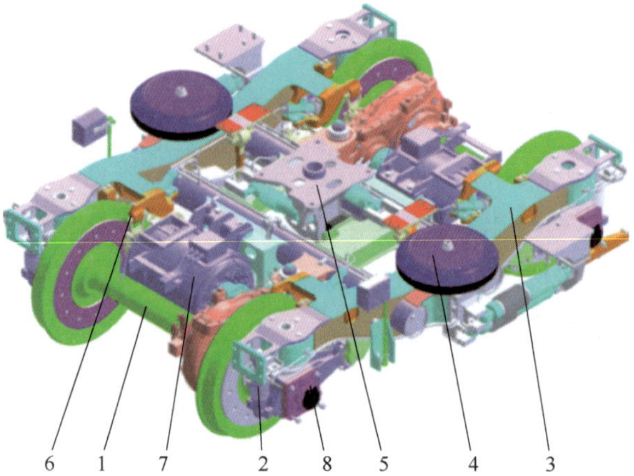

(a) 动车转向架

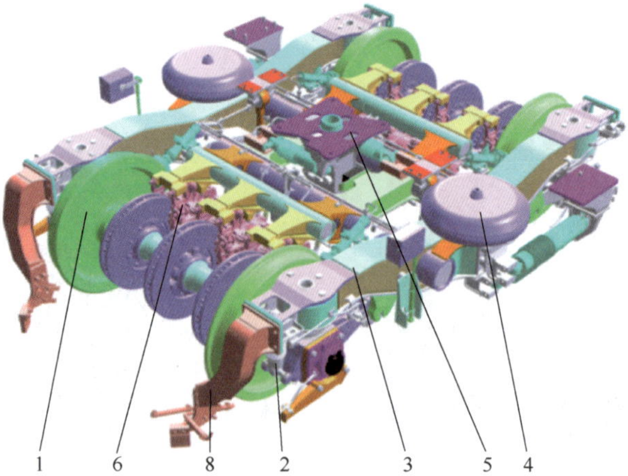

(b) 拖车转向架

图 3-28 CR400AF 型动车组转向架

1—轮对轴箱装置;2— 一系悬挂;3—构架;4—二系悬挂;5—中央牵引;6—基础制动;7—传动装置;8—轴端及辅助设备

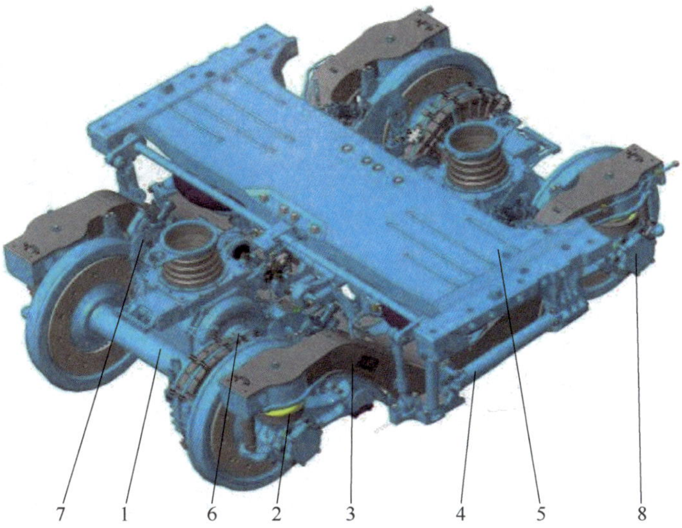

(a) 动车转向架

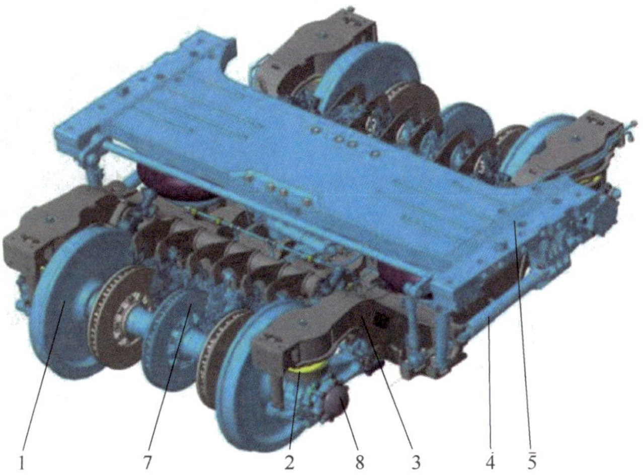

(b) 拖车转向架

图 3-29　CR400BF 型动车组转向架

1—轮对轴箱装置;2— 一系悬挂;3—构架;4—二系悬挂;5—中央牵引;
6—传动装置;7—基础制动;8—轴端及辅助设备

二、轮对轴箱装置

1. 轮对组成

轮对组成分为动车轮对和拖车轮对,动车、拖车车轮采用整体辗钢直辐板车轮,材料牌号为 ER8 或 D2,新轮直径 920 mm,磨耗到限直径 850 mm,车轮踏面廓形 CR400AF 型动车组为 LMA,CR400BF 型动车组为 LMB10。动车车轮辐板上有轮装制动盘安装孔,拖车车轮安装有降噪板或降噪块。车轴材料牌号为 EA4T 或 DZ2,采用空心车轴,车轴中心孔直径为

30 mm，轮对组成如图 3-30、图 3-31 所示。

图 3-30　动车轮对

1—车轮；2—车轴；3—制动盘；4—齿轮箱

图 3-31　拖车轮对

1—车轮；2—车轴；3—制动盘

2. 轴箱定位装置

轴箱定位装置采用转臂式定位，采用分体式结构，便于轮对快速更换；主要由上轴箱体、下轴箱体（转臂箍）、轴箱盖、轴箱轴承、轴端压盖及定位节点和压盖等部件组成，如图 3-32 所示。轴箱体材质 CR400AF 型动车组为铸钢，CR400BF 型动车组为球墨铸铁。

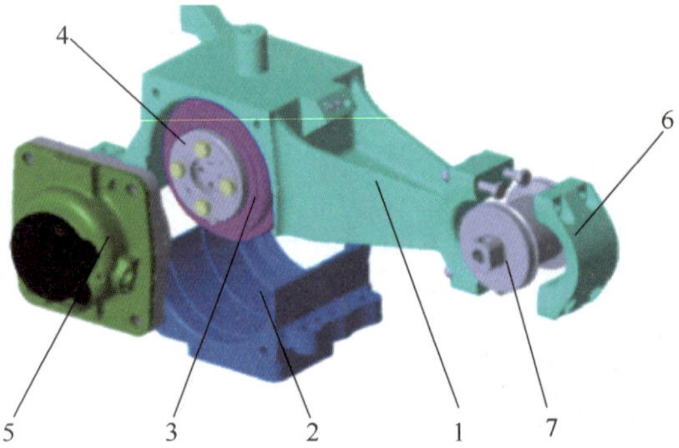

(a) CR400AF型动车组

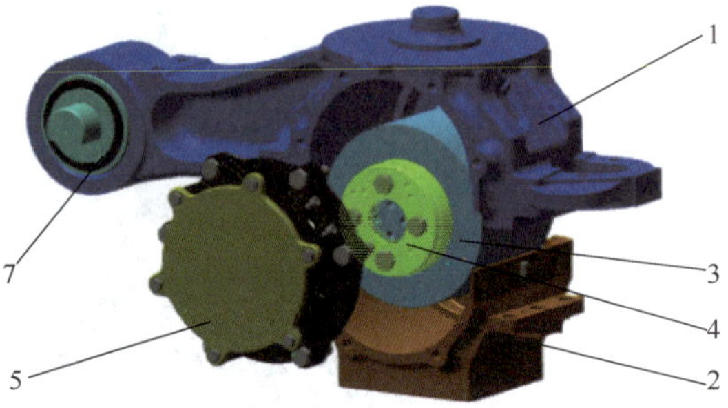

(b) CR400BF型动车组

图 3-32　轴箱定位装置

1—上轴箱体；2—下轴箱体；3—轴箱轴承；4—轴端压盖；5—轴箱前盖；6—节点压盖；7—定位节点

轴箱轴承采用自密封双列圆锥/圆柱滚子轴承，采用润滑脂润滑、轻接触式或间隙式自密封结构。轴承主要由内圈、外圈、中隔圈、滚动体、保持架、密封罩及润滑脂组成，如图 3-33、图 3-34 所示。

三、一系悬挂

一系悬挂由螺旋钢弹簧组、叠层弹簧（橡胶垫）、一系垂向止挡和垂向油压减振器组成，如图 3-35 所示。

螺旋钢弹簧组包含内圈弹簧和外圈弹簧，内、外圈弹簧旋向相反。弹簧组用以缓冲轮轨冲击振动；下部设有橡胶垫，主要吸收垂直方向和水平方向上的相对运动以及弯曲运动，可以起到吸收缓解高频振动的作用，同时又可以起到构架与轴箱间绝缘作用。

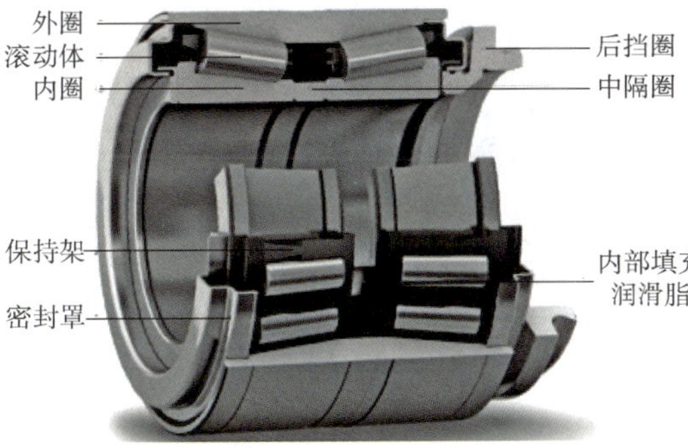

图 3-33　双列圆锥滚子轴承

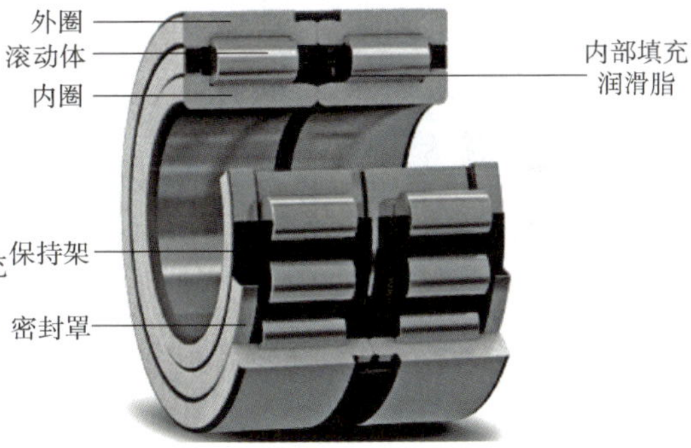

图 3-34　双列圆柱滚子轴承

弹簧组内装有止挡，既可以防止弹簧被压死，也可以在紧急状态下起到支撑作用。轴箱体前端与构架间设置油压减振器，以吸收轮轨间冲击振动能量。

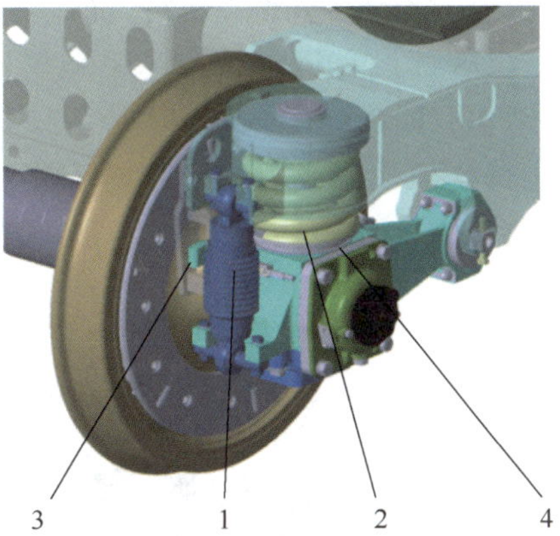

(a) CR400AF型动车组

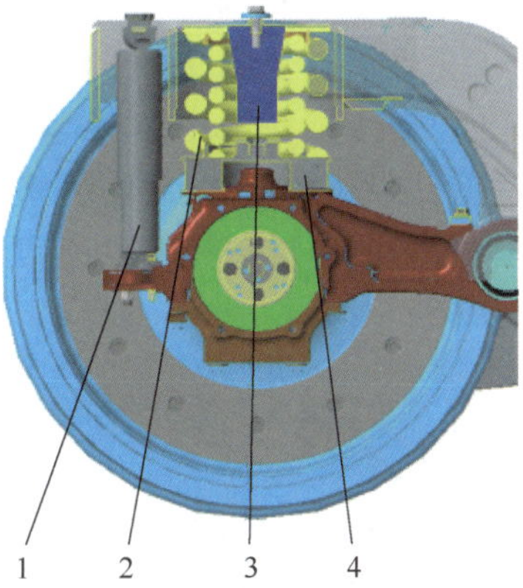

(b) CR400BF型动车组

图 3-35　一系悬挂

1—垂向减振器；2—螺旋钢弹簧组；3—垂向止挡；4—橡胶垫

四、构　　架

转向架构架为 H 形焊接结构，主要由侧梁、横梁、纵向辅助梁以及各部件安装座组焊而成。CR400AF 型动车组构架横梁为无缝钢管，CR400BF 型动车组构架横梁为钢板焊接箱形结构。

CR400AF 型动车组构架侧梁设置有定位节点安装座、制动夹钳安装座等，侧梁外侧及两横梁间设置空气弹簧支承梁，与两横梁连通组成空气弹簧附加气室；横梁之间设纵向辅助梁，设置横向减振器安装座及横向止挡安装座。动车、拖车转向架构架的主体结构基本一致，拖车构架制动夹钳安装座焊接在横梁外侧设置的辅助横梁上。CR400AF 型动车组转向架构架如图 3-36 所示。

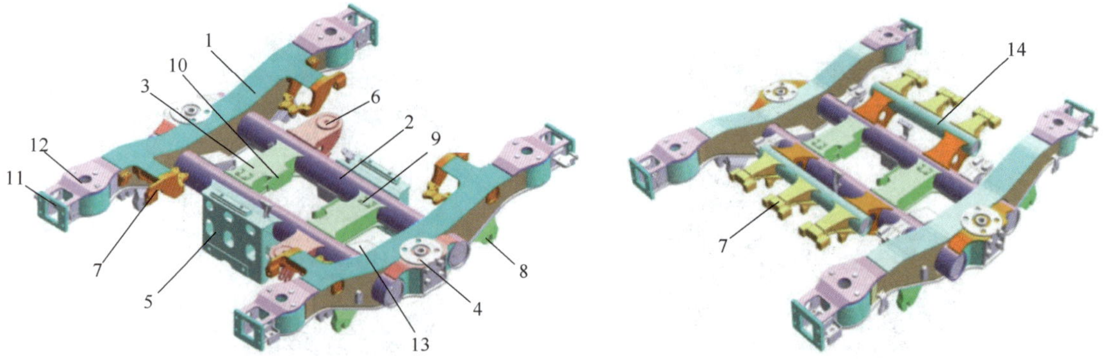

图 3-36　CR400AF 型动车组转向架构架

1—侧梁;2—横梁;3—纵向辅助梁;4—空气弹簧支撑梁;5—电机安装座;6—齿轮箱吊杆安装座;7—制动夹钳安装座;8—定位节点安装座;9—横向减振器座安装座;10—横向止挡安装座;11—一系垂向减振器安装座;12—轴箱弹簧筒;13—抗侧滚扭杆安装座;14—辅助横梁

CR400BF 型动车组构架侧梁中部为空气弹簧安装座,外侧焊接有抗蛇行减振器安装座、抗侧滚扭杆安装座和二系垂向减振器安装座,端部设有钢弹簧和一系减振器安装座,下部设有转臂定位安装座。动车构架横梁上设有电机和齿轮箱安装座、牵引拉杆安装座、横向缓冲器安装座、二系横向减振器安装座等;拖车构架横梁设有牵引拉杆安装座、二系横向减振器安装座、横向缓冲器安装座以及集成制动夹钳安装座的制动梁。CR400BF 型动车组转向架构架如图 3-37 所示。

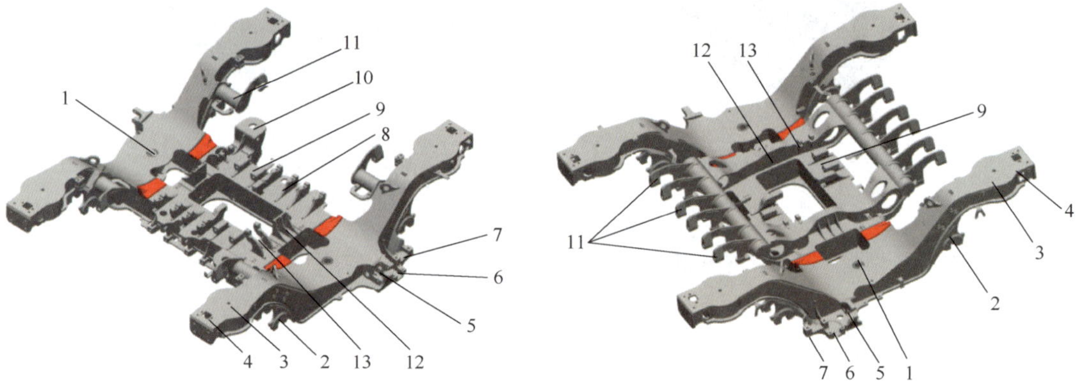

图 3-37　CR400BF 型动车组转向架构架

1—空气弹簧安装座;2—转臂定位安装座;3—钢弹簧安装座;4—一系垂向减振器安装座;5—抗蛇行减振器安装座;6—二系垂向减振器安装座;7—抗侧滚扭杆安装座;8—电机安装座;9—牵引拉杆安装座;10—齿轮箱安装座;11—制动夹钳安装座;12—二系横向止挡安装座;13—横向减振器安装座

五、二系悬挂及中央牵引

CR400AF 型动车组二系悬挂及中央牵引由中心销、牵引拉杆、空气弹簧、抗蛇行减振器、横向减振器、抗侧滚扭杆等组成,如图 3-38 所示。中央牵引采用焊接型式中心销及整体锻造成型的单牵引拉杆,中心销设置整体起吊装置;每个空气弹簧配置 1 个高度阀,可单独调节空气弹簧的工作高度，实现整车四点支撑。

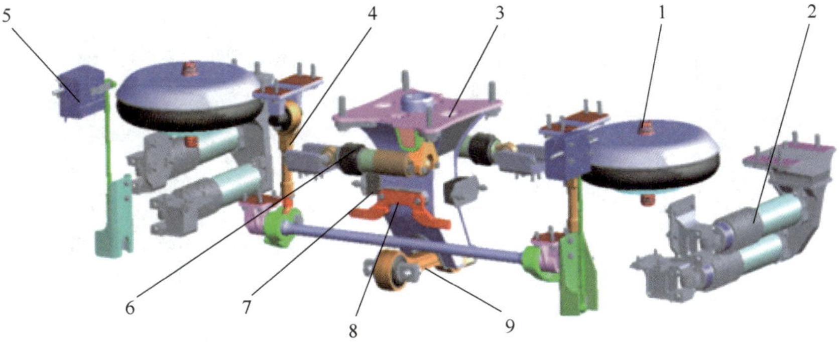

图 3-38 CR400AF 型动车组二系悬挂及中央牵引

1—空气弹簧；2—抗蛇行减振器；3—中心销；4—抗侧滚扭杆；5—高度阀；
6—横向减振器；7—横向止挡；8—起吊吊耳；9—牵引拉杆

CR400BF 型动车组二系悬挂及中央牵引为带联系枕梁结构，且联系枕梁内腔结构作为空气弹簧的附加气室，与左右侧空气弹簧互相联通，实现整车两点支撑。中央牵引装置主要由联系枕梁、中心销和 Z 形牵引拉杆装置组成；二系悬挂设有高度调整阀、横向减振器、抗蛇行减振器、二系垂向减振器和抗侧滚扭杆。CR400BF 型动车组转向架二系悬挂及中央牵引如图 3-39 所示。

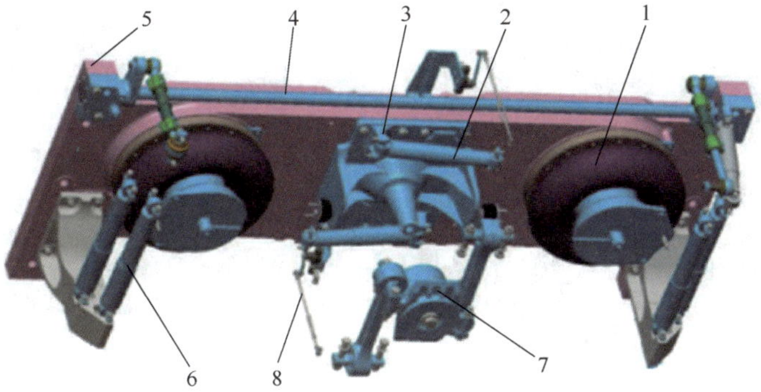

图 3-39 CR400BF 型动车组二系悬挂及中央牵引

1—空气弹簧；2—横向减振器；3—中心销；4—抗侧滚扭杆；5—联系枕梁；
6—抗蛇行减振器；7—牵引拉杆装置；8—高度调整阀

六、传动装置

CR400 平台动车组传动装置采用平行轴式齿轮箱和联轴节传动。齿轮箱采用饼状橡胶吊杆与构架连接，以缓解构架和齿轮箱之间的振动；牵引电机与齿轮箱之间通过鼓形齿式联轴节传递牵引和制动扭矩，并补偿牵引电机和齿轮箱间的相对位移。CR400AF 型动车组牵引电机采用刚性架悬，使用螺栓安装至构架；CR400BF 型动车组牵引电机采用弹性架悬，使用橡胶节点吊挂至构架，为缓冲电机振动，设有电机减振器和横向止挡。传动装置如图 3-40 所示。

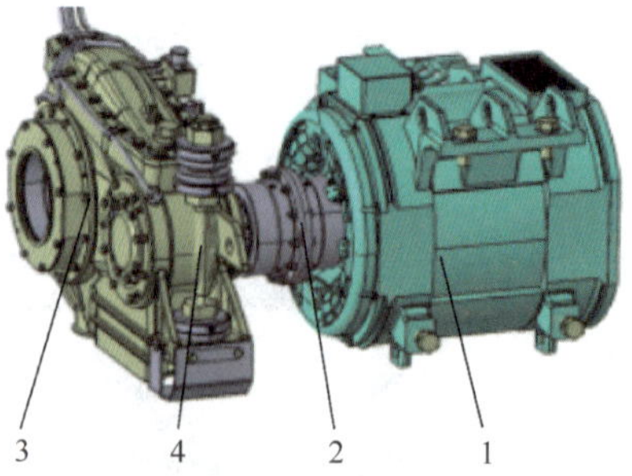

(a) CR400AF型动车组

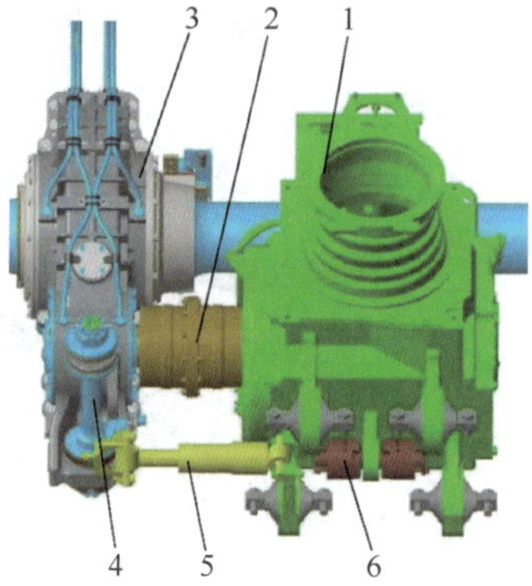

(b) CR400BF型动车组

图 3-40　传动装置

1—牵引电机;2—联轴节;3—齿轮箱;4—吊杆装置;5—电机减振器;6—电机位移止挡

CR400 平台动车组齿轮箱传动比为 2.517,中心距为 382 mm,采用单级斜齿轮传动,通过齿轮旋转带动润滑油飞溅进行润滑。箱体上设置有排油孔和注油孔,通过磁性堵头进行封堵,方便齿轮箱润滑油的定期更换;箱体上设有齿轮箱油观察窗,以满足日常维护检修过程中观察齿轮箱润滑油液面的高度及油液状态。齿轮箱箱体为铝合金材质,其中 CR400AF 型动车组采用整体式结构,CR400BF 型动车组采用分体式结构。齿轮箱组成如图 3-41 所示。

(a) CR400AF型动车组

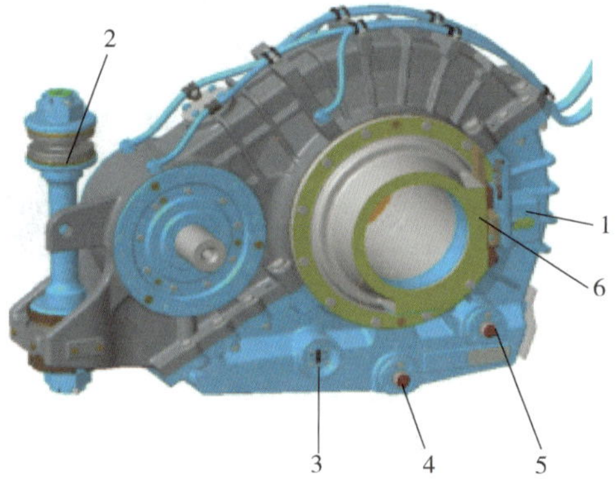

(b) CR400BF型动车组

图 3-41　齿轮箱组成

1—箱体;2—吊杆组成;3—油位视窗;4—排油堵;5—注油堵;6—齿轮箱接地装置

七、基础制动

CR400 平台动车组基础制动采用盘形制动,主要包括制动夹钳单元、制动盘和闸片。其中动车转向架采用轮盘制动,通过螺栓安装在动车车轮上;拖车转向架采用轴盘制动,压装在车轴上,如图 3-42、图 3-43 所示。制动夹钳单元采用三点吊挂安装结构,通过螺栓安装在转向架构架。为满足动车组在坡道上安全停放的要求,部分拖车基础制动的中间夹钳单元设置有停放制动功能,同时在转向架上设置停放制动夹钳手动缓解装置。

图 3-42 动车转向架基础制动装置

图 3-43 拖车转向架基础制动装置

八、轴端及辅助设备

CR400 平台动车组转向架在轴端、构架、齿轮箱等零部件上设置有接地、速度监测、温度监测、失稳监测、轮缘润滑、撒砂和排障等设备或装置，用以满足动车组高速运行中功能状态和安全监测的需求。

1. 轴端速度监测

轴端速度监测是通过安装在轴箱盖上的速度传感器与安装在轴端的测速齿轮配合使用实现的。速度传感器主要为制动系统(防滑速度传感器)、牵引系统、列车 ATP 或者 LKJ 信号控制系统(ATP 或 LKJ 速度传感器)提供速度信号，如图 3-44 所示。

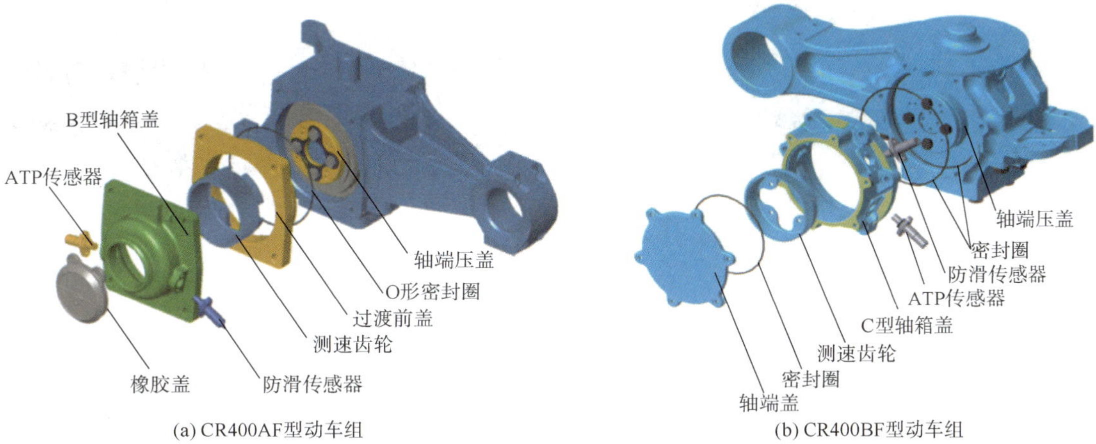

图 3-44 轴端速度传感器

2. 接地装置

接地装置主要功能是为避免电流通过齿轮箱或轴箱轴承而造成电蚀，保证车体和钢轨之间形成连续的低电阻连接。其中动车转向架采用齿轮箱接地，拖车转向架采用轴端接地。齿轮箱接地采用环磨的结构方式，轴端接地采用端磨的结构方式。CR400 平台动车组接地装置如图 3-45 所示。

(a) 轴端接地装置

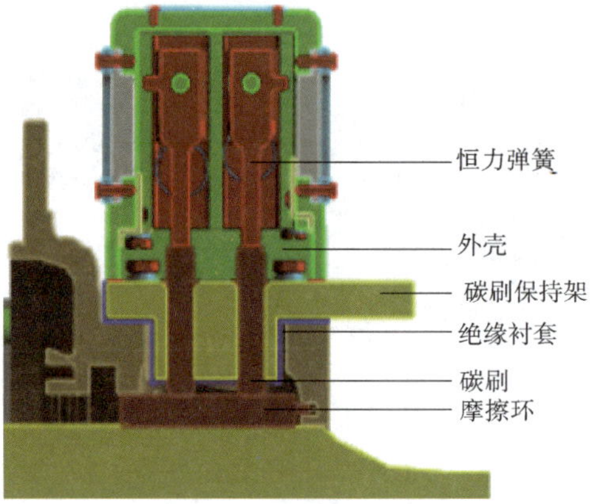

(b) 齿轮箱接地装置

图 3-45　CR400 平台动车组接地装置

3. 安全监测装置

CR400 平台动车组转向架在轴箱体、齿轮箱和牵引电机上均设有轴承实时温度传感器,用来在列车运行过程中实时监测轴承的温度,当温度超过限制值时列车可实现自动报警并采取减速和停车措施。齿轮箱轴承温度传感器如图 3-46 所示。

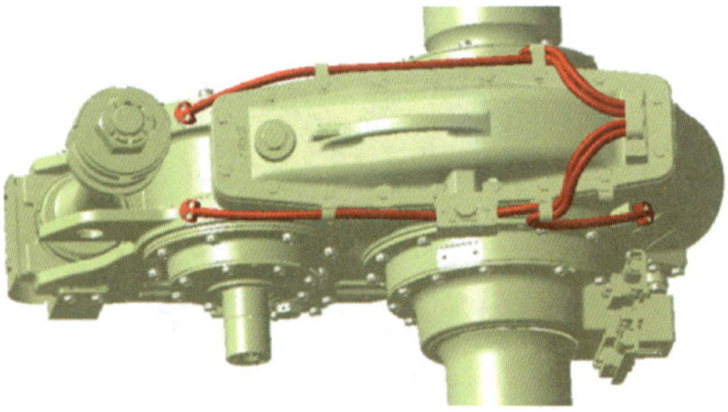

(a) CR400AF型动车组

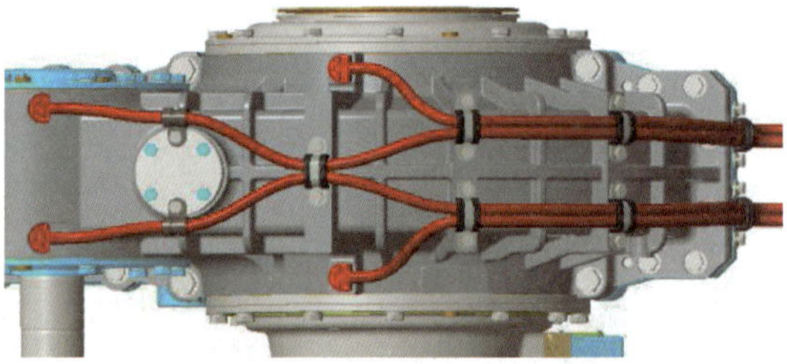

(b) CR400BF型动车组

图 3-46　齿轮箱轴承温度传感器

转向架构架端部设置有转向架失稳监测装置,可监测转向架横向振动加速度,再通过车辆上的控制单元对加速度进行分析,如判断转向架有失稳迹象时,系统将发出警告,并采取减速措施。转向架失稳及轴温监测如图 3-47 所示。

4. 轮缘润滑装置

CR400BF 型动车组头尾车转向架的导向轮对处安装有轮缘润滑装置,主要用来降低列车通过曲线时车轮轮缘和钢轨摩擦造成的磨损和噪声,CR400AF 型动车组暂未设转向架轮缘润滑装置。CR400BF 型动车组轮缘润滑装置如图 3-48 所示。

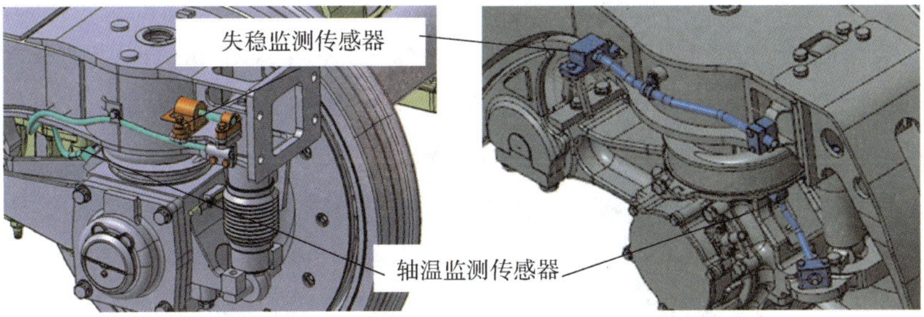

图 3-47　失稳及轴温监测

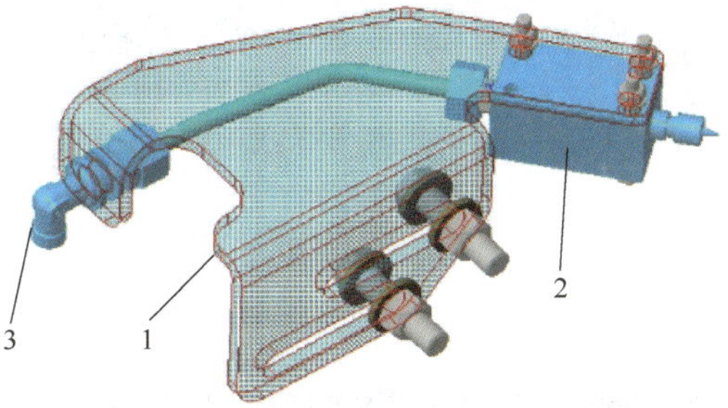

图 3-48　CR400BF 型动车组轮缘润滑装置

1—润滑装置安装座;2—喷嘴组成;3—输油弯管

5. 撒砂与排障装置

撒砂装置的作用是通过在车轮和钢轨轨面之间撒砂来增大轮轨摩擦系数,进而增大制动效率,避免车轮打滑。扫石器安装在头尾车导向轮左右两侧构架端部和中间车端部构架,主要用于清除钢轨上的小型障碍物,避免车轮踏面硌伤受损。撒砂与排障器装置如图 3-49 所示。

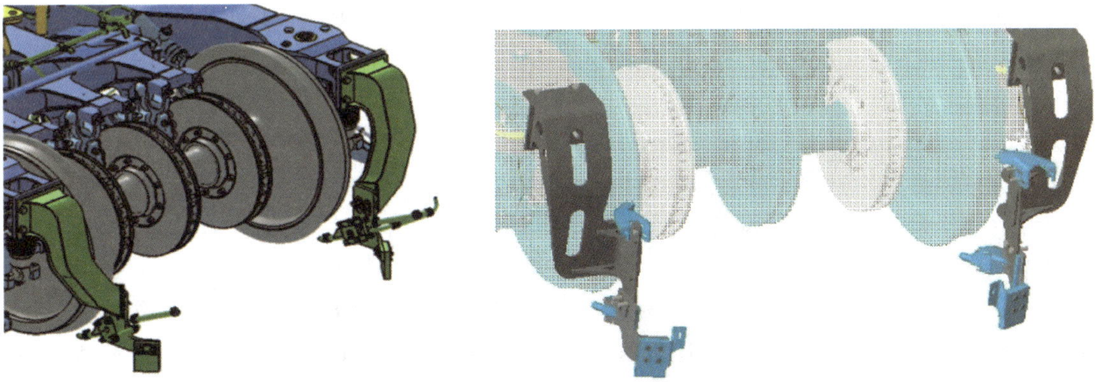

(a) CR400AF型动车组　　(b) CR400BF型动车组

图 3-49　撒砂与排障器装置

6. 踏面清扫装置

转向架每个车轮内侧斜上方对应设置有踏面清扫装置,CR400AF 型动车组主要通过研磨子为轮轨间增加黏着力;CR400BF 型动车组研磨子材料硬度较高,主要通过研磨子与车轮踏面摩擦对踏面实现修形作用。踏面清扫装置如图 3-50 所示。

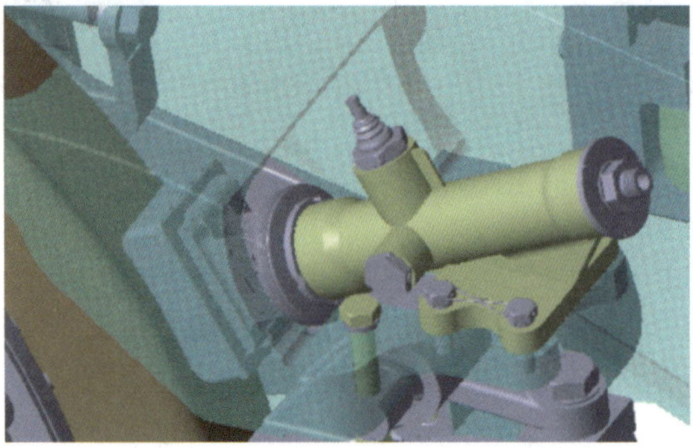

图 3-50　踏面清扫装置

第四节　高压牵引系统

一、主电路拓扑

CR400 平台动车组由受电弓从接触网接受 25 kV 单相交流电,通过真空断路器连接到牵引变压器原边绕组。牵引变压器牵引绕组输出的交流电输入牵引变流器四象限整流器后输出中间直流电压,再经过牵引逆变器逆变为变频变压的三相交流电对 4 台牵引电机进行驱动。CR400AF 型动车组由 2 个基本动力单元组成,4 动 4 拖配置,每个基本动力单元具有独立的高压牵引系统,CR400AF 型动车组主电路拓扑结构如图 3-51 所示;CR400BF 型动车组主电路拓扑与 CR400AF 基本一致,CR400BF 型动车组在牵引变压器高压侧多设置 1 个电流互感器。

二、动车组高压设备

CR400 平台动车组高压设备包括受电弓、真空断路器、避雷器、高压互感器、高压隔离开关等。采用集成式高压设备箱,将除受电弓、绝缘子、网侧避雷器外的高压部件放置于集成高压设备箱内,CR400AF 型动车组高压设备箱安装于车下,CR400BF 型动车组高压设备箱安装于车顶。高压母线上设高压隔离开关,当高压母线或牵引变压器发生故障时隔离开关可将故障单元隔离。设电流互感器对网侧电流、本/他牵引单元电流、接地电流进行监测。设电压互感器对接触网网压进行监测,受电弓及高压设备箱安装位置如图 3-52 所示。

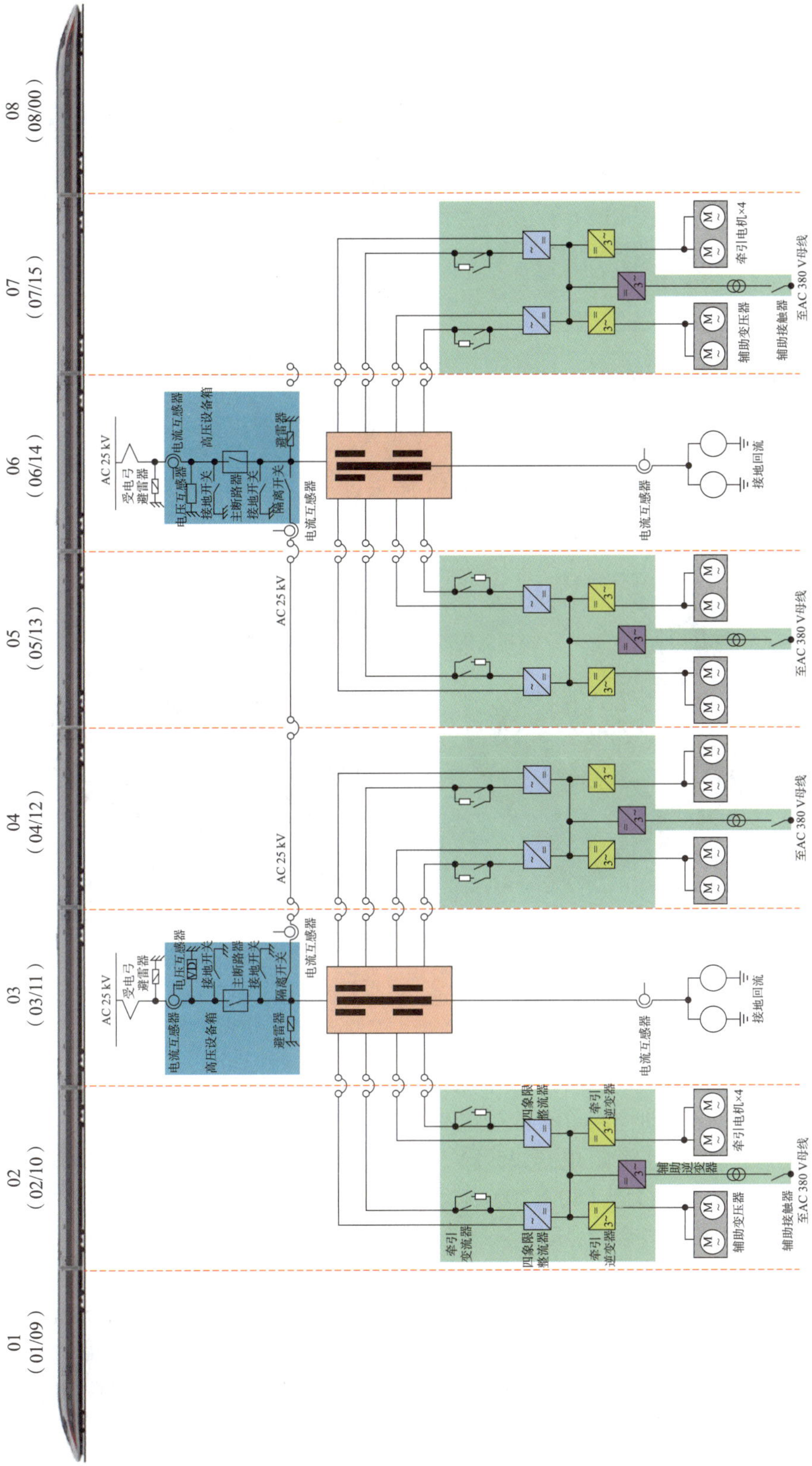

图3-51　CR400AF型动车组主电路拓扑结构

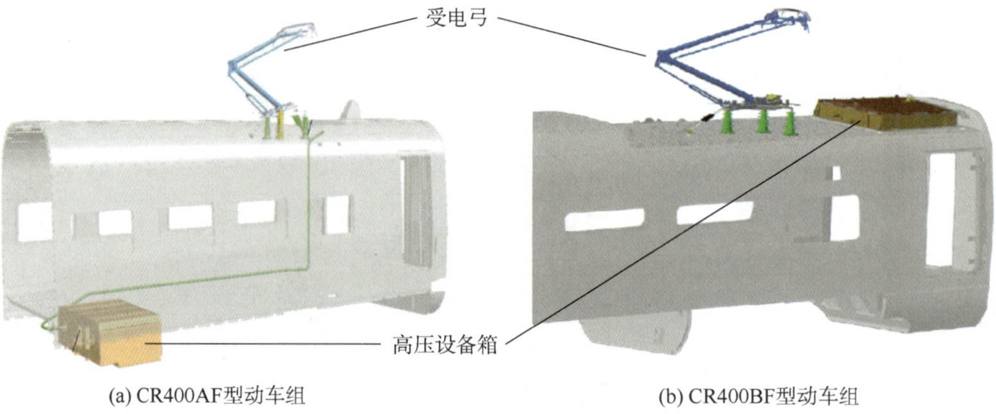

图 3-52 受电弓及高压设备箱安装位置

高压设备在高压设备箱内部布置如图 3-53 所示。

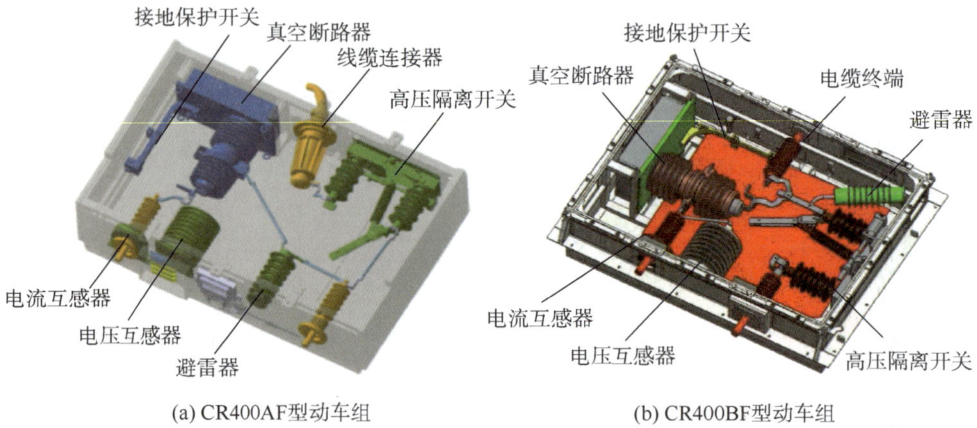

图 3-53 高压设备箱

1. 受电弓

受电弓通过支撑绝缘子安装在动车组的车顶，主要功能是从接触网上受取电流。CR400 平台动车组采用主动控制单滑板受电弓，受电弓组成如图 3-54 所示。主体结构采用单滑板、单臂设计。受电弓额定电压 25 kV、50 Hz，额定电流 1 000 A，工作高度 470 ~ 2 500 mm，静止状态下接触力为(80 ±20) N。

列车发出受电弓升弓指令后，压缩空气经过供风管路，进入气囊，驱动受电弓升起。车辆运行时，受电弓控制模块以当前速度给定气囊目标压力，保持接触网与受电弓的接触力，当目标压力与实际压力不一致时，控制模块适时调整，使其保持一致。列车发出降弓指令后，气囊内的压缩空气经由排气口排出，受电弓在重力作用下降弓。受电弓碳滑板内部安装有气道，当受电弓碳滑板磨耗到限或遭外力破坏导致控制气路发生漏气时受电弓自动快速降下，保护受电弓和接触网不遭到进一步破坏。

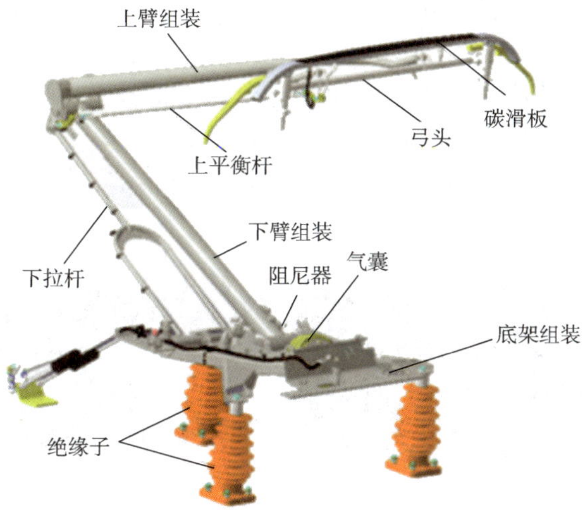

图 3-54 主动控制型受电弓组成

2. 真空断路器

CR400 平台动车组真空断路器和接地开关安装于高压设备箱内，用来断开与接通 25 kV 电路，同时作为故障保护器件。真空断路器的额定电压为 31.5 kV，额定电流为 1 000 A，额定分断电流为 20 kA，额定断开时间为不超过 60 ms。接地保护开关的额定电压为 31.5 kV，额定电流为 400 A，短时耐受电流为 20 kA/1 s。

真空断路器绝缘子内部安装有真空管，列车发出断路器闭合指令后，真空管内部的触头闭合，25 kV 交流电接入牵引变压器。当列车高压部件检修时，可将接地开关打至接地位，防止异常升弓造成人员伤害。真空断路器如图 3-55 所示。

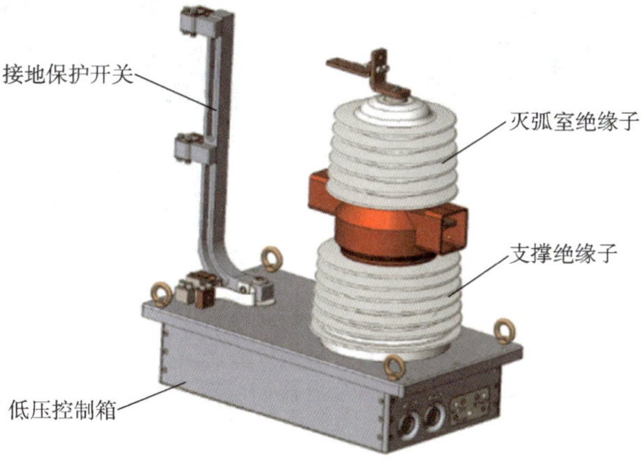

图 3-55 真空断路器

3. 避雷器

动车组用避雷器主要用于保护动车组高压设备免受大气过电压及操作过电压侵害。避雷器内部装有优异非线性伏安特性的电阻片，当系统出现过电压时，避雷器起到削峰、泄流作用,使被保护电器设备上的过电压限制在允许范围内,从而保护了电器设备绝缘免遭过电压的损坏。在电力系统正常工作电压下,避雷器呈现高电阻,仅有微安级的泄漏电流流过避雷器,起到与系统绝缘的作用。CR400 平台动车组避雷器额定电压 42 kV,持续运行电压 34 kV,标称放电电流 10 kA。避雷器如图 3-56 所示。

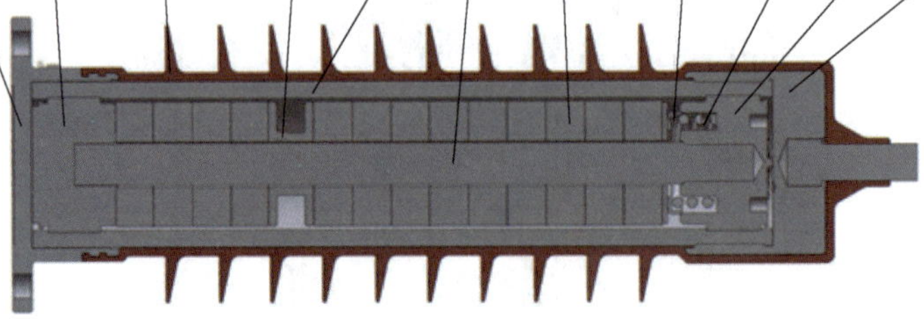

图 3-56 避雷器

4. 高压互感器

高压互感器分为电流互感器和电压互感器两种,用于监测主回路电流和电压值。CR400 平台动车组电压互感器一次侧和二次侧额定电压比为 25 kV∶100 V。CR400 平台动车组采用穿心式电流互感器,网侧电流互感器一次侧和二次侧额定电流比为 600 A∶1 A,变压器原边高压侧/接地侧电流互感器额定电流比为 300 A∶1 A。电压互感器和电流互感器如图 3-57 所示。

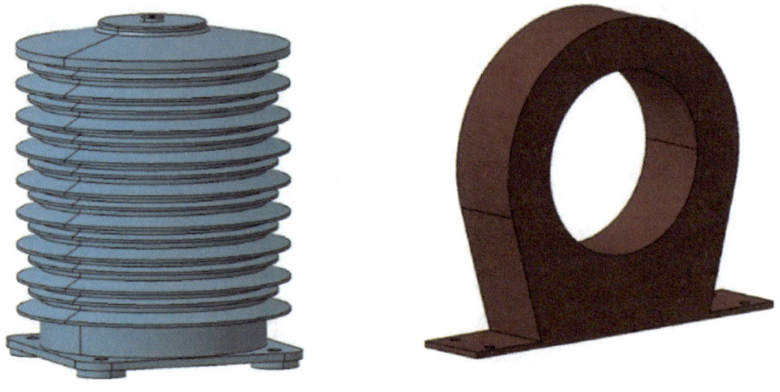

(a) 电压互感器　　(b) 电流互感器

图 3-57 电压互感器和电流互感器

5. 高压隔离开关

高压隔离开关属于保护装置,主要用于保护车辆高压电气设备,并当车辆高压电气设备发生故障时,能将故障部分隔离,维持车辆运行。高压隔离开关不带灭弧装置,不具有开断电流的能力;因此,它的所有动作都必须在真空断路器处于分断状态时进行。高压隔离开关主要由动触头、静触头、绝缘拉杆、绝缘子组成,高压隔离开关额定电压 31.5 kV,额定电流 700 A。高压隔离开关如图 3-58 所示。

列车发出闭合指令后，压缩空气经过供风管路，进入压力气缸，气缸内活塞推动操纵杆朝合闸方向运动，使转轴旋转60°，隔离开关闭合。列车发出闭合指令后，压缩空气经过供风管路，进入压力气缸，气缸内活塞推动操纵杆朝分闸方向运动，使转轴旋转60°，隔离开关闭合。

6. 绝缘子

绝缘子用于受电弓的安装和支撑，保证安装时的机械强度及电气绝缘的要求。支撑绝缘子由绝缘体、上下嵌件组成。绝缘体材料为环氧聚酯类，嵌件为不锈钢材质。受电弓支撑绝缘子高度为400 mm，爬电距离 >1 000 mm。绝缘子如图3-59所示。

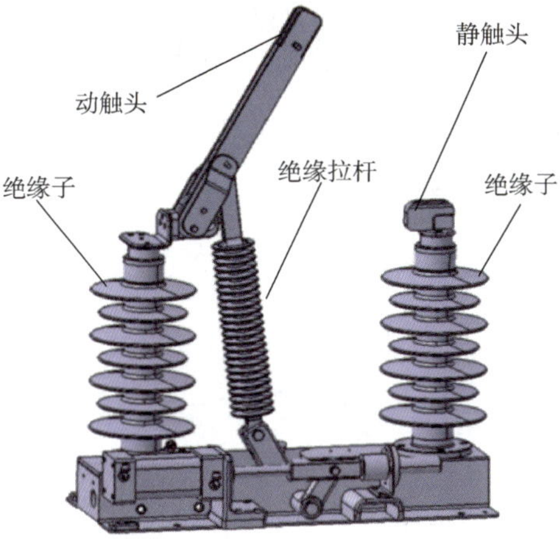

图3-58　高压隔离开关

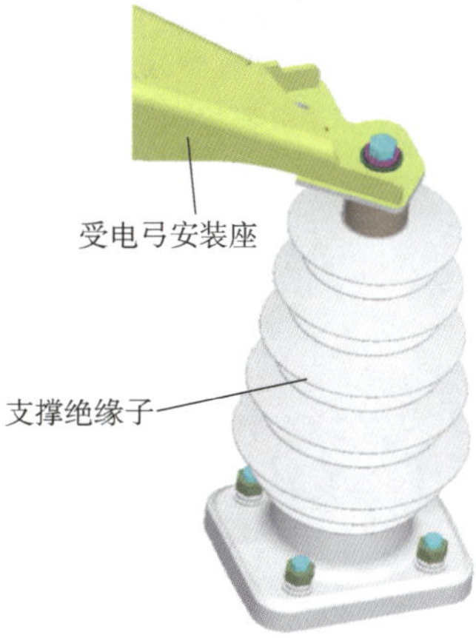

图3-59　绝缘子

三、牵引变压器

CR400平台动车组每个基本动力单元有1台牵引变压器，内部有1个原边绕组、4个牵引绕组。将接触网上获取的AC 25 kV高压电变换为牵引变流器所适合的AC 1 900 V电压，为2台牵引变流器供电。

1. 基本结构

CR400平台动车组采用单相芯式牵引变压器，CR400AF型动车组容量为6 300 kV·A，CR400BF型动车组容量为6 432 kV·A，强迫导向油循环风冷方式，车体下整体弹性悬挂安装。CR400AF型动车组牵引变压器结构及组成如图3-60所示，CR400BF型动车组牵引变压器组成与CR400AF型动车组一致，内部器件布置微调。

2. 工作原理

CR400平台动车组牵引变压器内部主电路如图3-61所示。U-E称为一次绕组，U端接25 kV，E端通过接地装置连接钢轨；其余4个称为二次绕组，连接牵引变流器输入端，1. 1、1. 2、2. 1、2. 2端通过电缆向一台变流器供电，3. 1、3. 2、4. 1、4. 2端通过电缆向本牵引单元的另一台变流器供电。

当一次侧接到AC 25 kV电源时，一次绕组中有交流电流流过，并在铁芯中产生交变磁通，其频率和外施电压的频率一样。这个交变磁通同时交链一次、二次绕组，根据电磁感应

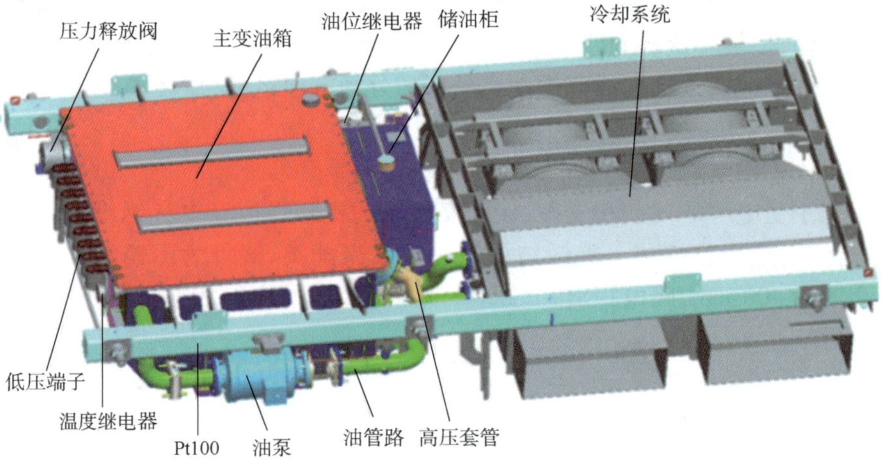

图 3-60　CR400AF 型动车组牵引变压器

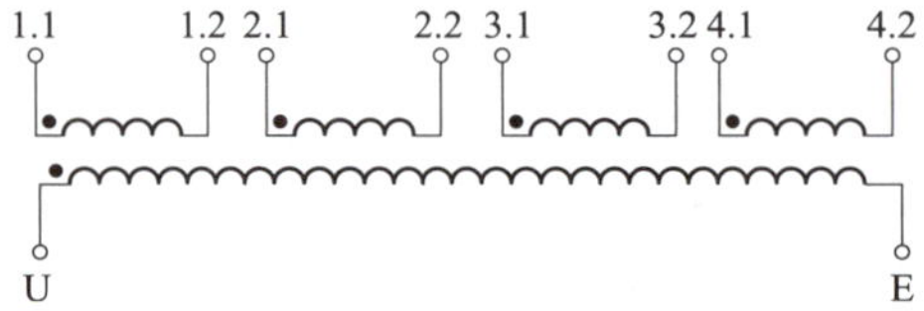

图 3-61　牵引变压器主电路

定律,便在一次、二次绕组内感应出电动势。二次侧有了电动势,便向牵引变流器供电,实现了能量传递。在这一过程中一次、二次侧感应电动势之比等于一次、二次绕组匝数之比。

3. 牵引变压器的保护

牵引变压器设置有油流、油温和油位等保护,当油流继电器检测到冷却油速度过低,判定冷却系统无法满足散热需求,列车自动断开该牵引变压器的供电;通过温度传感器检测变压器入口和出口油温,报警分为三级,达到第一、二级温度保护时仅限制牵引功率,达到第三级温度保护时,列车自动断开该牵引变压器的供电。当变压器内部压力过大时,其压力释放阀会动作,当检测到此动作后,列车自动断开该牵引变压器的供电;当油位较低时,变压器低液位报警继电器会动作,当检测到此动作后,进行报警提示;当油位更低时,变压器低液位切除继电器会动作,当检测到此动作后,列车自动断开该牵引变压器的供电。

四、牵引变流器

CR400 平台动车组每个基本动力单元有 2 台牵引变流器,每个动力车均设置 1 台,驱动 4 台牵引电机。

1. 基本结构

CR400AF 型动车组采用主辅一体式牵引变流器,牵引功率为 2 660 kW,结构及组成如图 3-62 所示;CR400BF 型动车组采用主辅分离式牵引变流器,牵引功率为 2 766 kW,较 CR400AF 型动车组牵引变流器少辅变模块、辅助变压器、辅助接触器等部件。

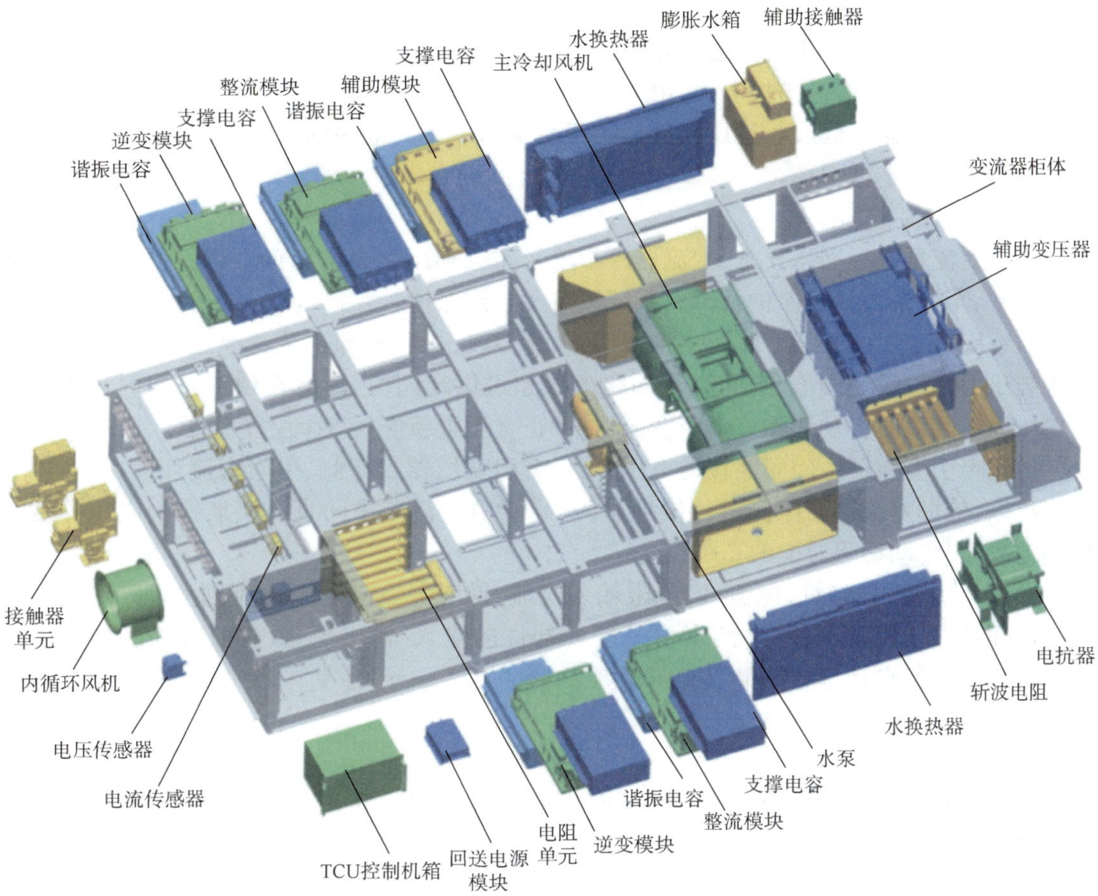

图 3-62　CR400AF 型动车组牵引变流器

2. 工作原理

牵引变流器 2 个并联四象限整流模块将牵引变压器输出的单相 1 900 V 交流电整流为 3 600 V 直流电压,给中间直流环节回路供电。逆变器将中间直流环节电压转换为三相变频脉冲输出电压,给三相异步牵引电机供电。

①四象限整流器

四象限整流器控制牵引主回路和中间直流环节的能量流动,由 2 个完全相同的交流—直流变流器构成,变流器的功率器件为 IGBT(绝缘栅双极晶体管),四象限的意思是变压器二次绕组的电压和电流的相角在牵引和制动的时候是可变的,在四个象限内都可以对该电压和电流的相角进行控制。四象限整流器在牵引工况可以将交流转换为直流,在实施再生制动时将直流转换为交流反馈回电网。

②逆变器

逆变器牵引工况时将直流电变成可控的三相对称交流电,在再生制动时又可以将牵引电机发出来的三相交流电变成直流电,对牵引电机进行牵引与制动控制,其功率模块为 IGBT,通过控制 IGBT 开关频率,以便在电机绕组中获得接近正弦电流。

③中间电路

中间电路的主要作用是为逆变器提供一个稳定的电源,包括带串联谐振电路的中间电压电路、过压限制器等。谐振电路,由电容器和滤波电抗器构成。对输入电压引发的 DC 链路波动电压进行两次滤波。过压限制器用于减少牵引中间电路的过压情况,防止对牵引电路的功率半导体造成损坏。

3. 牵引变流器的保护

牵引变流器设置网压异常、变流器冷却单元超温和压力异常、直流回路过压、直流回路充电异常、牵引系统接地保护及牵引系统短路及过流保护。

当牵引变流器控制器(TCU)检测到网压过低或过高、冷却系统水温超过设定阈值、冷却系统压力超过设定阈值、中间直流回路电压超过设定阈值、充电在预定时间内达不到指定电压设定阈值时自动切除该牵引变流器,待正常后重新恢复该牵引变流器。

通过牵引变流器中间回路接地电压,可对牵引变压器二次侧、中间直流环节、牵引逆变器交流侧、辅助变流器高压侧进行接地检测,当牵引变流器中间直流接地检测电压异常时报接地故障,自动切除对应的牵引设备。

通过牵引变压器原边电流、四象限输入电流、逆变器输出电流、中间直流环节电流、中间直流环节电压传感器,可检测牵引系统各部件的输入/输出短路、过流故障。当发生过流、短路故障时,自动切除该牵引变压器。

五、牵引电机

CR400 平台动车组采用三相鼠笼异步电机,强迫通风,防护等级为 IP 23,S1 工作制。牵引电机采用 200 级耐电晕绝缘结构。CR400AF 型动车组牵引电机架悬刚性安装,功率 625 kW,结构及组成如图 3-63 所示。CR400BF 型动车组牵引电机组成及结构与 CR400AF 型动车组一致,架悬弹性安装,功率 650 kW。

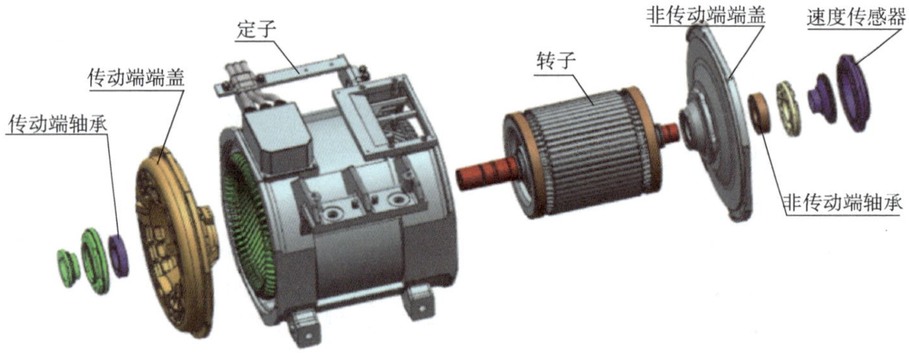

图 3-63　CR400AF 型动车组牵引电机

每台牵引电机的非传动端装有 1 个速度传感器,每台牵引电机在定子铁芯、传动端轴承、非传动端轴承处分别装有 1 个温度传感器,用于实时检测牵引电机温度。当检测到速度及温度异常时对牵引电机进行保护。

第五节 制动系统

制动系统采用微机控制的电空复合制动，即电制动与空气制动复合形成列车的制动力，空气制动为直通式空气制动，电制动为再生制动。

一、制动系统组成

制动系统由供风系统、制动控制系统、基础制动装置等组成，如图 3-64 所示。

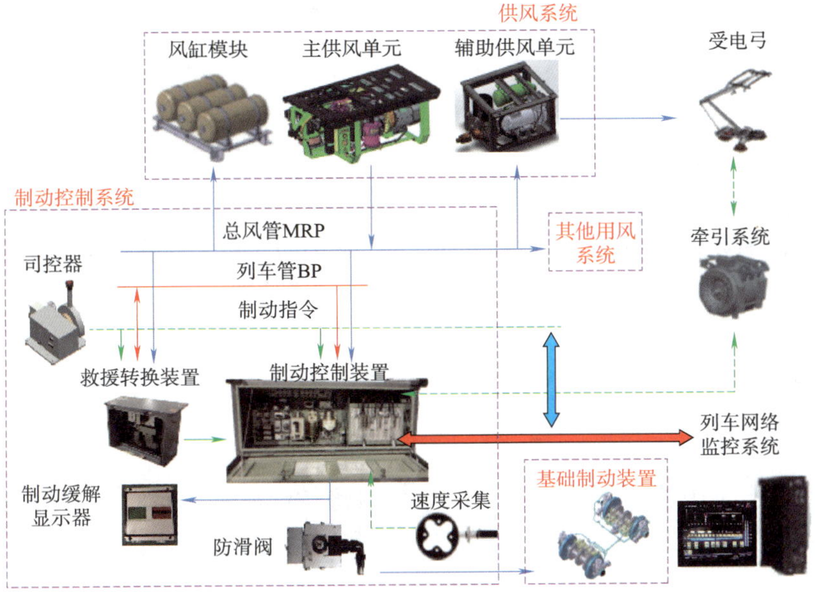

图 3-64 制动系统组成

1. 供风系统

供风系统为列车用风设备提供清洁、干燥的压缩空气，主要由主供风单元和辅助供风单元等组成。

主供风单元由螺杆式空压机和双塔式干燥器组成。CR400AF 型动车组全列设置 2 台主供风单元，每台空气排量为 1 300 L/min，由制动控制系统控制主供风单元的启动和停止，使全列总风压力维持在 800 ~ 950 kPa 之间。

在有受电弓的车辆设置辅助供风单元，在动车组主供风单元不能工作且总风压力不足时，可启动辅助供风单元工作，为受电弓、真空断路器（VCB）等高压设备提供压缩空气。辅助供风单元由车辆蓄电池供电，排量不小于 70 L/min。

2. 制动控制系统

制动控制系统负责接收司机、列车控制系统的制动指令，进行空气制动和再生制动力的管理和分配。制动控制系统包括电子制动控制单元（EBCU）和空气制动控制单元

(PBCU),如图 3-65 所示。

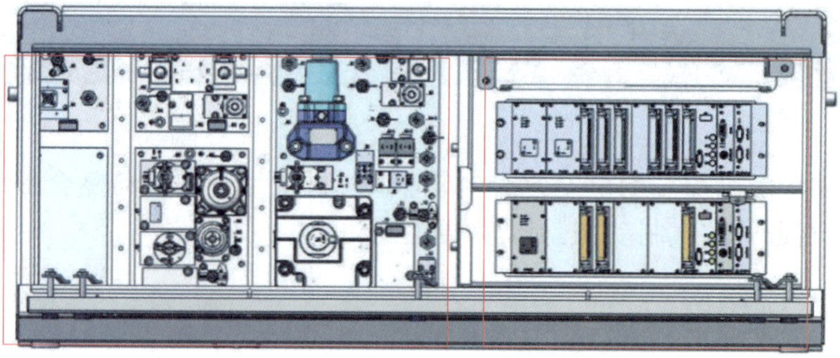

图 3-65 制动控制系统

EBCU 相当于制动系统的“大脑”,采用微处理器控制,具有数字量输入输出接口、模拟量输入输出接口、网络通信接口、驱动模块及电源模块等,负责接收制动指令,进行制动力的管理和分配。

PBCU 负责将 EBCU 的电子控制指令转化为空气压力,由阀件组成,其输出的压缩空气直接控制基础制动装置的制动夹钳单元产生空气制动力。PBCU 采用模块化设计,包括集成制动控制模块、停放制动控制模块、供风及空簧控制模块等。

3. 基础制动装置

基础制动装置介绍具体见转向架相关章节。

二、功能及控制原理

制动系统具有常用制动、紧急制动 EB、紧急制动 UB、停放制动、保持制动、比例制动、清洁制动、防滑保护、踏面清扫、撒砂控制、救援回送和制动夹钳防冻结等功能。

1. 常用制动

常用制动分为 7 个制动级位,按照预设减速度曲线进行列车制动控制,制动时采用电空复合制动,优先采用再生制动,再生制动力不足时,由空气制动补充。常用制动具有空重车载荷调整功能,能够保证不同车重条件下维持一定的减速度降速。

主控头车的制动控制单元具有列车级制动力管理功能,负责整车的制动力管理和分配。主控头车接收制动指令,并根据各车车重、制动级位和列车运行速度等信息进行制动力计算,实现空气制动力与再生制动力的分配。

常用制动时,EBCU 控制本车 PBCU 内电空转换阀输出对应于当前载荷状态的制动预控压力,预控压力经中继阀放大流量后,输出至基础制动制动缸,制动控制原理如图 3-66 所示。

2. 紧急制动 EB

紧急制动 EB 是由紧急制动 EB 安全环路控制施加的紧急制动,采用电空复合制动,由 EBCU 按照预设的减速度实施制动,具有空重车载荷调整功能,控制原理同常用制动。当满足以下任一条件时,自动触发紧急制动 EB。

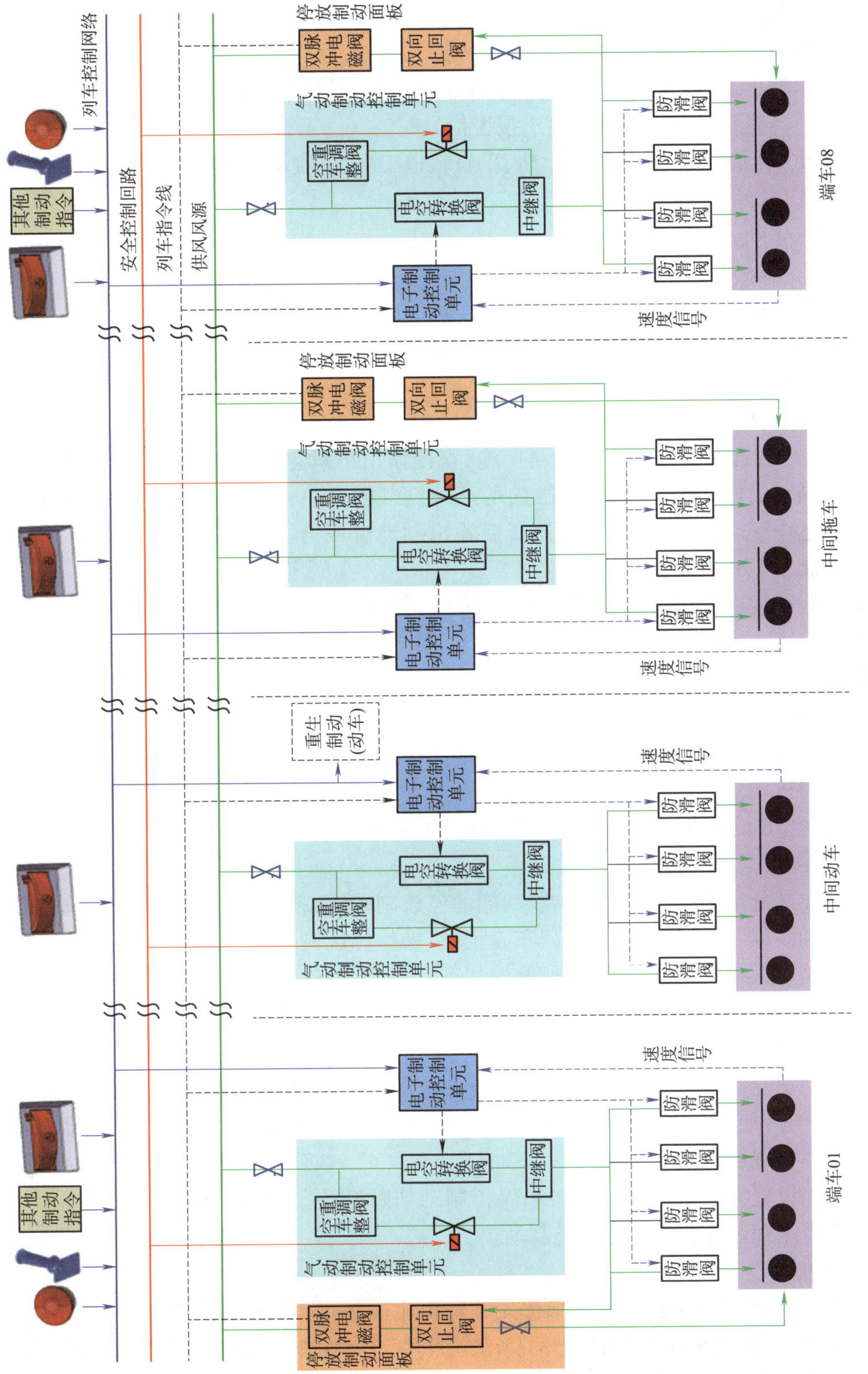
列车控制网络
安全控制回路
列车指令线
供风风源
其他制动指令
电子制动控制单元
气动制动控制单元
重车调整阀
空重车调整阀
电空转换阀
中继阀
防滑阀
双脉冲电磁阀
双向止回阀
停放制动面板
速度信号
重生制动(动车)
端车08
中间拖车
中间动车
端车01

图 3-66 制动控制原理

①当司控器手柄在紧急制动 EB 位；

②客室及乘务员室触发乘客紧急制动设施；

③列车非静止条件（速度 >5 km/h）下停放制动意外施加；

④司机警惕装置触发紧急制动请求报警信号时。

紧急制动 EB 情况下，动车组在干轨、平直轨道工况下，制动距离满足以下要求：

初速度 350 km/h 时≤6 500 m；

初速度 300 km/h 时≤3 800 m；

初速度 250 km/h 时≤3 200 m；

初速度 200 km/h 时≤2 000 m；

初速度 160 km/h 时≤1 400 m；

初速度 120 km/h 时≤800 m。

3. 紧急制动 UB

紧急制动 UB 通过独立的安全环路实施，直接作用于紧急制动电磁阀。紧急制动电磁阀采用失电制动的控制形式，制动风缸内的压缩空气通过空重车调整阀调压后，再通过紧急电磁阀到达中继阀，由中继阀放大流量后输出制动缸压力。当满足以下任一条件时，自动触发紧急制动 UB：

①列车运行控制系统触发列车紧急制动；

②列车分离；

③紧急制动 UB 安全回路断开或失电；

④列车失电；

⑤EB 制动力不足；

⑥按下司机室紧急制动按钮。

紧急制动 UB 的制动距离要求与紧急制动 EB 相同。

4. 停放制动

动车组在部分车轴配有带弹簧储能功能的停放制动缸，在司机室操纵台上设有停放制动施加按钮和停放制动缓解按钮，在列车静止时，操作停放制动施加按钮，控制双脉冲电磁阀排出停放制动缸中的压缩空气，施加停放制动；当需缓解停放制动时，操作停放制动缓解按钮，控制双脉冲电磁阀向停放制动缸充入压缩压力，缓解停放制动。

5. 保持制动

保持制动功能和汽车自动驻车的使用场景类似。保持制动在动车组进站停车时自动施加，当动车组启动后牵引力大于坡道下滑力时，自动缓解，确保定员载荷状态下动车组在一定坡道上静置或启动时不溜逸。

司机室内设置保持制动缓解按钮和保持制动切除开关。可通过按下保持制动缓解按钮或操作保持制动切除开关缓解保持制动。

6. 比例制动

雨雪天气，电空复合制动时，动车优先施加再生制动，为了各车平衡发挥制动力，避免动车发生滑行，设置比例制动功能，比例制动施加时，动车组中各车辆采用等减速度控制模式。在施加常用制动期间，按下比例制动施加按钮，自动施加比例制动。动车组未施加常用制动时，按下比例制动按钮后松开，如 10 s 内施加了常用制动则自动施加比例制动，如 10 s 内未施加常用制动则不施加比例制动；动车组施加常用制动且速度低于 25 km/h 时，自动施加比例制动；动车组施加紧急制动 EB 时，始终施加比例制动。

7. 清洁制动

在雨雪及潮湿天气，路面的积雪及雨水容易附着到制动盘和闸片上，使制动盘和闸片之间摩擦力降低。司机通过操作清洁制动按钮施加清洁制动，使每辆车均施加 70 kPa 的制动缸压力，清除制动盘和闸片之间的冰雪或杂物。

8. 防滑保护

雨雪天气，制动过程中易发生滑行现象，滑行不仅会使列车制动距离增加，还可能导致车轮踏面擦伤，因此，动车组设有车轮防滑保护功能。列车运行过程中，各轴速度传感器采集各轴车轮的速度信号，防滑控制单元根据各轴车轮的速度进行计算分析和逻辑判断，当检测到某根车轴发生滑行时，减小再生制动力，并控制防滑阀动作调节空气制动力，使滑行车轴恢复车辆速度，有效的进行防滑保护，减少车轮擦伤或抱死风险。

9. 踏面清扫

每个车轮设置一个踏面清扫器，满足一定条件时（动车组处于制动状态且速度在 30 km/h 以上、检测到空转或滑行等）控制踏面清扫的研磨子动作，实现对车轮踏面的清扫，改善轮轨黏着，并对车轮踏面的微小损伤进行修复。

10. 撒砂控制

动车组通过向车轮踏面和轨面之间喷洒石英砂，提高轮轨间的摩擦系数，改善轮轨黏着。

CR400AF 型动车组撒砂装置安装在 01、04、05、08 的 1 轴（共 4 个轴），具体布置如图 3-67 所示。运行方向 2 根轴撒砂，01 车主控时 01 和 04 车撒砂；08 车主控时 08 和 05 车撒砂。

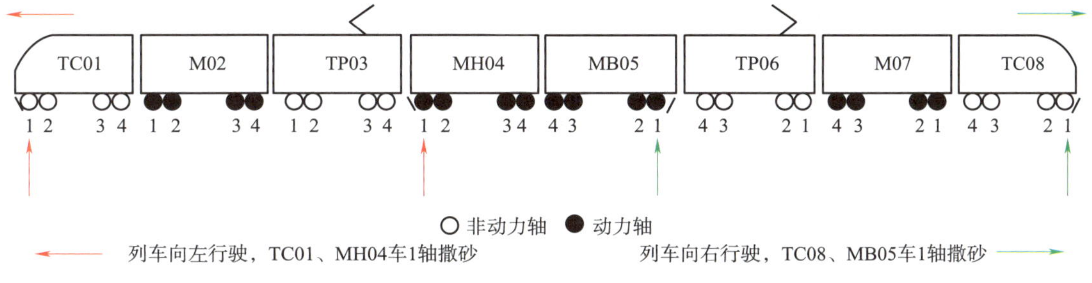

图 3-67 撒砂装置分布示意

司机操纵台设置撒砂开关，当轮轨黏着差时，司机手动操作司机台上的撒砂开关进行手动撒砂。另外，当动车组发生空转和滑行时，可进行自动撒砂，改善轮轨黏着。

11. 救援回送

动车组能够被既有机车、动车组救援，也能救援其他动车组。当动车组被救援回送时，安装在被救援动车组上的 BP 救援转换装置可以把救援动车组或机车列车管的减压信号转换为电气制动指令，控制本车制动施加或缓解；当动车组救援其他动车组时，BP 救援转换装置可以把救援动车组的电气制动指令转为列车管减压信号，通过列车管传递给被救援动车组，控制被救援动车组制动施加或缓解。

12. 制动夹钳防冻结

为防止制动夹钳在雨雪天气、寒冷潮湿环境被冰雪冻结，复兴号高寒动车组设置制动夹钳防冻结功能。通过司机显示屏“夹钳防冻结”界面上的“夹钳防冻结开始”按钮进入防冻结模式后，列车按照规定的程序控制各车制动夹钳依次循环“缓解—施加”空气制动，使制动夹钳单元依次、间歇动作，防止列车在雨雪天气、寒冷潮湿环境，制动夹钳被冰雪冻结。

第六节　网络系统

CR400 平台动车组网络系统主要实现整车的控制、状态监视、故障诊断及互联互通功能，为司机或机械师提供故障处理指南，为检修维护提供数据支持。为了保证动车组运行安全，网络系统具备通道冗余、重要设备冗余和主从设备切换功能。网络系统由具有通信功能的网络设备和各子系统控制器组成，网络设备包括中央控制单元(CCU)、输入输出模块(IOM)、人机接口显示屏(HMI)等，子系统控制器包括牵引控制单元(TCU)、制动控制单元(BCU)等。通过网络系统进行数据传输和信息共享，以协调控制和管理动车组各子系统。

一、拓扑结构

CR400AF 型动车组网络系统采用 WTB + MVB 网络与以太网相结合的架构，其中 WTB + MVB 网络采用两级总线式拓扑结构，分为列车级总线 WTB 和车辆级总线 MVB，两级总线结构共同构成列车控制网；以太网构成列车维护网，该网络不参与控制，以太网故障时动车组运行不受影响。

WTB 总线物理上采用两根冗余的双绞线，WTB 总线的传输速率为 1 Mbit/s，不同牵引单元之间通过 WTB 总线进行数据通信。同一牵引单元内部通过 MVB 总线进行数据通信，实现各子系统与 CCU 之间的数据通信，MVB 总线的传输介质为两对冗余的双绞线总线结构，传输速率为 1.5 Mbit/s。两级总线通过冗余的 WTB/MVB 网关进行连接，实现列车级数据与车辆级数据的交换。

以太网总线采用超 5 类屏蔽双绞线，传输速率为 100 Mbit/s。以太网总线采用环形拓扑结构，将具备以太网通信能力的各个终端设备连接起来，实现故障诊断、事件记录、显示信息、软件上载和故障数据下载等功能。

CR400AF 型动车组网络系统拓扑结构如图 3-68 所示。

与 CR400AF 型动车组类似，CR400BF 型动车组网络系统同样采用 WTB + MVB 与以太网相结合的网络架构，其不同之处在于 CR400AF 型动车组的以太网采用环形结构，CR400BF 型动车组的以太网采用线形结构。

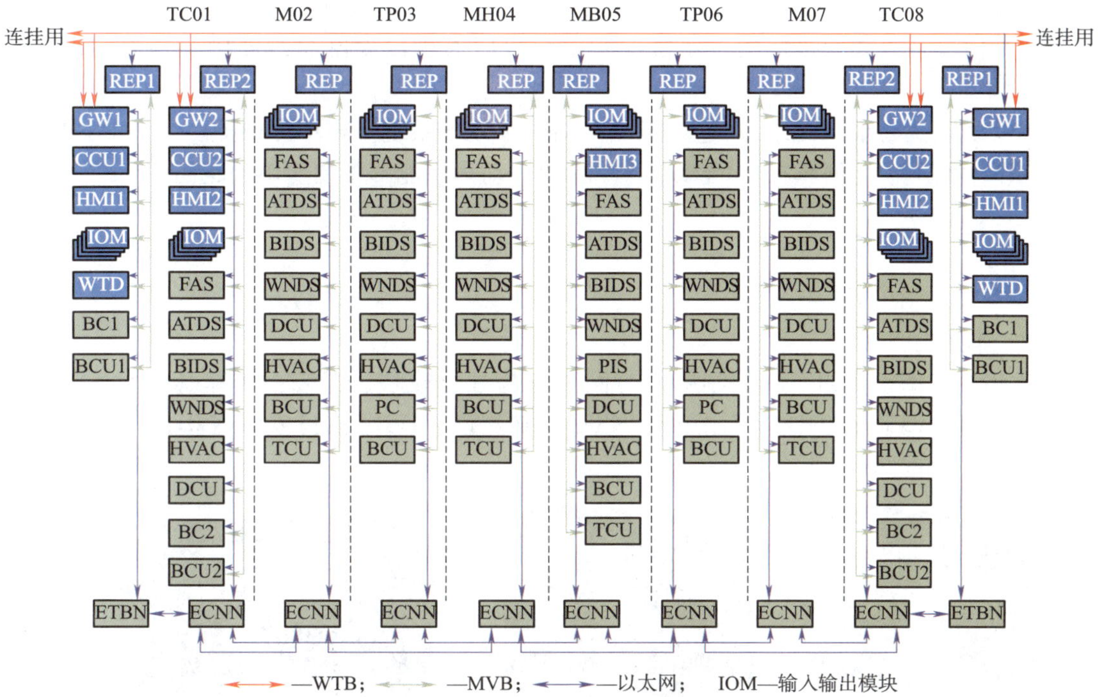

图 3-68 CR400AF 型动车组网络系统拓扑结构

ATDS—轴温检测系统；PC—受电弓控制器；GW—网关；BC—充电机控制单元；PIS—旅客信息系统；CCU—中央控制单元；BCU—制动控制单元；TCU—牵引控制单元；REP—中继器；BIDS—转向架失稳检测系统；WNDS—平稳性监测装置；HWI—人机交互接口；DCU—车门控制单元；FAS—烟火报警系统；WTD—无线传输装置；ETBN—骨干网以太网交换机；HVAC—加热、通风、空调系统；ECNN—编组网以太网交换机

1. WTB + MVB 网络拓扑结构

①每一牵引单元上有两个互为冗余的、具有工业以太网接口的中央控制单元(CCU)，它们共同负责对本单元车辆的控制、监视和诊断。

②每一牵引单元有冗余的 WTB/MVB 网关，负责两个牵引单元之间及重联时列车之间数据的交换。

③在每个车辆上设有冗余的输入输出模块，负责数字量的输入、输出。

④在每个司机台分别装有 2 个显示屏，在机械师室装有 1 个显示屏，用于显示列车状态、故障诊断信息。

⑤在两个头车上装有无线传输装置，用于记录状态和故障诊断数据，并实现数据的远程传输。

⑥牵引控制单元、制动控制单元、门控单元、空调控制单元、受电弓控制单元等通过 MVB 总线连接到网络系统上。

2. 以太网拓扑结构

①在每节车厢装有以太网交换机，用于以太网总线之间的连接，可以传输故障诊断、事件记录、显示等数据。

②网络硬件[中央控制单元(CCU)、网关(GW)、输入输出模块(IOM)、显示屏(HMI)、

无线传输装置(WTD)]通过以太网总线连接至各车的以太网交换机。

③其他具有以太网接口的子系统控制单元可以通过以太网总线连接至各车的以太网交换机。

④以太网作为维护网络,对连接至以太网的车载子系统实现单点维护。

⑤以太网不参与列车控制,当以太网故障时,动车组能够不受影响地运行。

二、系统设备

1. 中央控制单元

(1)部件说明

CR400AF 型动车组车辆控制单元与网关各为独立模块,安装在 01 车、08 车客室控制柜。CR400BF 型动车组中央控制单元 CCU(集成 WTB/MVB 网关)安装在 01 车、08 车司机室右后柜内,如图 3-69 所示。

(a) CR400AF型动车组　　(b) CR400BF 型动车组

图 3-69　中央控制单元和网关

(2)作用

中央控制单元 CCU 具有本动力单元车辆网络的控制、监视和诊断功能,具有对列车级总线和车辆级总线管理及设备通信状态的诊断功能,当检测出总线或网络设备通信故障时应提示信息或采取必要的措施使动车组运行不受影响或导向安全。集成 WTB 网关,实现列车总线和车辆总线的双向数据传输。

2. 输入输出模块

(1)部件说明

输入输出模块采用独立模块,安装于司机室边柜或客室电气柜中,包括低压数字量输入模块、数字量输入模块、数字量输入输出模块和模拟量输入输出模块,如图 3-70 所示,用于采集 24 V 或 110 V 数字量输入信号、模拟量输入信号,并实现数字或模拟量输出控制。

(2)作用

输入输出模块与不具有车辆总线接口的输入输出信号进行连接,例如对高压系统部件

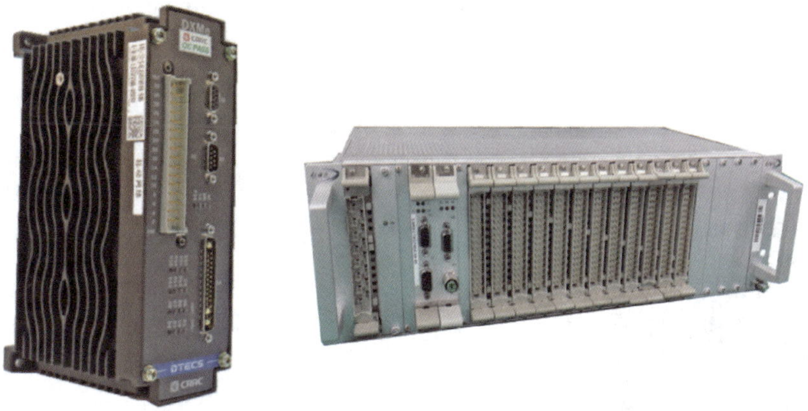

(a) CR400AF型动车组　　(b) CR400BF型动车组

图 3-70　输入输出模块

控制继电器、牵引系统冷却设备供电开关及控制继电器、火灾报警信号、安全环路状态继电器等系统状态输入进行采集,并依据中央控制单元控制指令进行输出控制。

3. 人机接口单元

(1)部件说明

每个司机室设置两个人机接口单元 HMI,两个 HMI 互为冗余备份,当一个 HMI 故障另一个 HMI 可接管故障 HMI 的全部工作;机械师室设置一个 HMI,机械师室 HMI 主要用于机械师监视车辆状态,不具备司机控制功能。人机接口显示屏及其主界面如图 3-71 所示。

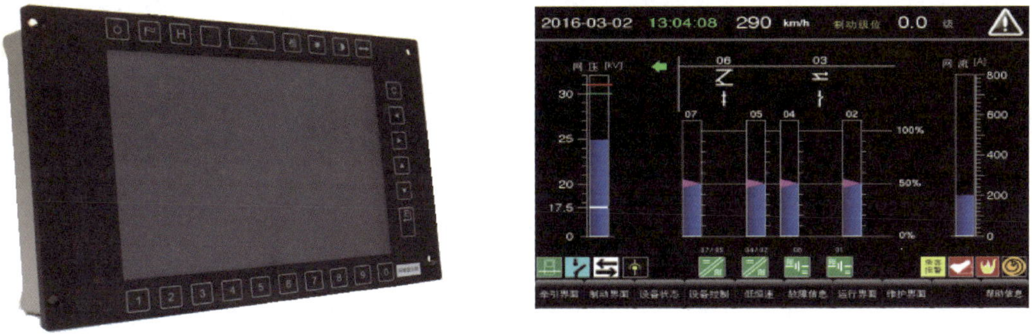

图 3-71　人机接口显示屏及其主界面

(2)作用

人机接口单元可对连接到总线上的子系统状态、列车的基本运行数据、状态信息和故障诊断信息进行显示、存储。司机室 HMI 可进行重要设备的控制功能,如切除及恢复等控制功能。

4. 以太网设备

(1)部件说明

以太网设备分为骨干网以太网交换机和编组网以太网交换机两种,如图 3-72 所示,其中骨干网以太网交换机设置在 01 车和 08 车电气柜，用于列车 ETB 网络重联（预留功能）和连接以太网终端设备，编组网以太网交换机位于各车电气柜，用于编组网构建和车辆内以太网终端设备组网。

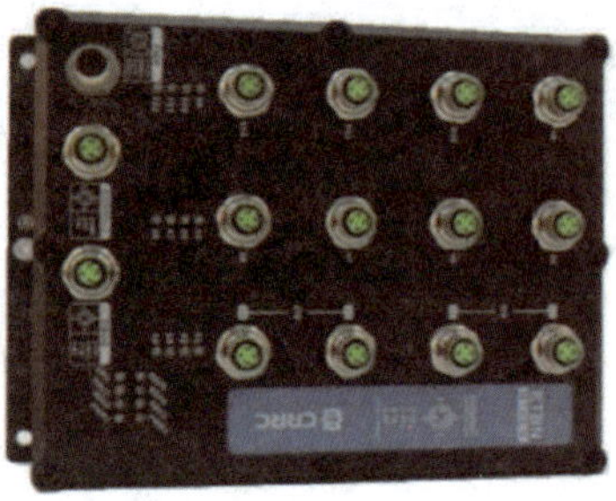

(a) CR400AF型动车组

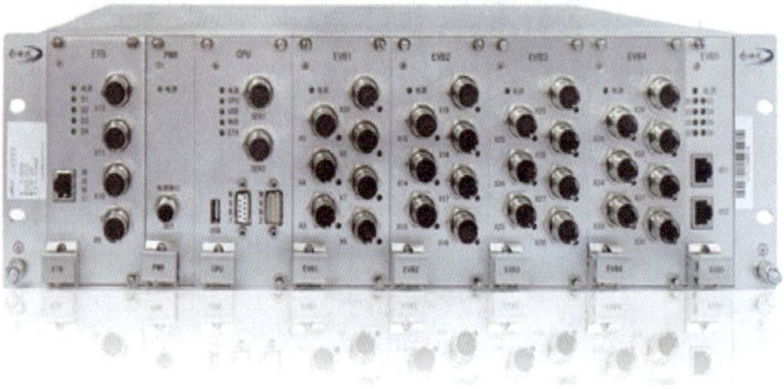

(b) CR400BF型动车组

图 3-72　以太网设备

（2）作用

以太网交换机将列车上所有具备以太网通信能力的设备或部件连接至以太网网络中，实现故障数据和状态数据的传输及监控，实现对所有设备的单点维护功能，便于检修维护时进行软件上传及故障下载。

CR400BF 型动车组司机室以太网网关具备 MVB 数据与以太网数据协议切换的能力，可将本牵引单元 MVB 数据整理成以太网数据，并进行数据存储，实现车辆定期监控分析以及故障判断的依据。

5. 无线传输装置

（1）部件说明

为实现无线传输装置 WTD 主机正常工作，需要按照设备要求配置远程天线、放大器、合路器以及天线延长电缆等配件。其中远程天线和放大器安装在头车车顶，合路器和 WTD 主机安装在头车电器柜，天线延长线选用符合要求的同轴线缆。

（2）作用

无线传输装置通过其自身的 MVB 接口板、以太网接口板与列车通信总线相连，能够采集 MVB 车辆总线数据，对指定的端口数据接收后进行重新整理、解析、存储，将车辆信息分类为实时数据、非实时数据。对于实时数据，通过移动网络发往地面服务器，从而满足对列车状态进行动态跟踪监控、根据所采集的数据对运行列车上的各设备提供诊断、指导检修的目的。非实时数据可通过车辆入库后人工下载的方式获取，同时预留了 Wi-Fi 数据传输接口。CR400 平台动车组无线传输系统如图 3-73 所示。

三、系统功能

1. 控制功能

CR400 平台动车组列车网络可实现：速度和级位模式管理、换端模式管理、连挂解编模

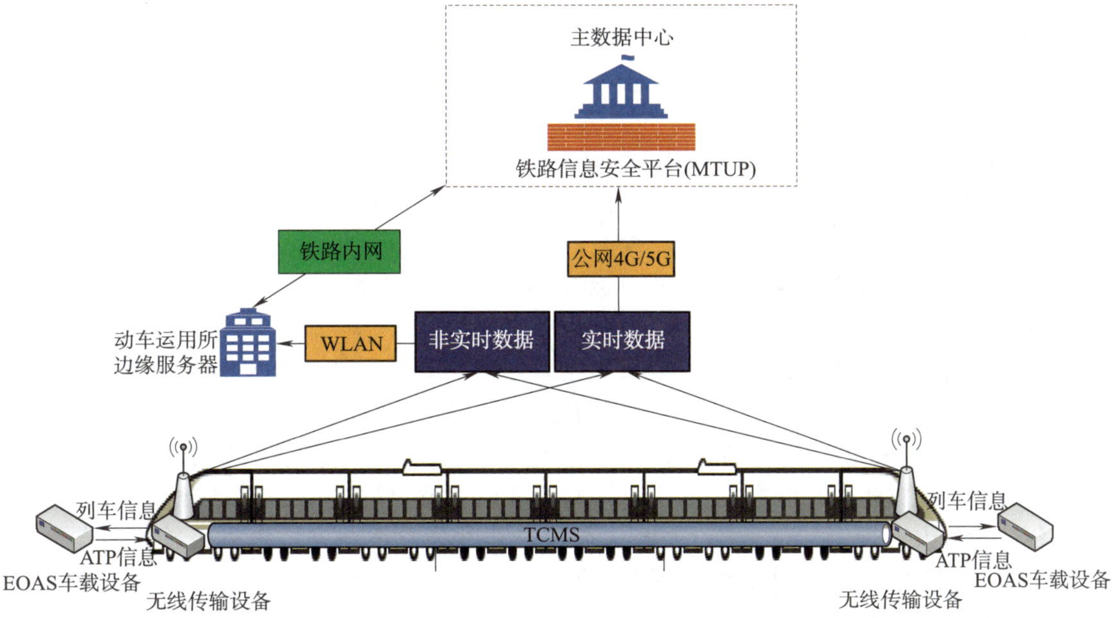

图 3-73　无线传输系统

式管理、洗车模式管理、列车限速管理、时钟管理、速度计算、整备模式管理等列车控制功能。

2. 监视功能

列车网络系统通过 MVB 接口和 IO 接口采集车辆环境信息和车辆状态信息。环境信息主要包括运行动车组的时间、经纬度、速度、接触网状态(网压、网流)、公里标等信息;车辆状态信息主要包括高压、牵引、制动、车门、轴温、失稳等安全相关信息,以及空调、卫生间等旅客服务设施状态信息等。以上信息通过人机接口显示屏进行显示,便于司乘人员掌握车辆状态。

3. 诊断功能

诊断功能由中央控制单元、远程数据传输装置和人机接口显示屏实现,包括子系统诊断和中央诊断系统。

子系统诊断对系统自身故障进行诊断,报告可能的故障和单独的功能限制给中央控制单元;影响列车正常运行的关键设施状态(如受电弓、主断路器),由中央控制单元汇总车辆及系统状态并统一进行中央诊断。

诊断结果由中央控制单元进行分类、存储,通过人机接口显示屏进行显示,送入无线传输装置实现故障传输至地面主数据中心,为检修维护提供数据依据。

4. 互联互通功能

在数据通信层面定义了网络配置方式、列车级数据传输内容及格式;在控制功能层面定义了与互联互通相关的控制逻辑,包括司机室占用、方向管理、换端、运行模式管理、连挂、解编控制,以及网络系统与各子系统的控制功能;在人机接口方面定义了与互联互通相关显示屏界面以及故障代码编制规则。在上述统型基础上,实现动车组的互联互通，满足不同厂家相同速度等级动车组重联运营、不同速度等级动车组相互救援。

四、安全监控

1. 烟火报警系统

为避免火灾对动车组安全造成影响，动车组设有烟火报警系统，烟火报警系统由火灾报警控制器和火灾探测器组成。火灾探测器安装于车内电气柜、司机室、卫生间、厨房、客室、蓄电池箱等区域，能够探测自身所在区域的烟雾浓度和温度，并将此信息通过通信回路传送至火灾报警控制器。

烟火报警系统具备火灾报警功能，火灾报警控制器能接收来自火灾探测器发出火灾报警信号，指示火灾发生部位，记录火灾报警时间，并予以保持，直至手动复位。

每节车设置一个火灾报警控制器，火灾报警控制器与本车火灾探测器之间通过 CAN 总线环网通信。火灾报警控制器通过其内部总线，实时管理、监测各火灾探测器，能够及时探测到各位置的火灾探测器的故障、火警状态和内部网络总线状态。火灾报警控制器通过 MVB 或以太网向网络系统实时传输烟火报警系统的故障状态和火警状态，同时输出一路硬线信号。烟火报警系统整车架构如图 3-74 所示。

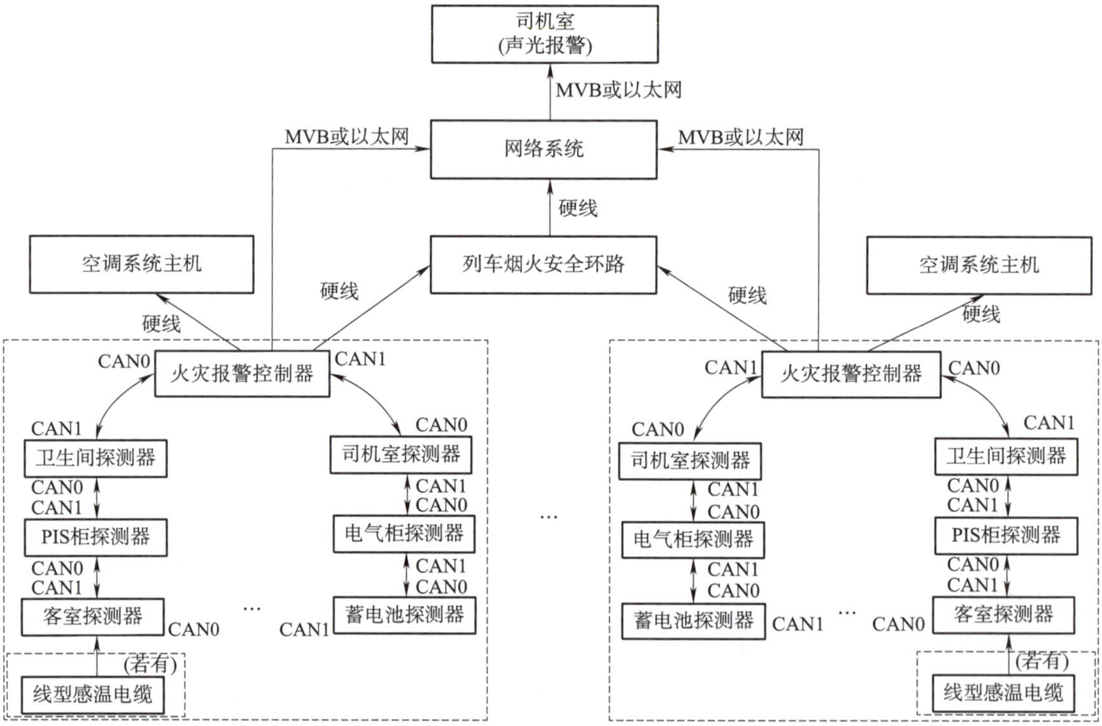

图 3-74　烟火报警系统整车架构

2. 失稳/平稳监测系统

为监测动车组转向架和车体的运行稳定性，保障动车组安全运行，动车组设有失稳/平稳监测系统。失稳/平稳监测系统具备失稳报警和平稳报警功能，动车组运行过程中，监测主机通过失稳传感器采集车辆转向架横向加速度信号，并根据稳定性判据进行诊断。当诊断转向架构架横向加速度值满足报警要求时，实时给出报警结果。监测主机通过平稳传感器采集车体横向、纵向、垂向加速度信号，并根据平稳性判据进行诊断。当诊断车体平稳性满足报警要求时，实时将报警信息发送至网络系统。网络系统根据失稳/平稳报警结果进行限速或故障提示。

CR400AF 型动车组采用独立式监测系统，每辆车均分别设一台失稳监测主机、一台平稳监测主机、四个失稳传感器、两个平稳传感器。CR400BF 型动车组采用集成式监测系统，每辆车均分别设一台失稳/平稳监测主机、两个失稳传感器、两个平稳传感器。失稳/平稳监测系统拓扑如图 3-75 所示。

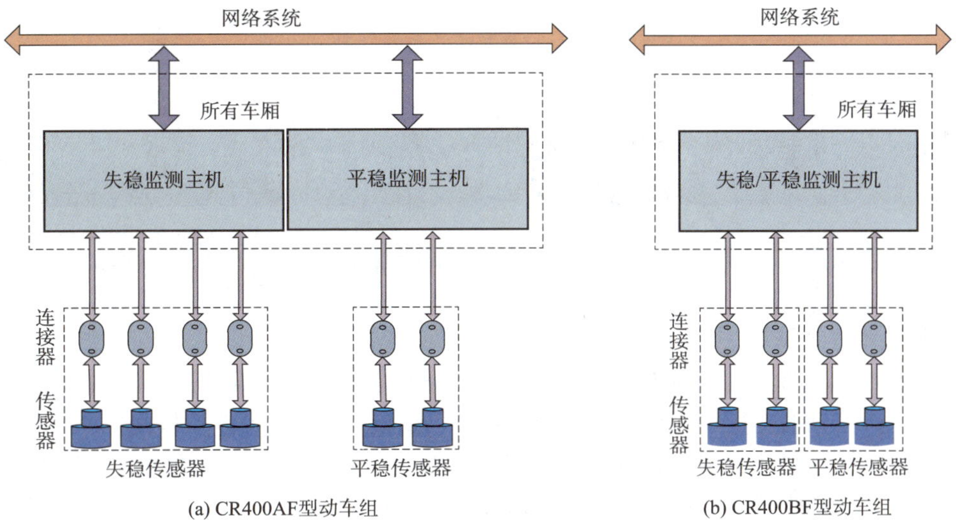

图 3-75　失稳/平稳监测系统拓扑

3. 温度监测系统

为采集和监测走行部部件温度，保障动车组安全运行，动车组设有温度监测系统。温度监测系统由温度监测主机、轴箱轴承温度传感器、齿轮箱轴承温度传感器、牵引电机轴承和定子温度传感器组成。

温度监测主机采集传感器温度数据，判定温度报警状态，输出状态控制信号，通过网络接口和硬线接口传输温度及报警数据。温度传感器安装于转向架轴箱、齿轮箱、牵引电机，用于采集轴承与牵引电机定子温度。

CR400AF 型动车组每辆车配置 2 台温度监测主机，主机与传感器之间通过线缆连接，通过 MVB 总线与列车网络系统通信。每辆动车配置 8 个轴箱轴承温度传感器、8 个齿轮箱温度传感器、8 个牵引电机温度传感器，每辆拖车配置 8 个轴箱轴承温度传感器。CR400BF 型动车组每辆车配置 1 台温度监测主机，通过 MVB 总线与列车网络系统通信。每辆动车配置 8 个轴箱轴承温度传感器、8 个齿轮箱温度传感器、4 个牵引电机温度传感器，每辆拖车配置 8 个轴箱轴承温度传感器。温度监测系统拓扑结构如图 3-76 所示。

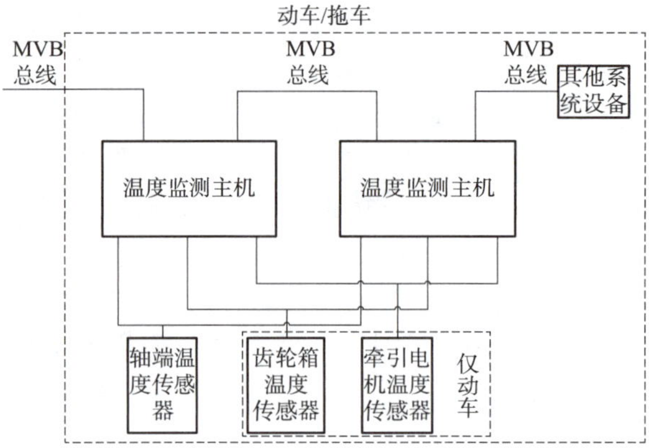

(a) CR400AF型动车组

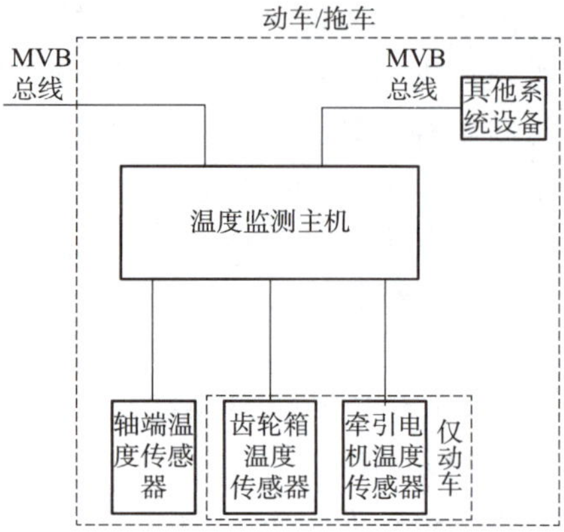

(b) CR400BF型动车组

图 3-76　温度监测系统拓扑

第七节　辅助供电系统

辅助供电系统为动车组中低压用电设备供电。辅助供电系统分为交流系统和直流系统。辅助交流供电系统主要由辅助变流器、单相逆变器、母线等设备组成，为空气压缩机、牵引系统冷却通风机、油泵/水泵电机、空调系统等设备供电。辅助直流供电系统主要由充电机、蓄电池等组成，为照明系统、列车网络系统、旅客信息系统等设备供电。

CR400AF/BF 型动车组辅助供电系统中，辅助变流器由牵引变流器中间直流环节提供电源，经逆变后向列车级供电母线输出三相交流电，通过供电母线为动车组各交流负载设备供电。此种供电方式保证在通过分相区过程中向辅助系统持续供电。当列车通过分相区时，只要列车的速度大于设定值，动车组牵引系统的工作模式将由牵引模式立即转换成再生制动工作模式。在再生制动模式下，牵引变流器将能量反向传输给中间直流环节供电。由于辅助变流器是通过直流环节直接取电的，所以只要在无电区牵引变流器保持供电，就可实现过分相区时辅助电气系统交流电源及直流电源不断电。CR400BF 型动车组辅助供电系统拓扑结构如图 3-77 所示。

三相交流母线为充电机提供输入电源，经充电机整流后变为 DC 110 V，一方面供给直流母线，另一方面为蓄电池充电。蓄电池系统为列车启动和应急负载提供电源。

一、辅助交流供电系统

1. 系统组成和功能

CR400BF 型动车组辅助交流供电系统为三相三线制供电系统。整列车交流供电母线分为三段，01、02、03 车为第一段，04、05 车为第二段，06、07、08 车为第三段。在正常情况下，供电母线贯穿整列车，当某段供电母线发生故障，可以通过断开位于辅助变流器箱中的接触器隔离故障母线分段的供电。

CR400BF 型动车组辅助交流供电系统拓扑结构可参见图 3-77。8 辆编组动车组设有 4 台辅助变流器,每台辅助变流器的输出功率为 200 kV·A,全列车共 800 kV·A。正常情况下,所有的辅助变流器向母线输出同相位 3AC 380 V/50 Hz 电源,实现并网供电。当一个辅助变流器单元或牵引变流器四象限整流单元故障时,辅助系统可输出 600 kV·A,车载交流供电网络由其余三台辅助变流器单元继续供电,系统不减载。当两台辅助变流器或牵引变流器故障时,只减与旅客舒适度相关的负载,如空调、部分采暖、部分电茶炉等,其余系统正常供电。当三台辅助变流器或牵引变流器故障时,会切除部分牵引变流器,维持车辆继续运行。

辅助交流供电系统具有外接电源供电功能,三相外接电源接口位于 TP03/TP06 车的辅助变流器箱体内。在站、段和维修厂内如果需要外部供电时,可以将外部供电插头连接到外接供电端口上,从而使全列车获得 3AC 380 V/50 Hz 的电源。

2. 辅助变流器

CR400BF 型动车组的辅助变流器箱体安装在 TC01、TP03、TP06、TC08 车底架中部设备舱内,箱内设有大功率 IGBT、开关装置、熔丝、控制部件、冷却系统部件及感应元件等,辅助变流器采用强迫风冷的冷却方式。每个辅助变流器额定输出功率为 200 kV·A,额定输出电压和频率为 3AC 380 V/50 Hz。

辅助变流器包括开关和保护部件、各种监控设备和电源模块,由辅助变流器控制器(ACU)进行控制和故障诊断。CR400BF 型动车组辅助变流器箱内部结构示意如图 3-78 所示。

二、辅助直流供电系统

1. 系统组成和功能

CR400BF 型动车组的直流供电系统采用 DC 110 V 并联母线供电,DC 110 V 母线分为 BN1、BN2 和 BD 三个供电回路。BN1 供电回路为中央控制单元(CCU1)、各系统控制设备等负载供电;BN2 供电回路为中央控制单元(CCU2)、各系统控制的冗余部分等负载供电;BD 供电回路由蓄电池供电,为蓄电池启动、停放制动安全环路、列车无线电等重要负载供电。

CR400BF 型动车组辅助直流供电系统拓扑结构可参见图 3-77,在 TC01、TC08 车分别配置了 1 台充电机和 1 台蓄电池,充电机通过 3AC 380 V/50 Hz 母线获得供电,经整流变换后为蓄电池充电,同时为 DC 110 V 负载供电。

在车辆前端设有 DC 110 V 救援外接插座,在机车救援时,可通过连接此插座为被救援车辆提供 DC 110 V 电源。

DC 110 V 供电网络共有两台充电机,每台充电机包含 2 个 30 kW 充电模块,全列输出功率共 120 kW。当其中任意 1 个或 2 个充电模块故障时,剩余充电模块可以继续满足全列直流负载供电要求。

蓄电池系统采用 4 组 200 A·h 钛酸锂蓄电池组,全列车蓄电池总容量共 800 A·h,可满足应急用电需求,应急通风至少大于 90 min,其余应急用电可维持 2 h,用电负载包括应急照明、应急显示、维修用电、通信及其控制等。还满足动车组故障被救援时,故障动车组在上述 2 h 应急供电的基础上再等待救援 5 h(考虑必要负载)、1 h 连挂及制动试验、被救援走行开始后启动自发电功能或维持拖拽模式制动功能的供电能力。

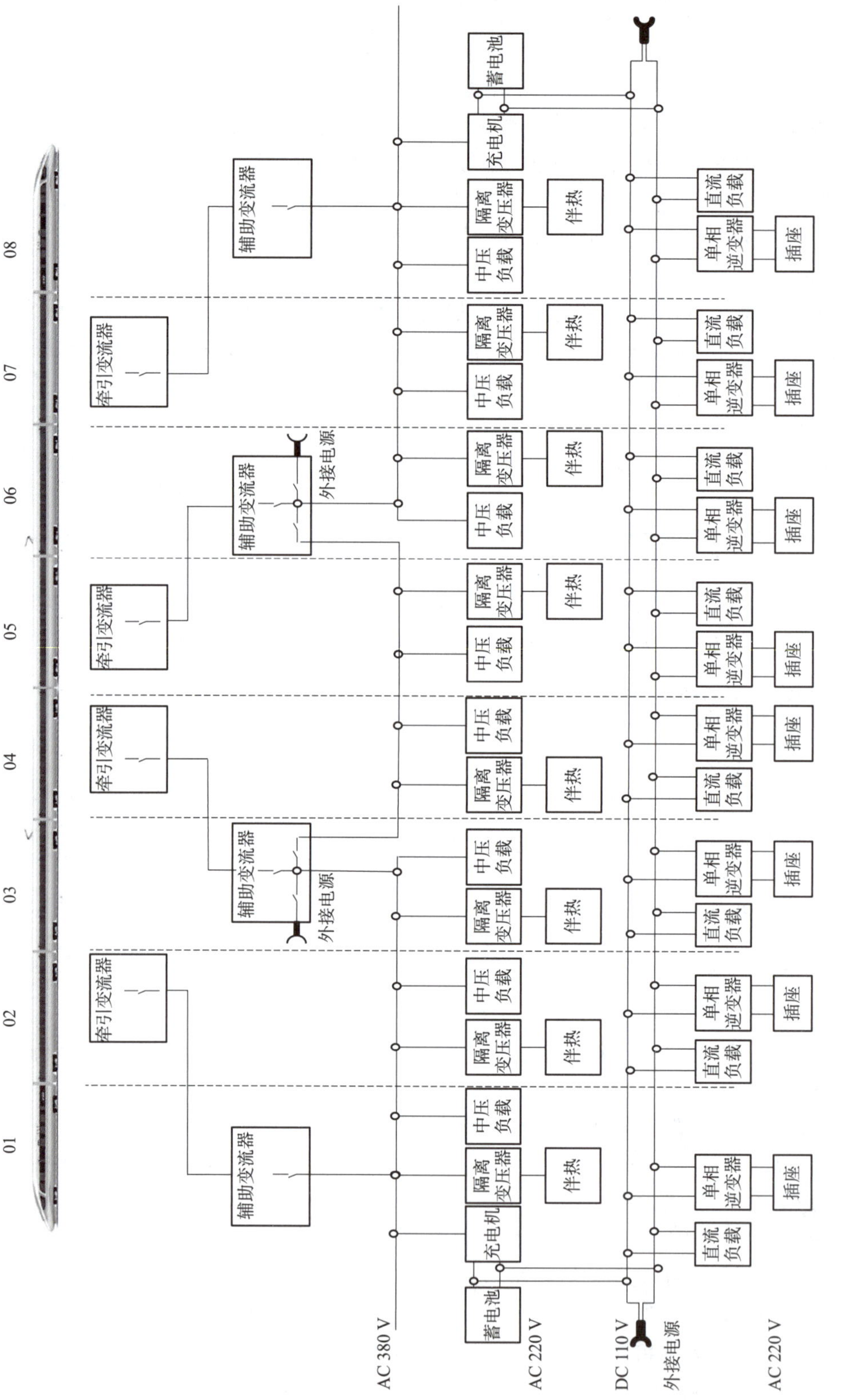

图 3-77　CR400BF型动车组辅助供电系统拓扑结构

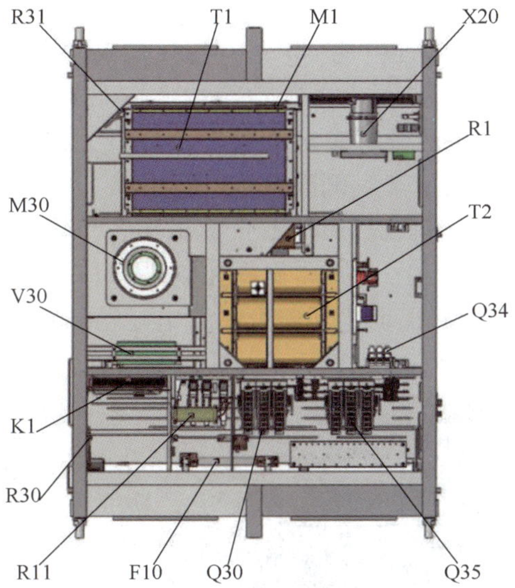

图 3-78 CR400BF 型动车组辅助变流器箱内部结构示意

K1—辅助变流器控制器；M1—内置风扇；M30—主风扇；X20—外部供电插头；R1—滤波电抗器；R11—预充电电阻；R30/R31—电阻；T1—PWMI 功率模块；T2—变压器；V30—电容；F10—熔断器；Q35—耦合接触器；Q30—输出接触器；Q34—外部供电接触器

2. 充电机

充电机的功能是将三相 AC 380 V 的交流电转化为 DC 110 V 直流电，供动车组上的直流设备使用，可按照温度补偿特性曲线为蓄电池充电，充电时分为恒流充电和恒压充电。

CR400BF 型动车组充电机的输入为三相 AC 380 V/50 Hz，输出电压和功率为 DC 110 V、60 kW，安装在 TC01、TC08 车设备舱内。充电机分解部件如图 3-79 所示。

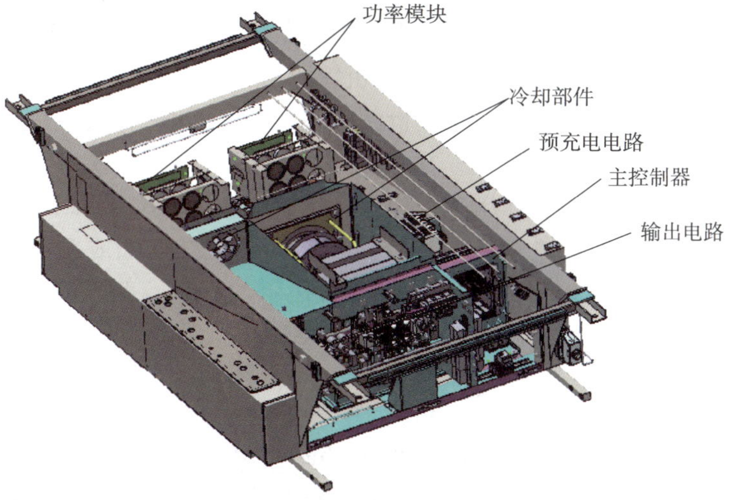

图 3-79 充电机分解部件

3. 蓄电池

CR400BF 型动车组采用钛酸锂电池(CR400BF-G 型高寒动车组除外,采用了镍镉碱性蓄电池),全列共有两个蓄电池箱,每个蓄电池箱由 2 个蓄电池台车组成,安装于 TC01 和 TC08 底架设备舱内。蓄电池箱的额定输出电压为 103.5V,容量为 200 A·h。蓄电池箱有带滑道可拉伸的托架,可以方便的从车辆侧面拉出进行维修。

钛酸锂电池配备了电池管理系统(BMS),负责采集各单体电池电压、温度等信息,通过 RS-485 总线与车载充电机进行数据交换和充电控制,同时对数据进行诊断和处理,避免电池出现过充、过放和过温等故障,保证电池安全。蓄电池箱如图 3-80 所示。

图 3-80 蓄电池箱

第八节 驾驶设施

CR400 平台动车组驾驶设施分为操纵设施和驾驶配套设施两部分,操纵设施包含操纵台框架、操纵台面板及安装在操纵台面板上的显示屏、操作设备、面板座、按钮等设备。驾驶配套设施包含雨刮器、风笛、外部照明、司机室遮阳帘等部件。

司机操纵台主要作用是控制动车组行驶状态、获取车辆运行关键信息。司机座椅主要作用是为司机提供舒适的操作环境。雨刮器主要作用是为司机在雨雪等恶劣天气下实现良好的驾驶视野。遮阳帘主要作用是为司机遮挡阳光,避免阳光刺眼影响视野。风笛用于动车组向外输出警示信号。外部照明主要作用是为司机在夜间或恶劣天气下提供良好视野,同时车尾的标志灯为后部车辆提供车辆位置信息。

以 CR400AF 型动车组为例,司机室效果如图 3-81 所示。

一、司机操纵台

CR400 平台动车组司机操纵台位于司机室中央,是最重要的列车控制组件。行车过程中必须操作的重要操作开关和获取运行状态信息的司机操作和监视界面都集中于操纵台。司机无需离开司机室,就可以方便地得到所有的必要信息,例如牵引、制动、ATP、车门、空调、照明、无线通信、广播、EOAS 等系统信息。

图 3-81　CR400AF 型动车组司机室效果

1. 操纵台布局

司机操纵台主要由仪表盘区域、台面区域、左下柜设备区域、脚踏区域、右下柜设备区域组成。以 CR400AF 型动车组为例，司机操纵台功能区划分如图 3-82 所示。

图 3-82　CR400AF 型动车组司机操纵台功能区划分

1—EOAS 前置摄像头；2—7 寸显示屏（预留）；3—左操作区；4—CIR 显示器及话筒；5—紧急断电按钮；6—左侧制动按钮区；7—TCMS 显示器（主）；8—EOAS 拾音器；9—紧急制动按钮；10—中央操作区；11—ATP 显示器（主）；12—阅读灯；13—TCMS 显示器（辅）；14—门关闭指示灯；15—ATP 显示器（辅）；16—右操作区；17—仪表区；18—220 V 电源插座；19—EOAS 数据转储装置；20—空调开关区；21—操纵模式选择按钮；22—主操纵手柄；23—风笛脚踏开关；24—DSD 脚踏开关；25—PIS 话筒；26—CIR 打印机

仪表盘区域主要布置主控钥匙，方向开关，列车控制、监测及诊断系统（TCMS）显示器，列车运行控制系统（ATP）显示器，列车综合无线通信设备（CIR）显示器以及仪表等设备。

台面区域主要布置司机控制器、受电弓开关、VCB 开关、开关门按钮等操作开关。

左下柜设备区域布置 CIR 打印机和旅客信息系统（PIS）话筒。

脚踏区域安装司机警惕装置脚踏和风笛脚踏开关。

右下柜设备区域布置司机操控信息分析系统（EOAS）数据转储装置和 220 V 电源插座。

2. 司机警惕系统

司机警惕系统的作用是监控司机在动车组运行过程中的工作状态。在动车组运行中，如司机未在规定时间内进行有效操作时，将依次触发警惕报警、常用制动，直至施加紧急制动指令。

3. 司机控制器

司机控制器由操纵模式选择按钮、主操纵手柄组成,采用牵引/制动一体结构。司机控制器主要功能为发出牵引、制动指令,确认动车组操纵模式等。

二、司机室遮阳帘

司机室遮阳帘用于遮蔽司机室前窗玻璃,以保护司乘人员在车辆运行过程中免遭强烈的太阳光照射而引起头晕、目眩等不良情况。

CR400 平台动车组的司机室遮阳帘为电动遮阳帘,遮阳帘控制按钮布置于操纵台上,便于司机坐姿操作,开关即按即走,可提供持续升降动作,松开即停,行程范围内可在任意位置定位。

司机室遮阳帘在有电状态与无电状态均可操作。

三、风　笛

风笛是一种声音信号设备,工作时起到警示作用,通常在动车组启动前、市郊、通过维修站场的情况下使用。

CR400 平台动车组每个头车装有"高"、"低"音风笛各 1 个。风笛由司机操纵台上的风笛开关或风笛脚踏开关进行控制。通过操纵司机操纵台上的风笛开关可实现风笛高、低音单独鸣响,通过司机操纵台下方脚踏开关可实现高、低音共同混合鸣响。

四、雨 刮 器

CR400 平台动车组雨刮器安装在司机室前窗外部,用于清洁前窗玻璃,以保障司机室的视野清晰,进而确保司机驾驶安全。

每个头车装有一套雨刮器,每套雨刮器由驱动装置、刮臂、刮片(双刮片)、雨刮器开关、控制箱、洗涤器等组成。

五、外部照明

CR400 平台动车组外部照明部件包括前照灯和标志灯,前照灯、标志灯位于动车组司机室前部,前照灯用于照明和警示,标志灯用红色(或白色)灯光显示列车运行线路和方向。

第九节　车 内 设 备

一、旅客信息系统

CR400 平台动车组旅客信息系统主要包含信息显示功能、广播与对讲功能、娱乐功能。控制器、操作屏及其终端设备拓扑如图 3-83 所示。

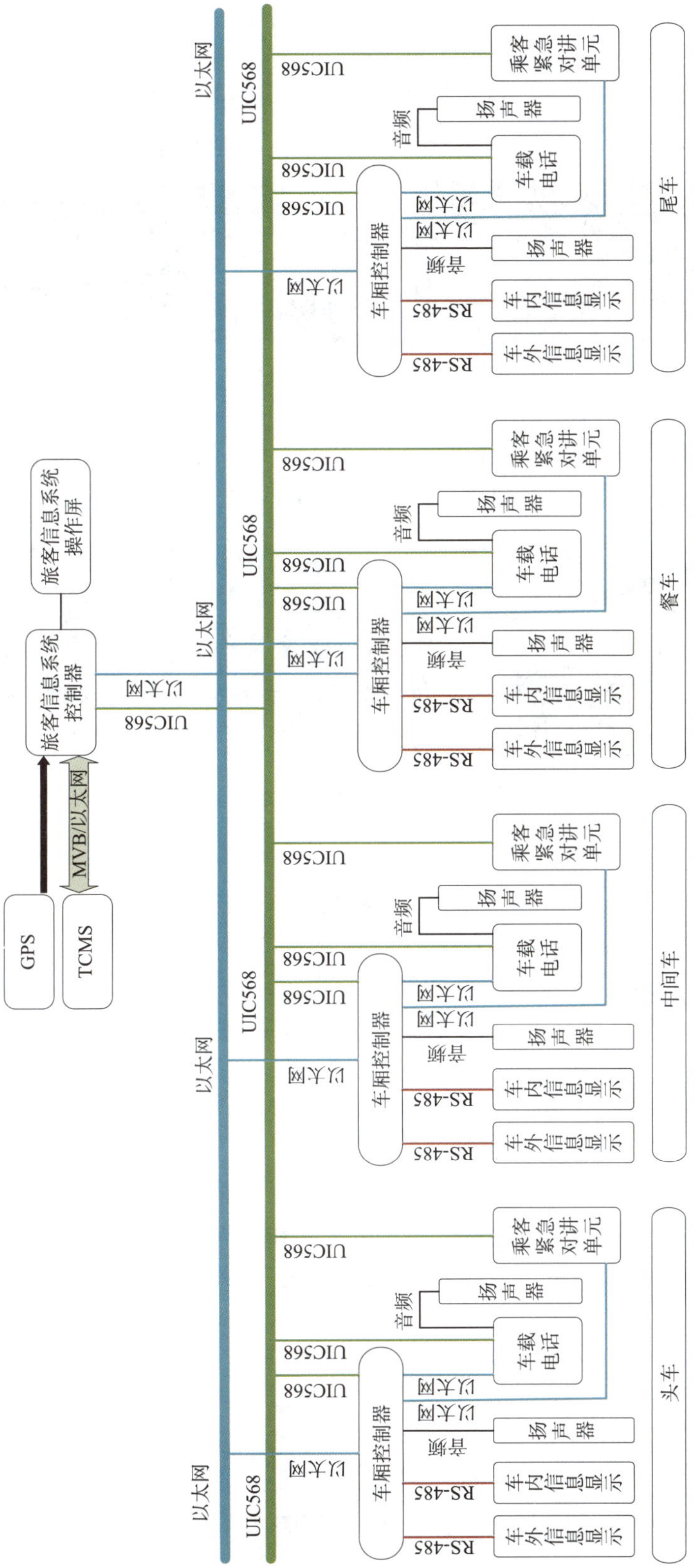

图 3-83　旅客信息系统控制器及其终端设备拓扑

1. 信息显示系统

信息显示系统主要由车外信息显示、车内信息显示、座位信息显示等组成。

车外信息显示器主要显示车次号、车厢号、起点站、终点站等信息，如图 3-84 所示。车内信息显示器主要显示车厢号、温度等信息，如图 3-85 所示。

图 3-84　车外信息显示器

图 3-85　车内信息显示器

座位信息显示器设备提供 3 种颜色的 LED 指示灯（红色表示已售、绿色表示未售、黄色表示预售）。座位信息显示器效果如图 3-86 所示，其中 12A 已售、12B 为未售、12C 为预售。

图 3-86　CR400AF 型动车组座位信息显示器

2. 广播与对讲系统

广播与对讲系统主要由旅客信息系统控制器、旅客信息系统操作屏、车厢控制器、车内联络电话和乘客紧急对讲单元、扬声器组成。

（1）广播系统

广播主要是实现司机对乘客、列车长对乘客以及乘务员对乘客的通告，优先级从高到低依次为：全列人工广播、手动触发全列服务信息广播、自动触发全列服务信息广播、备用广播、单车广播、娱乐音频。任何时刻只能一种广播存在。

（2）对讲系统

对讲系统主要实现司机室之间、司机室和乘务员室之间、司机室和乘务员之间、列车长和乘务员之间以及乘务员之间的对讲通讯以及司机和乘客的紧急对讲。对讲通讯的优先级从高到低为司机—司机、司机—乘客紧急对讲、司机—乘务员、乘务员—乘务员。

3. 娱乐系统

娱乐系统主要由娱乐系统控制器、娱乐系统操作屏、车厢控制器、间壁电视、吊顶电视、服务呼叫显示器组成。

二、视频监控系统

CR400 平台动车组视频监控系统包含车厢视频监控和受电弓视频监控。

动车组车厢视频监控系统主要硬件包括网络摄像机、车厢视频监控服务器、连接电缆等。受电弓视频监控系统主要硬件包括监控屏、受电弓视频监控服务器、受电弓摄像机、连接电缆等。

动车组车顶受电弓附近设置摄像机，摄像机所在车厢设置受电弓视频监控服务器。受电弓视频监控服务器主要用于视频存储、为受电弓摄像机提供电源以及故障报警等，可满足 30 天视频存储。

三、照　　明

CR400 平台动车组客室内照明全部采用节能环保 LED 灯具，整车照明可集中控制；商务客室照明可实现旅客自行控制开关功能。车内照明按安装区域划分主要分为客室照明、端部及司机室照明、乘务室及服务区照明、厨房吧区及走廊照明。

1. 客室照明

商务客室乘客可通过调节旋钮对观光区筒灯亮度进行调节；CR400AF 型动车组客室侧顶板布置两条隐形灯带，中顶板布置环形灯，行李架下方布置两条隐形灯带；CR400BF 型动车组普通客室照明由侧顶灯带、中顶灯带和行李架灯带构成，为条形灯带。

2. 端部及司机室照明、乘务室及服务区照明

动车组两端通过台、走廊、卫生间、乘务室、司机室照明均为筒灯形式。

3. 厨房吧区及走廊照明

动车组厨房照明为平面顶灯，吧区照明主要由筒灯及吧顶隐形灯带、吧台灯带组成。

四、空　　调

CR400BF 型动车组空调系统可保证车内舒适的空气环境，车内夏季一般温度在 24 ~ 28 ℃，相对湿度≤70%，新鲜空气量 20 ~ 25 m^3/h 每人；冬季一般温度在 18 ~ 22 ℃，相对湿度≤30%，新鲜空气量 15 ~ 20 m^3/h 每人。

空调系统主要包括客室空调机组、废排装置、压力波保护装置、空调控制柜、司机室空调机组、温度传感器、电加热器等零部件。空调机组如图 3-87 所示。

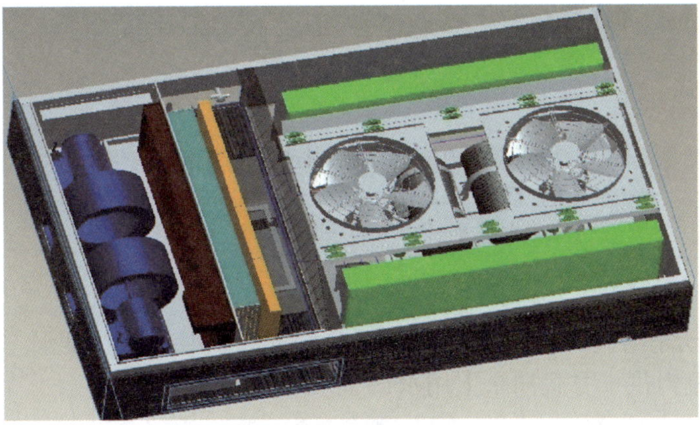

图 3-87　空调机组

空调机组采用车顶单元嵌入式安装结构，制冷量 45 kW，制热量 30 kW，送风量最大 4 800 m^3/h，制冷剂采用 R407C 环保制冷剂。机组内设全封闭卧式压缩机、冷凝器、蒸发器、冷凝风机、蒸发风机、加热器、旁通阀、膨胀阀、压力开关、压力传感器、风压开关等。

CR400 平台动车组司机室空调机组分两种形式，CR400AF 型动车组司机室空调机组采用分体式，CR400BF 型动车组司机室空调机组采用单元集中式。

废排装置为单元式，通过安装座与车体刚性连接，吊挂安装在车下设备舱中；车厢侧墙位置及地板中设有风道，通过车下风道与废排装置连接；废排装置工作时将车内废气排出车外。废排装置主要由风机、电动风阀、废排风阀以及紧急通风逆变器等部件构成。

空调系统的控制元件均集成在客室空调控制柜中；空调控制柜以空调控制器为核心，配合断路器、接触器、继电器、传感器等元件，自动完成空调装置的控制、保护、故障诊断和故障记录功能，使空调系统工作在预冷、预热、通风、制冷、加热、紧急通风等模式，调节客室内的舒适度，同时也具有 MVB 网络及以太网通信接口，可与列车网络通信，实现指令和信息的交换。

根据传感器用途的不同，空调系统视需要配备有不同数目的温度传感器，用于对客室和通过台温度的调节和控制。

五、给排水卫生系统

CR400 平台动车组给排水卫生系统主要包括供水装置、饮水装置及卫生装置三部分。以 CR400AF 型动车组为例，给排水卫生系统组成如图 3-88 所示。

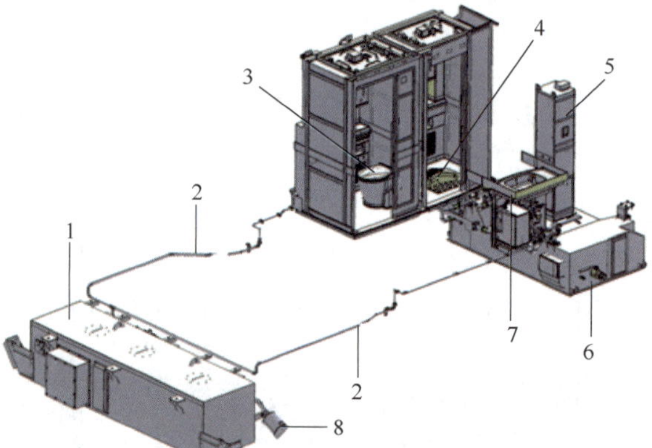

图 3-88　CR400AF 型动车组给排水卫生系统组成

1—车下净水箱；2—供水管路；3—坐式卫生间；4—蹲式卫生间；5—电热开水器；6—污物箱；7—盥洗室；8—注水管路接口

1. 供水装置

CR400AF 型动车组主要采用压力供水的方式向车上用水设备供水。CR400BF 型动车组供水装置采用重力供水方式向车上用水设备供水。

2. 饮水装置

电热开水器主要由炉体及接水面板等组成，如图 3-89 所示。

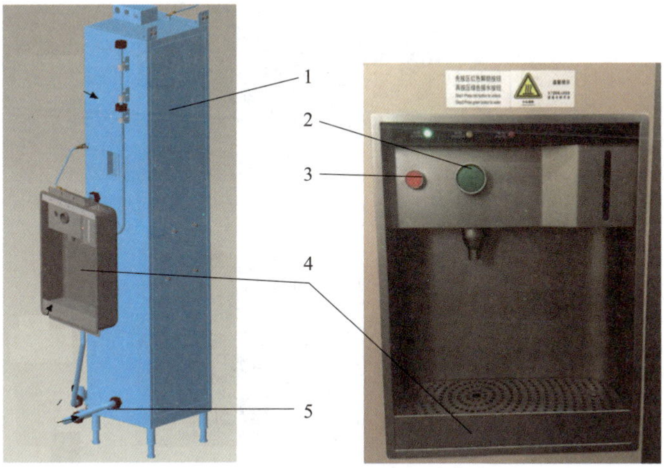

图 3-89　电热开水器及其接水面板

1—炉体；2—出水按钮；3—安全按钮；4—接水面板；5—排水管

3. 卫生装置

动车组卫生间分为标准卫生间和无障碍卫生间。无障碍卫生间兼顾了乘坐轮椅旅客的如厕需求，在标准卫生间的基础上，增设了折叠扶手、婴儿护理台和 SOS 按钮等设备，如图 3-90 所示。

图 3-90　无障碍卫生间

1—婴儿护理台；2—便纸盒；3—折叠扶手；4—坐式便器；
5—面镜；6—SOS 按钮；7—坐便纸垫圈；8—垃圾箱

盥洗室位于卫生间外侧，如图 3-91 所示。

CR400AF 型动车组采用中转式真空集便系统，污物箱为常压箱体，真空在中转箱中产生，污物被抽吸到中转箱中后再排入污物箱中。CR400BF 型动车组采用保持式真空集便系统，在污物箱中保持一定真空度，按下冲洗按钮后，可将污物吸入污物箱中。

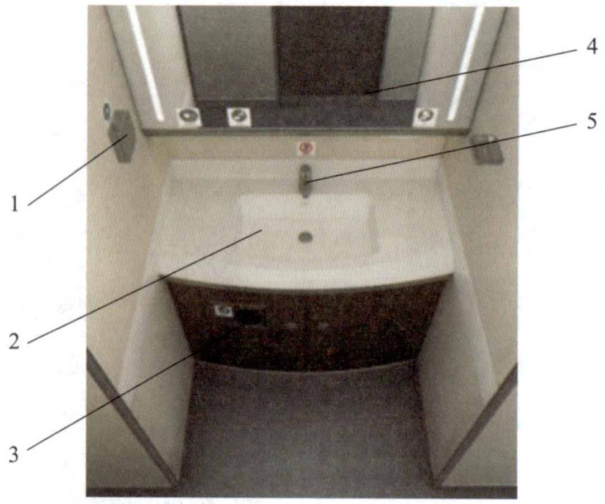

图 3-91 盥洗室

1—插座;2—洗池;3—垃圾箱;4—面镜;5—水阀

六、内装设备

1. 车窗

车窗主要包括司机室前窗、司机室侧窗、侧窗(客室)、紧急车窗(客室)、信息显示窗等,信息显示窗具有车外信息显示功能。

侧窗主要由侧窗外框、侧窗内框、中空玻璃(物理钢化)等组成。紧急车窗旁边设有安全锤,紧急情况下可使用安全锤敲打紧急窗玻璃的标识处,每层玻璃都破碎后,推掉玻璃形成安全出口,实现逃生。

动车组司机室前窗具有电加热功能,具有良好的透光率、抗冲击性、光畸变、耐磨性等性能。

2. 车门

根据车门的功能及安装位置,车门可分为外门和内门两大类。外门为塞拉门,部分动车组还设有司机登乘门;为保证旅客舒适度,外门具有良好的气密性能;为保证人身及财产安全,外门具有牵引联锁功能,如外门未良好关闭,列车不能启动。内门可分为风挡门、通过台门等。车门布置如图 3-92 所示。

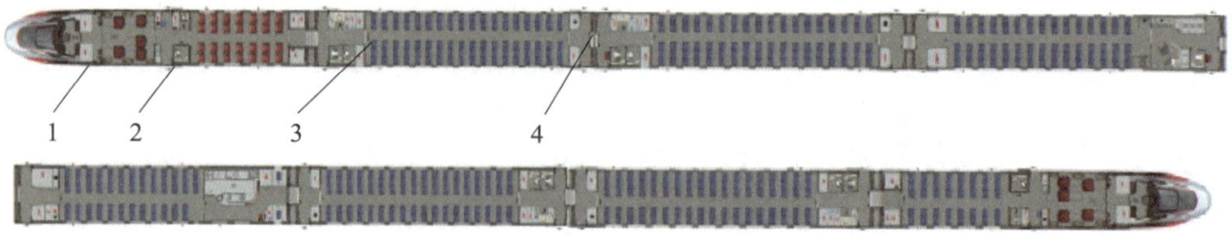

图 3-92 车门布置

1—司机登乘门;2—塞拉门;3—通过台门;4—风挡门

(1)外门

塞拉门为电控、电动外塞拉式单扇滑动门,具有集控开关门、本地开关门、故障自诊断、障碍检测、自动/手动锁闭、隔离、紧急解锁、速度连锁保护、安全环路监测等功能。

司机登乘门采用手动折页门。

(2)内门

风挡门为电动门,主要作用是实现门系统与车体的连接、密封防火和下部导向作用,包括门扇、承载驱动机构、下导轨、防火框组件等。通过台门为电动门,主要包括门扇、承载驱动机构、下导轨、前门框组件、红外传感器(按钮开关门板)、隔离锁等,主要作用是实现客室侧与通过台侧的隔离。

3. 座椅

动车组包含商务座椅、一等座椅、二等座椅、司机座椅,CR400AF 型动车组座椅布置如图 3-93 所示。

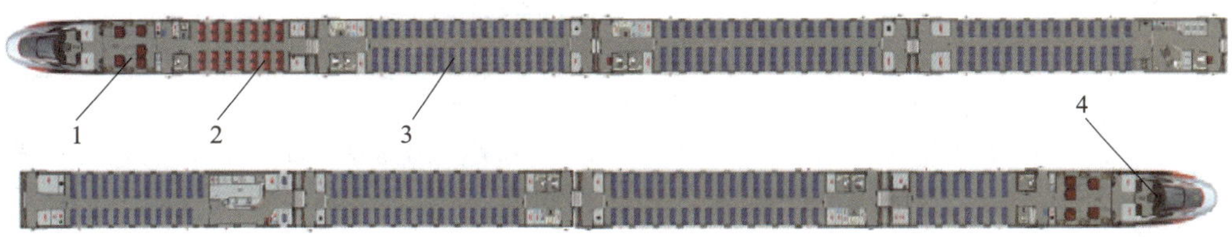

图 3-93　CR400AF 型动车组座椅布置

1—商务座椅;2——等座椅;3—二等座椅;4—司机座椅

客室座椅均为可旋转结构,一等座椅如图 3-94 所示,采用 2 +2 布置形式;二等车座椅如图 3-95 所示,采用 2 +3 布置形式;商务座椅如图 3-96 所示。

图 3-94　一等 2 人座椅

图 3-95　二等 2 人座椅

图 3-96　单人商务座椅

司机室座椅主要有体重调节、座椅前后移动、前升降调节、旋转调节、后升降调节、坐垫前后调节、靠背倾角调节、挺腰调节、扶手倾角调节、头枕高度调节等功能。

4. 内装

内装主要包括侧墙板、客室顶板、平顶板、地板、间壁、地板布、行李架等。内装主要采用玻璃钢、铝板、蜂窝复合板等环保材料，具有良好的防火、阻燃、吸音性能。

动车组旅客行李可存放在客室行李架、端部大件行李柜。客室行李架位于客室两侧座椅上方，采用半透明的材质作为承载面，可方便乘客观察行李架上方行李，如图3-97所示。

图3-97　客室行李架

5. 厨房

厨房通常位于列车中部，能够向乘客提供盒饭、开水、咖啡等热的食品；提供水、啤酒等常温饮料；提供冰淇淋、冰块等冷冻食品。动车组厨房根据设计风格不同，主要分为开放式和半开放式两种。CR400AF型动车组厨房如图3-98所示，CR400BF型动车组厨房如图3-99所示。

图3-98　CR400AF型动车组厨房

图3-99　CR400BF型动车组厨房

第十节　其他车型对比

CR300AF/BF型动车组与CR400AF/BF型动车组相比，车辆的编组形式、平面布置、车体结构、转向架、高压牵引系统、制动系统、网络系统、辅助供电系统、驾驶设施、车内设备等基本一致；由于运营速度差异，对车体司机室外形进行了调整；牵引功率变为5 460 kW；采用双滑板受电弓；网络系统采用以太网控车；操控台列控系统显示器采用LKJ + ATP。

复习思考题

1. 动车组车体由哪些部分组成？
2. 设备舱的功能是什么？
3. CR400 平台动车组转向架主要由哪些设备组成？
4. 动车转向架和拖车转向架的主要区别是什么？
5. 动车组基础制动主要由哪些设备组成？
6. CR400 平台动车组高压设备包括哪些？
7. CR400 平台动车组每个基本动力单元有几台牵引变压器和几台牵引变流器？
8. 简述至少 5 种 CR400 平台动车组制动系统功能。
9. 火灾探测器安装在哪些区域？
10. 动车组辅助交流供电系统和辅助直流供电系统的主要负载有哪些？
11. CR400 平台动车组司机操纵台可划分为哪几个区域？
12. 司机警惕系统的作用是什么？
13. CR400 平台动车组车门有哪几种类型？

第四章

CRH380A平台动车组

学习任务

CRH380A平台动车组是和谐号系列动车组的典型代表，是中车青岛四方机车车辆股份有限公司在CRH2C型动车组基础上自主研发的动车组。

本章以CRH380A型动车组为典型车型，从总体、车体、转向架、高压牵引系统、制动系统、网络系统、辅助供电系统、驾驶设施、车内设备等主要系统的组成、原理和功能等方面进行阐述，同时分别与CRH2A型动车组和CRH2C型动车组进行了简单对比。

通过学习，熟悉CRH380A平台动车组的概念、基本构成，掌握CRH380A平台动车组各系统主要工作原理和功能，提高对CRH380A平台动车组各系统技术的理解。

第一节　总　　体

一、概　　述

CRH380A平台动车组为动力分散电动车组，包括CRH380A、CRH380AL、CRH380AJ、CRH380AM、CRH380AN等型号。其中，CRH380AM型动车组为6辆编组动车组，CRH380AL型动车组为16辆编组动车组，其他型号为8辆编组动车组。

CRH380A型动车组为CRH380A平台动车组的典型车型，最高运营速度为350 km/h，最高试验速度为385 km/h，可在高速铁路及客运专线上运行，也可在新建200 km/h客货共线铁路上以线路允许速度运行，还可以在既有线电气化区段上运行。

CRH380A型动车组采用低阻力流线型头型，如图4-1所示。

二、平面布置

1. 平面布置

CRH380A型动车组采用6M2T的8辆编组型式，01车设商务座/一等座，08车设商务座/二等座，04车设带无障碍设施二等座，05车设二等座/餐车，其余均为二等座车。全列

图 4-1　CRH380A 型动车组

定员 556 人，其中，商务座定员 10 人，一等座定员 28 人，二等座定员 518 人。CRH380A 型动车组平面布置如图 4-2 所示。

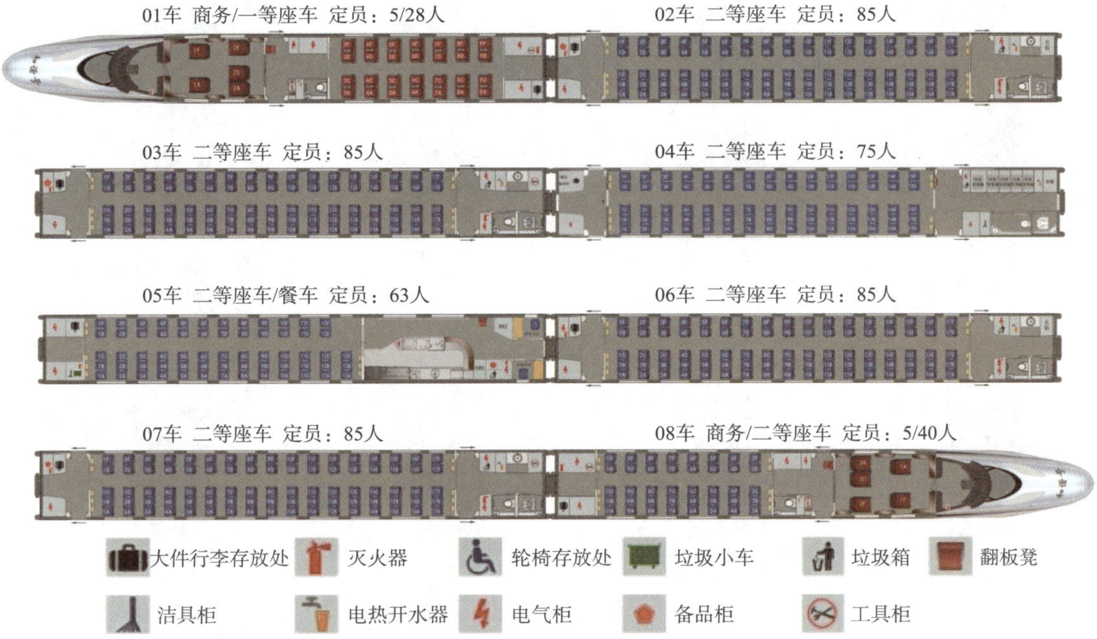

总定员：556人（商务座10人，一等座28人，二等座518人）								
车　号	01	02	03	04	05	06	07	08
等　级	商务/一等	二等	二等	二等	二等	二等	二等	商务/二等
定员（人）	5/28	85	85	75	63	85	85	5/40

图 4-2　CRH380A 型动车组平面布置

2. 车下设备布置

CRH380A 型动车组车下布置有牵引变流器、牵引变压器、制动控制装置、风缸、污物箱、辅助电源装置、蓄电池箱等设备，充分考虑车辆重量均衡匹配性能。车下设备布置如图 4-3 所示。

3. 车顶设备布置

CRH380A 型动车组 01、08 车设车顶天线；04、06 车设受电弓及附属装置，02～06 车设高压电缆及连接器；04、05 车设弓网监测装置。车顶设备布置如图 4-4 所示。

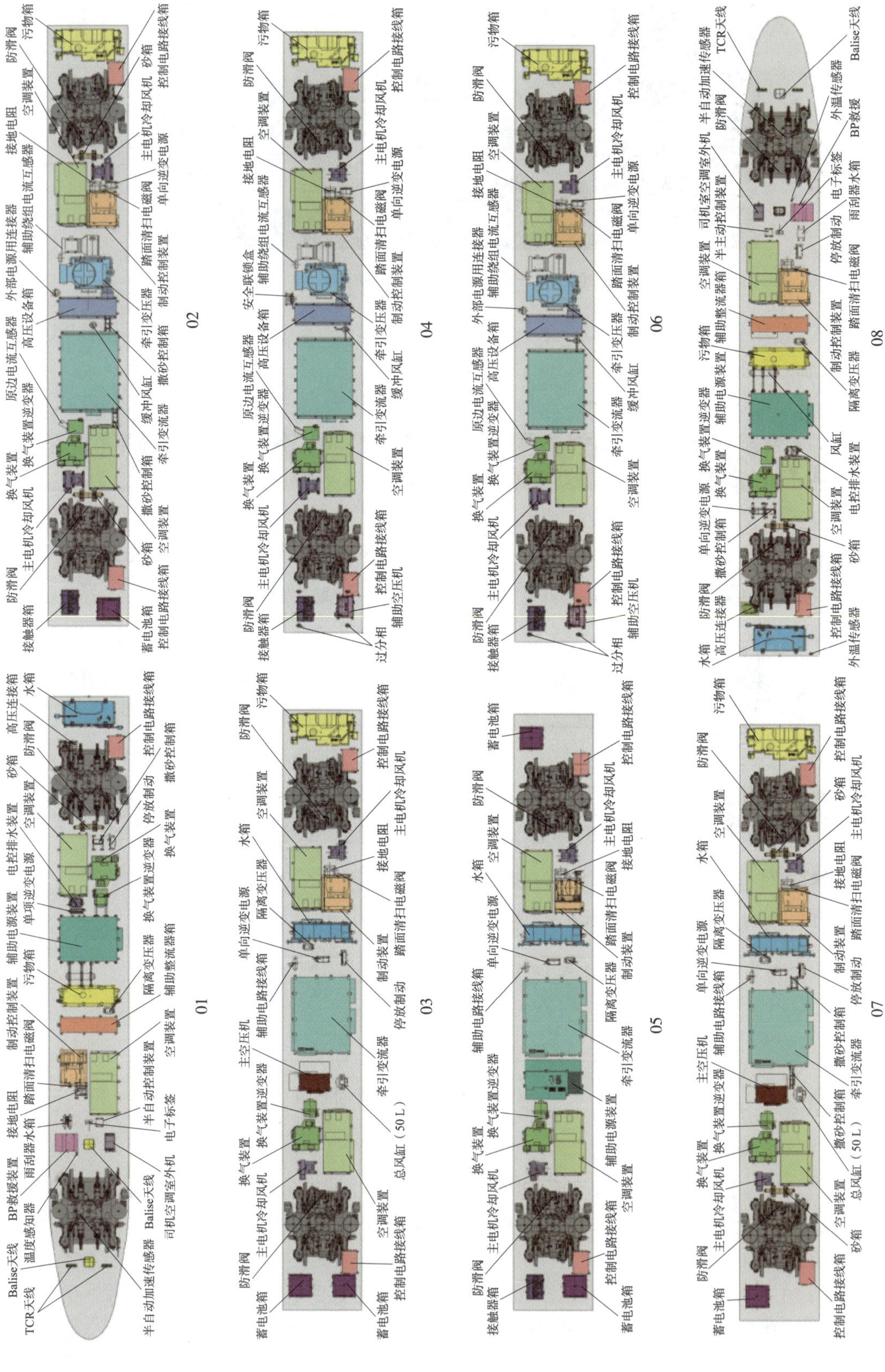

图 4-3 CRH380A 型动车组车下设备布置

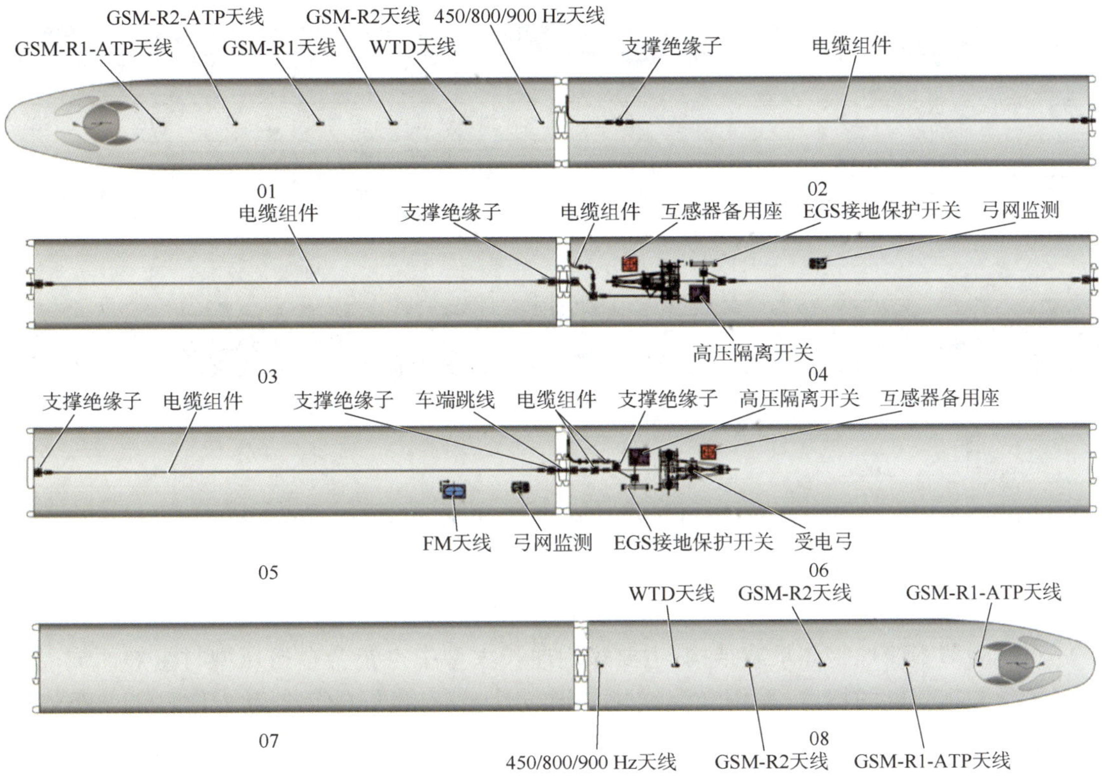

图 4-4 CRH380A 型动车组车顶设备布置

三、主要技术参数

CRH380A 型动车组主要技术参数见表 4-1。

表 4-1 CRH380A 型动车组主要技术参数

项 点	参 数	项 点	参 数
车体总长(m)	203	车体最大高度(mm)	3 700
车组设计寿命(年)	20	编组整备总重(t)	411.4
最高试验速度(km/h)	385	最大制动距离(m)	6 500
车辆固定轴距(mm)	2 500	车轮踏面类型	LMA
自动车钩中心高度(mm)	1 000	轮周牵引总功率(kW)	9 360
受电弓落弓高度(mm)	4 596	车组通过最小曲线半径(m)	180
蓄电池电压(V)	DC 100	重联时双弓间距(m)	202.3
车体最大宽度(mm)	3 380	环境温度(℃)	-25~40
适应站台高度(mm)	1 250	车体材质	铝合金
最高运营速度(km/h)	350	全列载重(t)	39.52
车轮直径(mm)	860/790	转向架中心距离(mm)	17 500

续上表

项　点	参　数	项　点	参　数
中间车钩中心高度(mm)	1 000	最大轴重(t)	16
受电弓高度(mm)	4 896 ~ 6 996	车组通过最小S形曲线半径(m)	180 + 10 + 180
外接电源电压(V)	AC 400	正常运行网压(kV)	22.5 ~ 29
编组方式	6动2拖	ATP型号	CTCS-3

第二节　车　　体

一、组　　成

CRH380A平台动车组车体包括车体结构、车端连接装置、设备舱、前端开闭机构等。

二、车体结构

车体为薄壁筒形整体承载结构，主要采用通长大型中空铝合金挤压型材组焊而成。具有轻量化和高强度的特点，采用全流线化外形设计，具有良好的空气动力学性能。车体结构由底架、侧墙、车顶、端墙和司机室（仅头车）等组成。车体材料为铝合金，主要材料牌号有5083、6A01、7B05。头车长度为26 250 mm，中间车长度为24 500 mm，宽度为3 380 mm，距轨面高度为3 700 mm。

三、车端连接装置

CRH380A型动车组车端连接装置由车钩缓冲装置、风挡、车端减振器、车端连接管线等组成。中间车车端连接装置如图4-5所示。

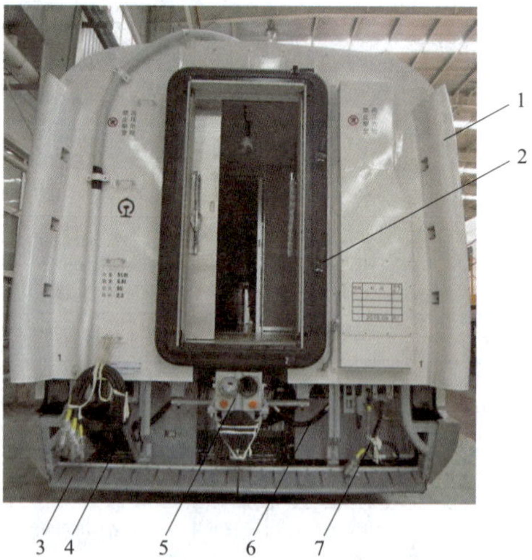

图4-5　中间车车端连接装置

1—外风挡；2—内风挡；3—防雪风挡；4、7—电气连接；5—中间车钩；6—气路连接

1. 车钩缓冲装置

动车组的两端采用自动车钩，中间车辆之间采用半自动车钩，机车牵引救援或动车组间相互救援时采用动车组配置的过渡车钩。

(1) 自动车钩

根据生产阶段的不同，前期采用柱销式车钩，后期采用连杆式车钩，均为全自动车钩缓冲装置。

①柱销式自动车钩

柱销式自动车钩由机械车钩、电气车钩、风管连接器、横销、缓冲器、缓冲器框等组成，如图 4-6 所示。

与一体式的连杆式自动车钩相比，柱销式自动车钩的机械车钩、缓冲器、缓冲器框为单独部件，通过横销连接在一起，属于分体式自动车钩。

连挂时，车辆以规定的速度接近，连挂车辆的车钩钩舌进入对应车辆的钩舌腔内，相互嵌套，完成连挂。解钩时，将钩舌锁放在解钩位，拉动解钩杆（通过向解钩风缸充入压缩空气或手动），带动钩舌转动到解钩位置，车辆后退，释放车钩，完成解钩。

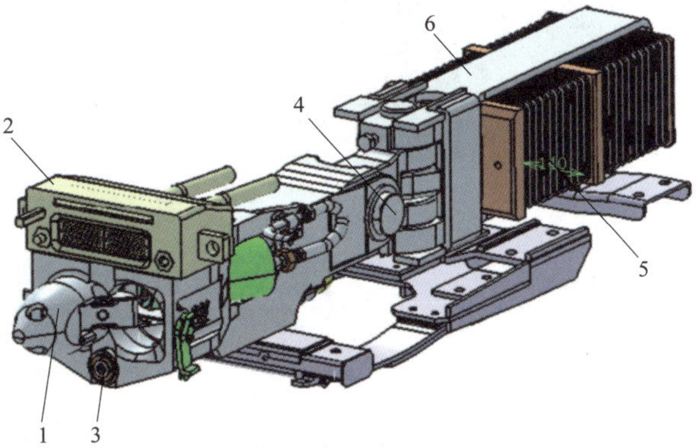

图 4-6 柱销式自动车钩

1—机械车钩；2—电气车钩；3—风管连接器；4—横销；5—缓冲器；6—缓冲器框

②连杆式自动车钩

连杆式自动车钩由机械车钩、电气车钩、缓冲装置等组成，为一体式自动车钩，如图 4-7 所示。电气车钩安装在机械车钩上部，由气缸推动控制机构，实现电气车钩的伸出和缩回。

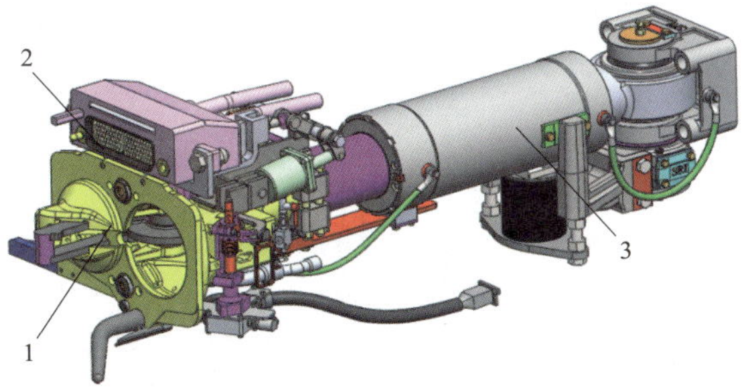

图 4-7 连杆式自动车钩

1—机械车钩；2—电气车钩；3—缓冲装置

(2)中间车钩

中间车钩也是柱销式车钩,为半自动车钩,如图 4-8 所示。与全自动车钩相比较,半自动车钩只是没有解钩风缸,其他方面与自动车钩几乎完全相同。其作用原理也与自动车钩基本相同,只是解钩时需要手动拉动解钩杆使其转动到解钩位置。

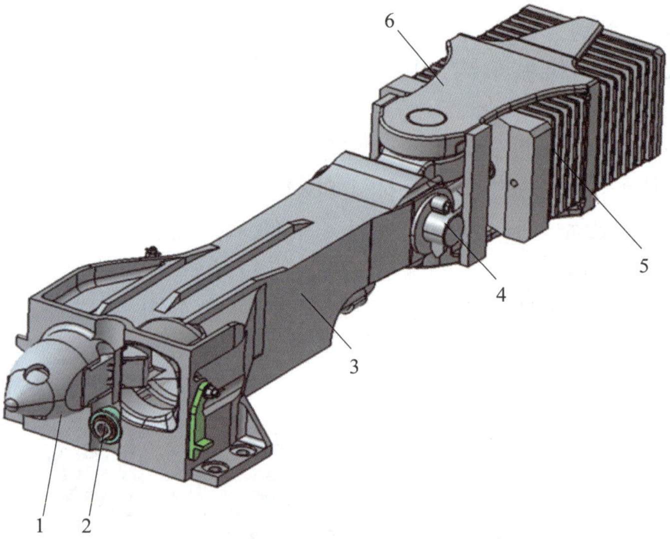

图 4-8　中间车钩

1—钩头;2—风管连接器;3—钩体;4—横销;5—缓冲器;6—缓冲器框

(3)过渡车钩

每列动车组配置 2 种过渡车钩,分别为 10 型过渡车钩或柴田式过渡车钩、13 号过渡车钩。

2. 风挡

风挡包括外风挡、内风挡及防雪风挡。防雪风挡设置在车钩的下部,可阻挡动车组运行时因为掉落积雪而引起的碎石等异物的飞溅。

(1)外风挡

外风挡主要由胶囊和外风挡框组合而成,通过螺栓和压板将胶囊安装到外风挡框上,如图 4-9 所示。

(2)内风挡

内风挡为环形密封橡胶内风挡,由橡胶材料经模具硫化等工艺形成 U 形断面,辅以铝合金等型材制成,主要由胶囊、锁紧机构、风挡框、侧板、渡板等组成。内风挡如图 4-10 所示。

3. 车端减振器

CRH380A 型动车组车辆间设车端减振器,相邻车辆对称布置在左右两侧。

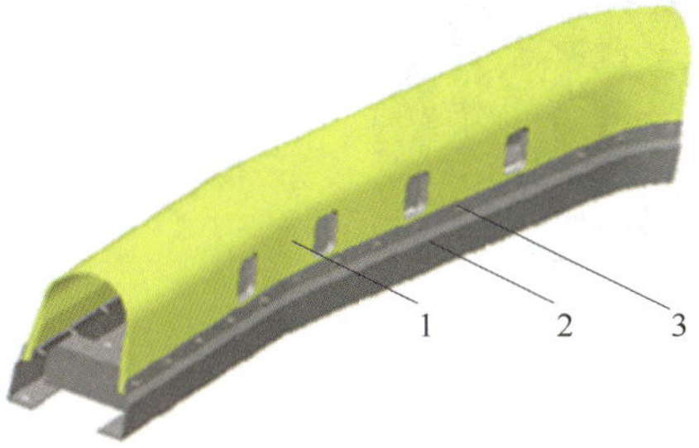

图 4-9 外风挡

1—胶囊;2—外风挡框;3—紧固件

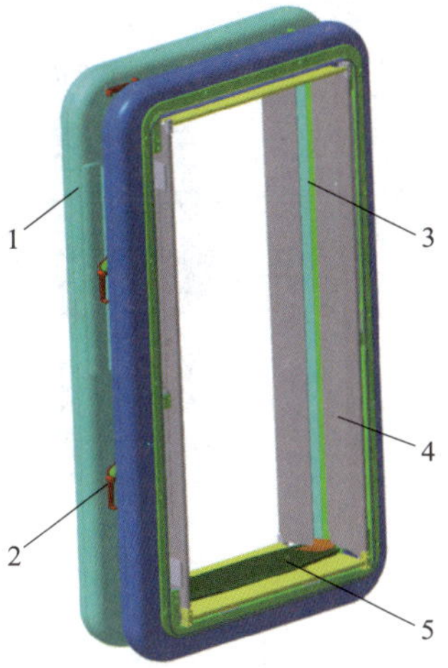

图 4-10 内风挡

1—胶囊;2—锁紧机构;3—风挡框;4—侧板;5—渡板

四、设 备 舱

车下设备舱为散件组装结构,由裙板、底板、端板、骨架、防护板组成,如图 4-11 所示。裙板、底板、端板以骨架、车体下边梁以及车下设备为安装依托形成整体框架结构。车下吊挂设备处不另设底板,以设备底板作为底板。裙板、底板、骨架主要材料为铝型材,端板、防护板主要材料为不锈钢板。

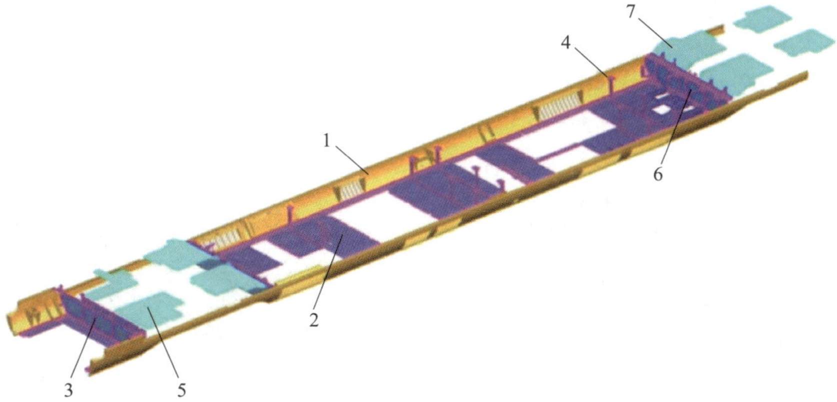

图 4-11 车下设备舱

1—裙板;2—底板;3、6—端板;4—骨架;5、7—防护板

五、前端开闭机构

前端开闭机构由开闭装置、锁紧装置、头罩三部分组成,如图 4-12 所示。开闭装置起承载和驱动作用。锁紧装置起辅助保护作用。头罩采用玻璃钢材质,通过螺栓、定位销与上

下安装翼连接，左右头罩通过定位销紧密闭合。

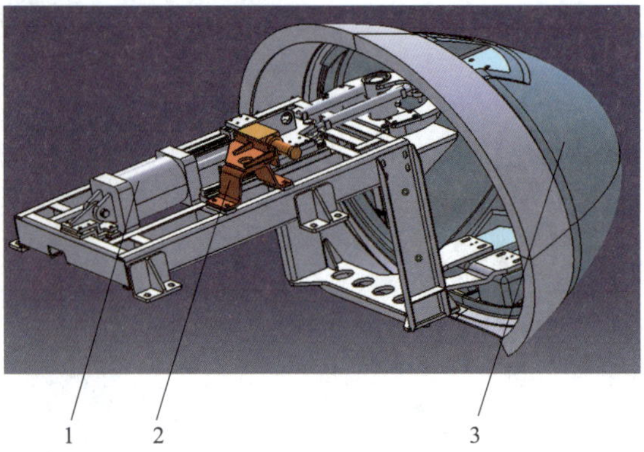

图 4-12 前端开闭机构

1—开闭装置；2—锁紧装置；3—头罩

第三节 转 向 架

一、组 成

CRH380A 平台动车组转向架主要由轮对轴箱装置、一系悬挂、构架、二系悬挂及中央牵引、传动装置、基础制动、轴端及辅助设备等组成。动车转向架与拖车转向架主要区别在于动车组转向架配置有传动装置，动车转向架配置有两条带齿轮箱的动车轮对，拖车转向架配置有两条拖车轮对。CHR380A 型动车组转向架如图 4-13 所示。

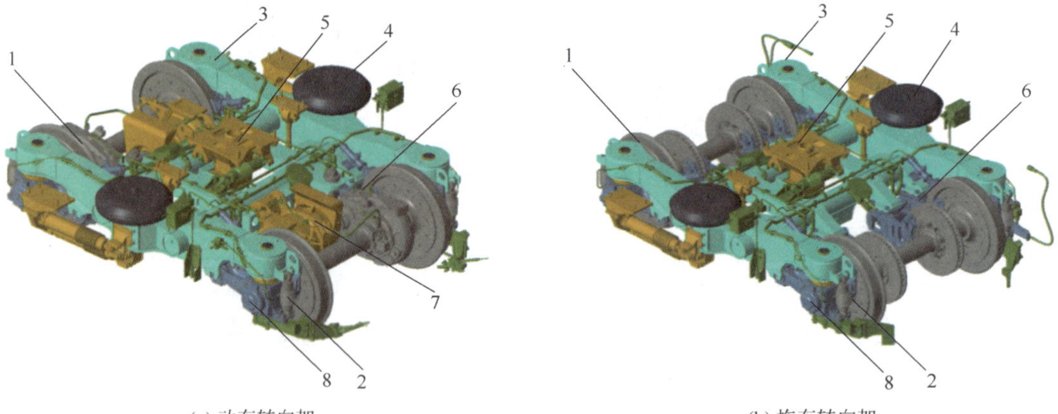

图 4-13 CRH380A 型动车组转向架

1—轮对轴箱装置；2—一系悬挂；3—构架；4—二系悬挂；5—中央牵引；6—基础制动；7—传动装置；8—轴端及辅助设备

二、轮对轴箱装置

1. 轮对组成

轮对组成分为动车轮对和拖车轮对，如图4-14所示。动车、拖车车轮采用整体辗钢直辐板车轮，材料牌号为ER8，新轮直径860 mm，磨耗到限直径790 mm，车轮踏面廓形为LMA。动车车轮辐板上有轮装制动盘安装孔。车轴材料牌号为EA4T，采用空心车轴，车轴中心孔为60 mm。

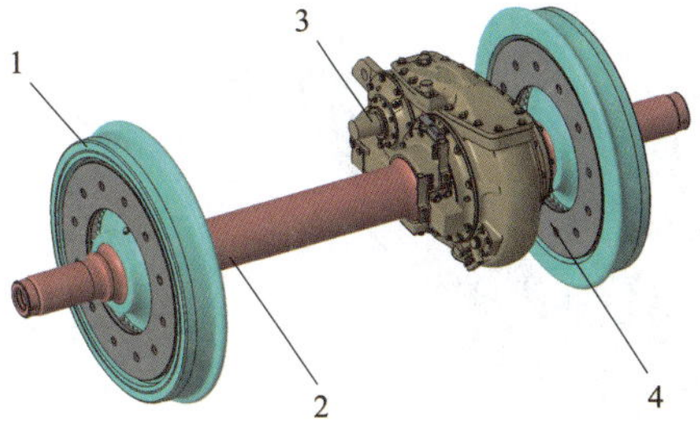

(a) 动车轮对

(b) 拖车轮对

图4-14　CRH380A型动车组转向架轮对组成

1—车轮；2—车轴；3—齿轮箱；4—轮装制动盘；5—轴装制动盘

2. 轴箱定位装置

轴箱定位装置采用转臂式定位，主要由锻造铝合金一体式轴箱体、轴箱后盖、轴箱前盖、轴箱轴承、节点压盖和定位节点等部件组成，如图4-15所示。

三、一系悬挂

一系悬挂由轴箱弹簧、防振橡胶、轮对提吊和垂向油压减振器组成，如图4-16所示。

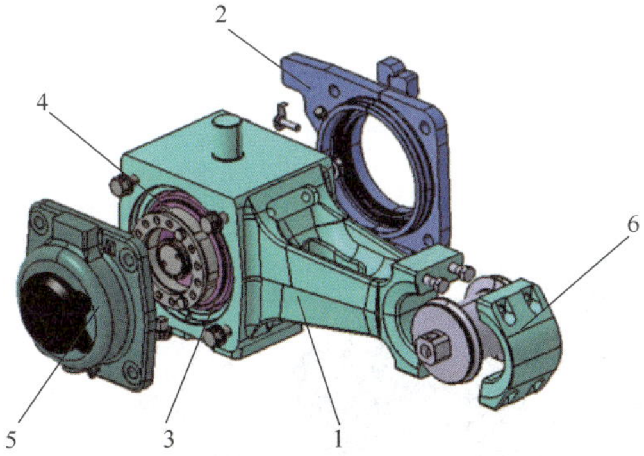

图4-15　CRH380A型动车组转向架轴箱定位装置

1—轴箱体；2—轴箱后盖；3—轴箱轴承；4—轴端压盖；5—轴箱前盖；6—节点压盖

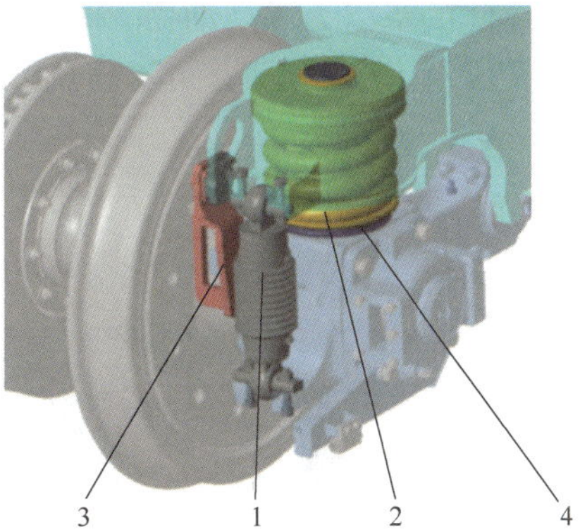

图4-16　一系悬挂

1—垂向减振器；2—轴箱弹簧；3—轮对提吊；4—防振橡胶

四、构　　架

CRH380A 型动车组转向架构架为 H 形焊接构架，主要由侧梁、横梁、纵向辅助梁以及各部件安装座组焊而成，如图 4-17 所示。

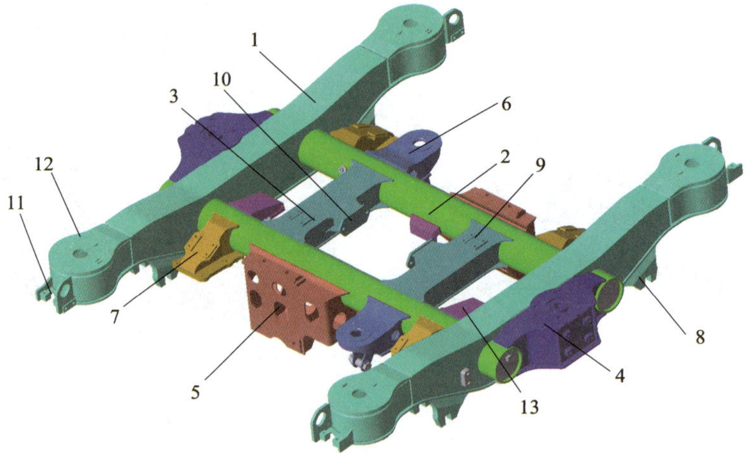

图 4-17　CRH380A 型动车组动车转向架构架

1—侧梁；2—横梁；3—纵向辅助梁；4—空气弹簧支撑梁；5—电机安装座；
6—齿轮箱吊杆安装座；7—制动夹钳安装座；8—定位节点安装座；9—横向减振器安装座；
10—横向止挡安装座；11——系垂向减振器安装座；12—轴箱弹簧筒；13—抗侧滚扭杆安装座

五、二系悬挂及中央牵引

CRH380A 型动车组二系悬挂及中央牵引由中心销、牵引拉杆、空气弹簧、抗蛇行减振器、横向减振器、抗侧滚扭杆、高度阀、横向止挡等组成，如图 4-18 所示。中央牵引传递转向架与车体间的牵引力和制动力，采用焊接型式中心销及整体锻造成型的单牵引拉杆；每个空气弹簧配置 1 个高度阀，可单独调节空气弹簧的工作高度，实现整车四点支撑。

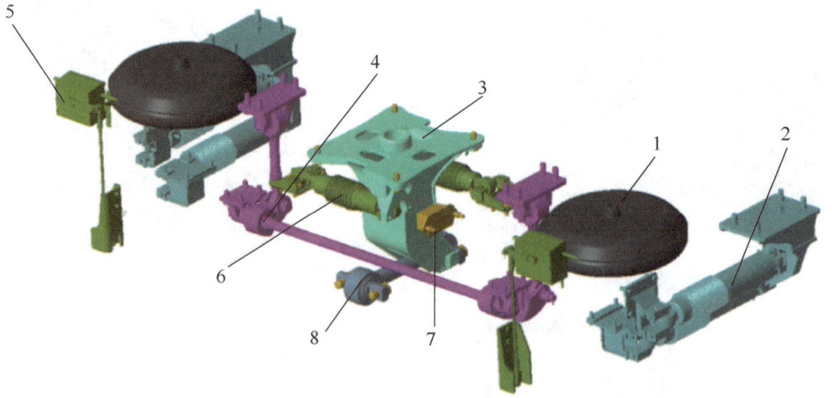

图 4-18　CRH380A 型动车组转向架二系悬挂及中央牵引

1—空气弹簧；2—抗蛇行减振器；3—中心销；4—抗侧滚扭杆；5—高度阀；6—横向减振器；7—横向止挡；8—牵引拉杆

六、传动装置

CRH380A 型动车组传动装置采用平行轴式齿轮箱和联轴节传动,如图 4-19 所示。齿轮箱采用饼状橡胶吊杆,联轴节采用鼓形齿式联轴节。牵引电机采用刚性架悬安装方式,使用螺栓安装至构架。

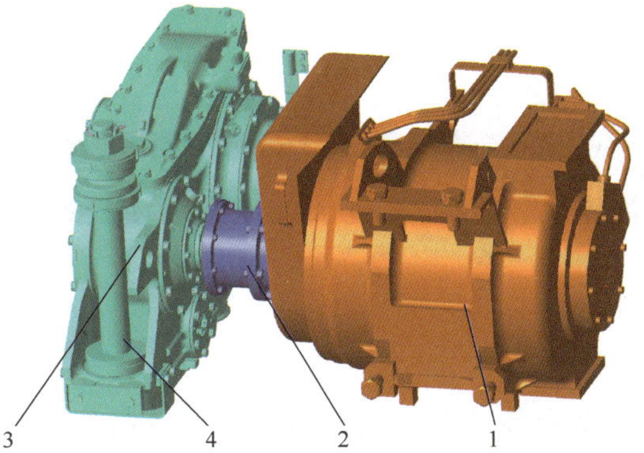

图 4-19 CRH380A 型动车组转向架传动装置

1—牵引电机;2—联轴节;3—齿轮箱;4—吊杆装置

CRH380A 型动车组齿轮箱传动比为 2.379,中心距为 363 mm,采用单级斜齿轮传动,通过齿轮旋转带动润滑油飞溅进行润滑。箱体上设置有排油孔和注油孔,通过磁性堵头进行封堵,方便齿轮箱润滑油的定期更换;箱体上设有齿轮箱油观察窗,以满足日常维护检修过程中观察齿轮箱润滑油液面的高度及油液状态。齿轮箱箱体为铝合金整体式结构,齿轮箱组成如图 4-20 所示。

七、基础制动

CRH380A 型动车组基础制动采用盘形制动,其中动车转向架采用轮盘制动,拖车转向架采用轮盘制动和轴盘制动。制动夹钳单元采用四点吊挂安装结构,通过螺栓安装在转向架构架,如图 4-21 所示。为满足动车组在坡道上安全停放的要求,部分制动夹钳设置有停放制动功能。

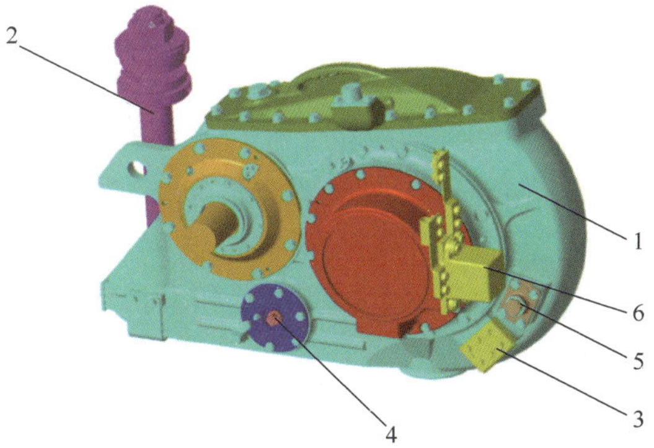

图 4-20 齿轮箱组成

1—箱体;2—吊杆组成;3—油位视窗;4—排油堵;5—注油堵;6—齿轮箱接地装置

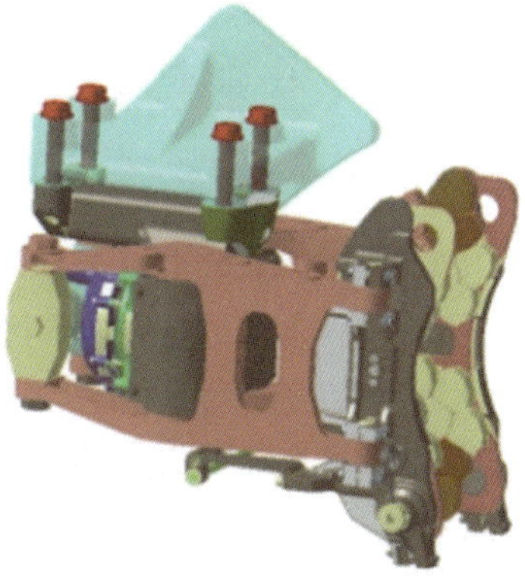

图 4-21 CRH380A 型动车组转向架紧凑型四点吊挂制动夹钳

八、轴端及辅助设备

CRH380A 型动车组转向架在轴端设置有速度传感器、在构架设置有失稳监测装置、在轴端及齿轮箱设置有接地装置、在轴箱体设置有撒砂和排障装置、在构架车轮内侧斜上方安装有踏面清扫等设备或装置，用以满足动车组高速运行中功能状态和安全监测的需求。

第四节　高压牵引系统

一、主电路拓扑

CRH380A 型动车组由受电弓从接触网接受 25 kV 单相交流电，通过真空断路器连接到牵引变压器原边绕组。牵引变压器牵引绕组输出的交流电输入牵引变流器四象限整流器后输出变频变压的三相交流电对 4 台牵引电机进行驱动。动车组由 3 个基本动力单元组成，6 动 2 拖配置，每个基本动力单元具有独立的高压牵引系统，主电路拓扑结构如图 4-22 所示。

二、动车组高压设备

CRH380A 型动车组采用集成式高压设备箱，将真空断路器、避雷器以及电缆连接器高压部件放置于集成高压设备箱内，高压设备箱安装于车下。受电弓及高压设备箱的安装位置如图 4-23 所示，高压设备箱内部结构如图 4-24 所示。

真空断路器额定电压 AC 30 kV，额定电流 AC 200 A；避雷器额定电压 AC 42 kV，标准放电电流 10 kA；电流互感器变流比 200 A∶5 A。

CRH380A 型动车组采用被动控制的双滑板受电弓，受电弓额定电压 25 kV，额定电流 700 A，受电弓落弓时高度 650 mm，静止状态下接触力为(80 ± 15) N；无受电弓控制模块，在动车组行进过程中通过弓头与上臂杆之间的弹性结构改善受流性能，如图 4-25 所示。

三、牵引变压器

CRH380A 型动车组每个基本动力单元有 1 台牵引变压器，变压器容量为 3 855 kV·A，内部有 1 个原边绕组、2 个牵引绕组、1 个辅助绕组。牵引变压器将接触网上获取的 AC 25 kV 高压电变换成 AC 1 658 V 和 AC 400 V 电源，为 2 台牵引变流器和 1 台辅助电源装置供电，驱动 8 台牵引电机，其结构及组成如图 4-26 所示。

四、牵引变流器

CRH380A 型动车组每个基本动力单元有 2 台牵引变流器，每个动力车均设置 1 台，驱动 4 台牵引电机，单台牵引变流器输出牵引功率为 1 460 kW，结构及组成如图 4-27 所示。

图 4-22 CRH380A 型动车组主电路拓扑结构

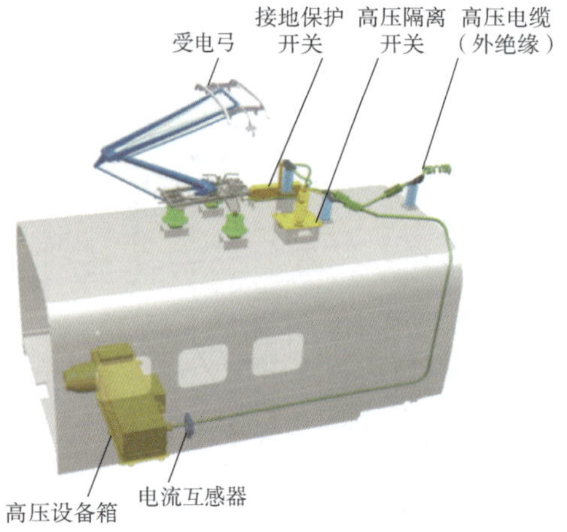

图 4-23　受电弓及高压设备箱安装位置

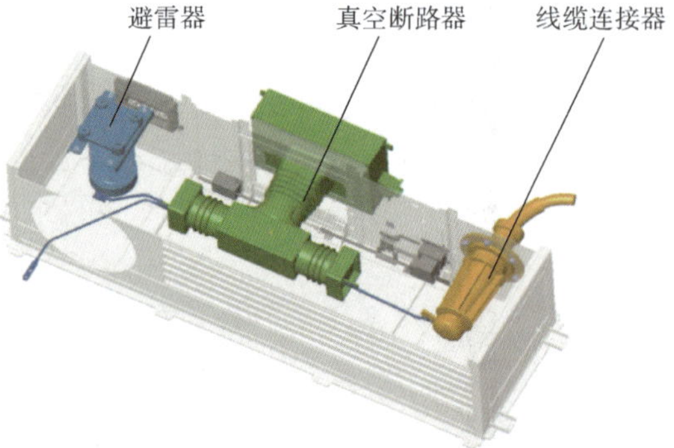

图 4-24　高压设备箱

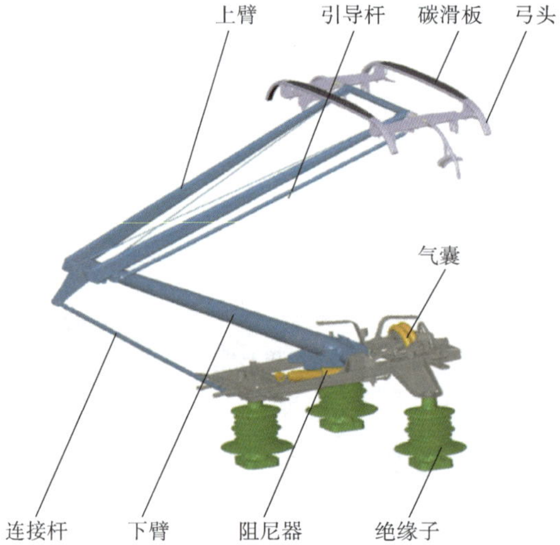

图 4-25　双滑板受电弓

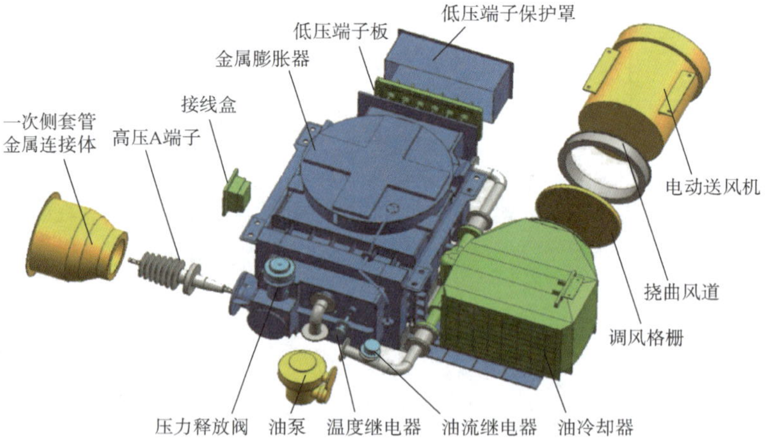

图 4-26　CRH380A 型动车组牵引变压器

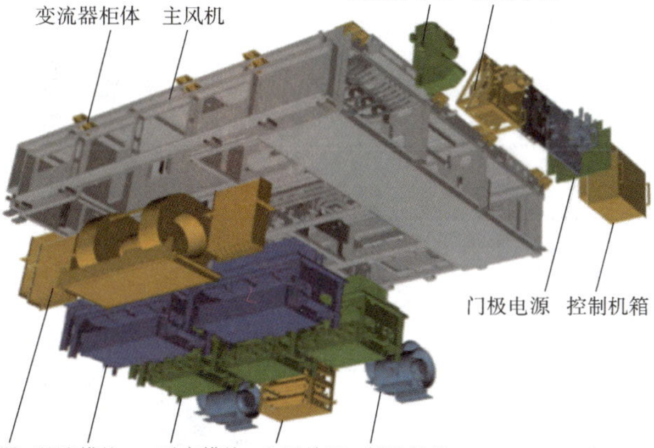

图 4-27 CRH380A 型动车组牵引变流器

五、牵引电机

CRH380A 型动车组采用三相鼠笼异步电机，额定功率 365 kW，安装于 02～07 动车上。动力转向架的每个轮对都由牵引电动机驱动，通过架悬方式安装于转向架上，其驱动力通过齿轮联轴节和齿轮传递给车轮。牵引电机外形及组成如图 4-28 所示。

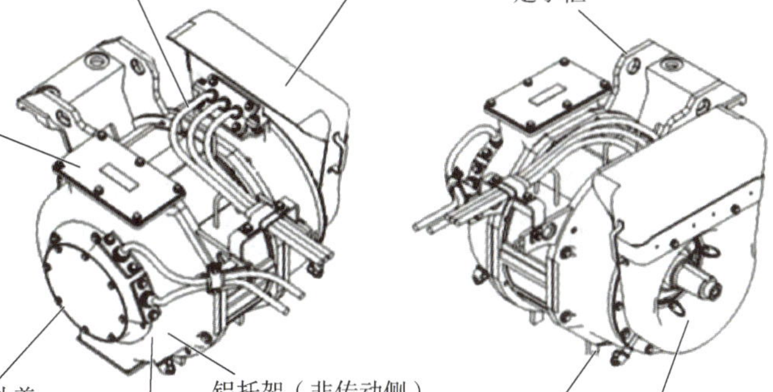

图 4-28 CRH380A 型动车组牵引电机

第五节 制动系统

CRH380A 平台动车组采用微机控制的电空复合制动，即电气制动与空气制动复合形成列车的制动力，空气制动为直通式空气制动。

一、制动系统组成

制动系统由供风系统、制动控制装置、基础制动装置、撒砂装置和踏面清扫装置等组成,如图 4-29 所示。

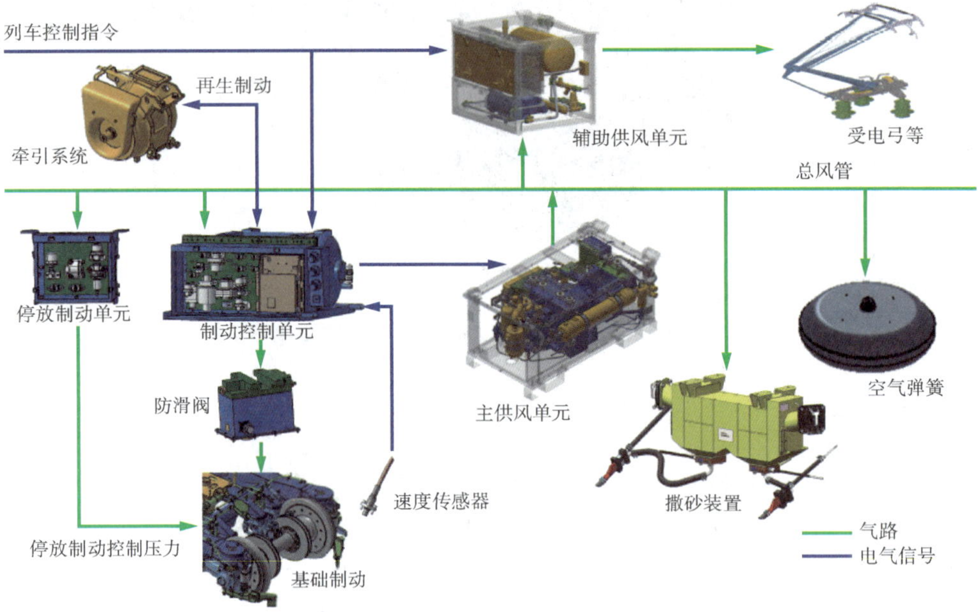

图 4-29 制动系统组成

1. 供风系统

供风系统为列车用风设备提供清洁、干燥的压缩空气,主要由主供风单元和辅助供风单元等组成。

主供风单元由螺杆式空气压缩机和膜式干燥器组成,结构如图 4-30 所示。8 辆编组动车组全列设置 2 台螺杆式主空压机,每台空气排量为 1 330 L/min,由制动控制系统控制主空压机的启动和停止,使全列总风压力维持在 780 ~ 880 kPa 之间。

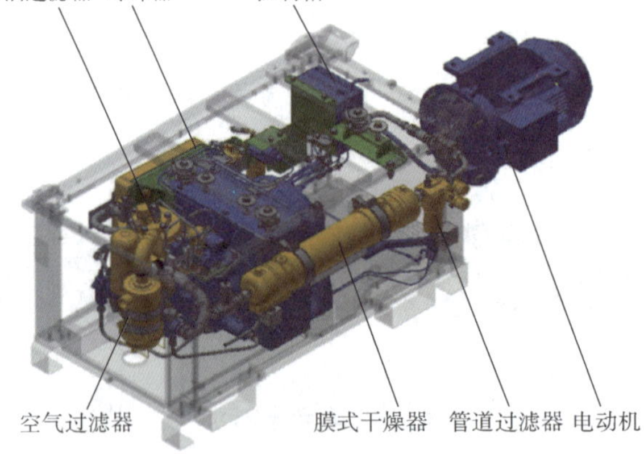

图 4-30 螺杆式空压机

在有受电弓的车辆设置辅助供风单元,组成及工作原理与 CR400AF 型动车组相同。

2. 制动控制装置

每辆车设置一台制动控制装置,制动控制装置采用模块化设计,由电子制动控制单元(EBCU)和气动控制单元(PBCU)组成,具体结构如图 4-31 所示。

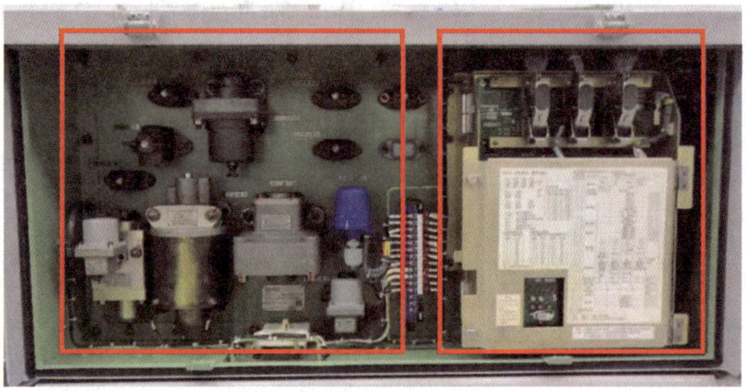

图 4-31　制动控制装置

电子制动控制单元(EBCU)采用微处理器控制方式,通过光纤或硬线接收制动指令后,根据各车的载重信号和速度信息算出所需制动力,并对再生制动力和空气制动力进行分配和控制。

气动控制单元(PBCU)包括电空转换阀、中继阀和紧急电磁阀等,电空转换阀接受 EBCU 的控制产生预控压力,输出至中继阀,由中继阀放大流量后输出制动压力至转向架上的制动缸。

3. 基础制动装置

基础制动装置是将制动控制装置输出的空气压力转换为闸片和制动盘间的摩擦制动力,将列车的动能转化为热能,使列车减速或停车。基础制动装置主要由制动盘、制动夹钳和闸片等组成,安装在每辆车的转向架上。基础制动装置介绍具体见转向架相关章节。

二、功能及控制原理

制动系统具有常用制动、紧急制动 EB、紧急制动 UB、停放制动、耐雪制动、防滑控制、踏面清扫、撒砂控制和救援回送等功能。

1. 常用制动

动车组采用单元级制动力管理方式,按照列车编组形式和动车、拖车的设置数量,全列车分为 4 个制动单元,列车两端的 2M1T 分别为一个制动单元,中间独立动车各为一个制动单元,如图 4-32 所示。

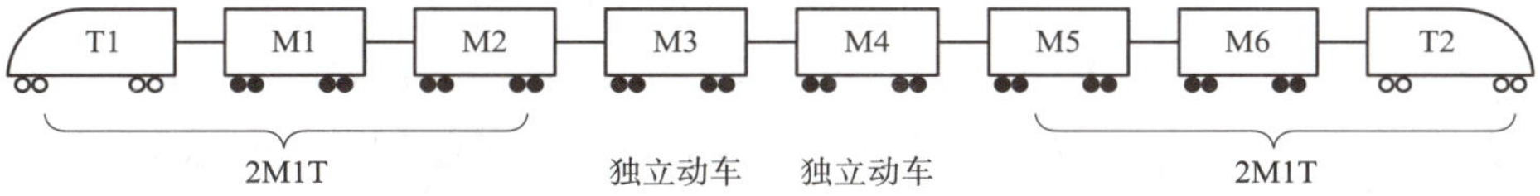

图 4-32　制动单元划分

常用制动时，制动单元内各车 EBCU 接收制动指令，根据列车运行速度和车重信号计算出应施加的制动力。2M1T 单元内，当再生制动力满足制动力需求时，由单元内 M 车再生制动力承担本单元所需制动力；当 M 车的再生制动力不足以完全承担本单元所需的制动力时，先启动 T 车空气制动力进行补充，再用 M 车的空气制动力来补充。独立动车根据列车运行速度和车重信号计算出应施加的制动力，进行单车的电空复合制动。

常用制动时，EBCU 控制本车电空转换阀输出对应于当前载荷状态的制动预控压力，预控压力经中继阀放大流量后，输出至基础制动制动缸，制动控制原理如图 4-33 所示。

2. 紧急制动 EB

动车组设有贯通全列的紧急制动 EB 指令硬线，EB 指令线直接发送至各车 EBCU，当 EBCU 接收到该指令线失电时，触发紧急制动 EB。采用电空复合制动，由 EBCU 按照预设的减速度实施制动，具有空重车载荷调整功能，控制原理同常用制动。

当司机制动控制器在“快速”制动位、列车运行控制系统发出紧急制动指令、司机警惕装置动作、紧急制动（UB）被触发、EB 指令硬线失电、司机室内紧急制动开关动作时，自动触发紧急制动 EB。

3. 紧急制动 UB

紧急制动 UB 为纯空气紧急制动，通过独立的紧急制动 UB 安全环路实施。当总风缸压力不足、列车分离、制动系统 DC 110 V 控制电源失电、检测到制动力不足、紧急电磁阀失电、司机制动手柄置“拔取”位置时，自动触发紧急制动 UB。

4. 耐雪制动

雨雪天气下，通过司机室内设置的“耐雪制动”开关启动该功能，动车组速度在 110 km/h 速度以下、施加制动时，自动施加约 60 kPa 压力的空气制动力，清除制动盘和闸片之间的雨雪或杂物。

5. 停放制动

为防止动车组在长期停放过程中压缩空气流失导致溜车事故，早期生产的 CRH380A 平台动车组采用“铁鞋”进行停放制动；后期生产的 CRH380A 平台动车组采用带停放制动缸的制动夹钳实现停放制动，动车组通过在部分车轴配有带有弹簧储能功能的停放制动缸，使列车在一定坡度的坡道上安全停放。

6. 救援回送

早期生产的 CRH380A 平台动车组头车仅设置被救援模块，可实现被救援功能，无救援其他动车组功能，被救援模块可以把救援动车组或机车列车管的减压信号转换为电气制动指令，控制本车制动施加或缓解；后期生产的 CRH380A 平台动车组头车增加了救援模块，当救援其他动车组时，救援模块可以把本车的电气制动指令转为列车管减压信号，通过列车管传递给被救援动车组，控制被救援动车组制动施加或缓解，实现救援功能。

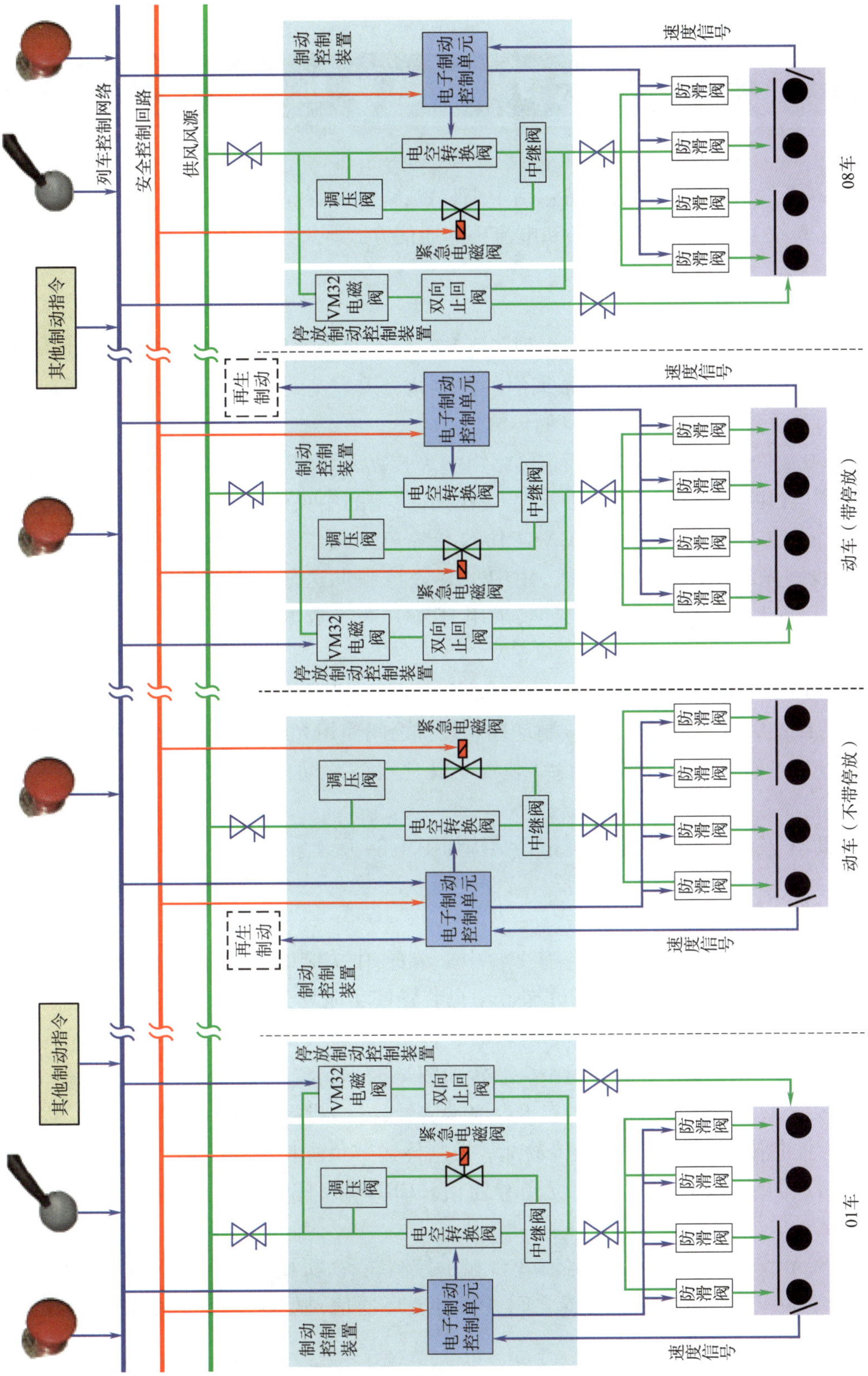
列车控制网络
安全控制回路
供风风源
其他制动指令
制动控制装置
电子制动控制单元
电空转换阀
调压阀
中继阀
紧急电磁阀
VM32电磁阀
双向止回阀
停放制动控制装置
防滑阀
速度信号
再生制动
08车
动车（带停放）
动车（不带停放）
01车

图 4-33 制动控制原理

第六节 网络系统

CRH380A 平台动车组网络设备包括中央装置、终端装置、车辆信息显示器、无线传输装置等。网络系统主要采用 ARCNET 和电流环的通信方式。

一、拓扑结构

CRH380A 平台动车组网络系统由列车级和车辆级两级通信网络组成,列车级通信网络连接整个编组的各个车厢,进行整个编组的控制指令和状态信息的传输,车辆级通信网络连接车厢内各设备,进行车厢内信息的传输。

CRH380A 平台动车组列车级通信网络由中央装置和终端装置组成,列车级通信网络有光纤环网和自诊断传输线 2 种类型。光纤环网由所有的中央装置和终端装置连接组成,使用光纤作为传输介质,采用 ARCNET 协议传输整个编组的控制指令和状态信息。自诊断传输线是光纤环网的备用总线,由中央装置控制发送部与终端装置控制接收部连接组成,使用屏蔽双绞线作为传输介质,采用 HDLC(高级数据链路控制)协议传输重要的控制指令。

CRH380A 平台动车组车辆级通信网络是中央装置/终端装置与车厢内设备之间信息交换的通道。终端装置与牵引变流器、制动控制装置之间使用光纤作为传输介质,采用 HDLC 协议进行点对点通信。中央装置/终端装置与其他设备之间使用屏蔽双绞线作为传输介质,通过电流环方式进行点对点通信。

CRH380A 平台动车组网络系统拓扑结构如图 4-34 所示。

二、系统设备

CRH380A 型动车组两个头车各有 1 台中央装置,中央装置由不同的板卡组成,分为中央 1 系和中央 2 系,1 系和 2 系互为冗余。中央装置按功能划分,分为控制传输部、监控部、光传输部。控制传输部负责控制指令信息的发送,监控部负责状态信息的传输,光传输部负责光纤通信。CRH380A 型动车组中央装置如图 4-35 所示。

CRH380A 型动车组每个车厢各有 1 台终端装置,终端装置由不同的板卡组成。终端装置同样分为控制传输部、监控部、光传输部。控制传输部负责控制指令信息的接收,监控部负责状态信息的传输,光传输部负责光纤通信。CRH380A 型动车组终端装置如图 4-36 所示。

CRH380A 型动车组两个头车各有 2 台显示控制装置,机械师室有 1 台显示控制装置。中央装置/终端装置与显示控制装置之间进行电流环通信,显示控制装置负责显示逻辑处理及显示信息传输。

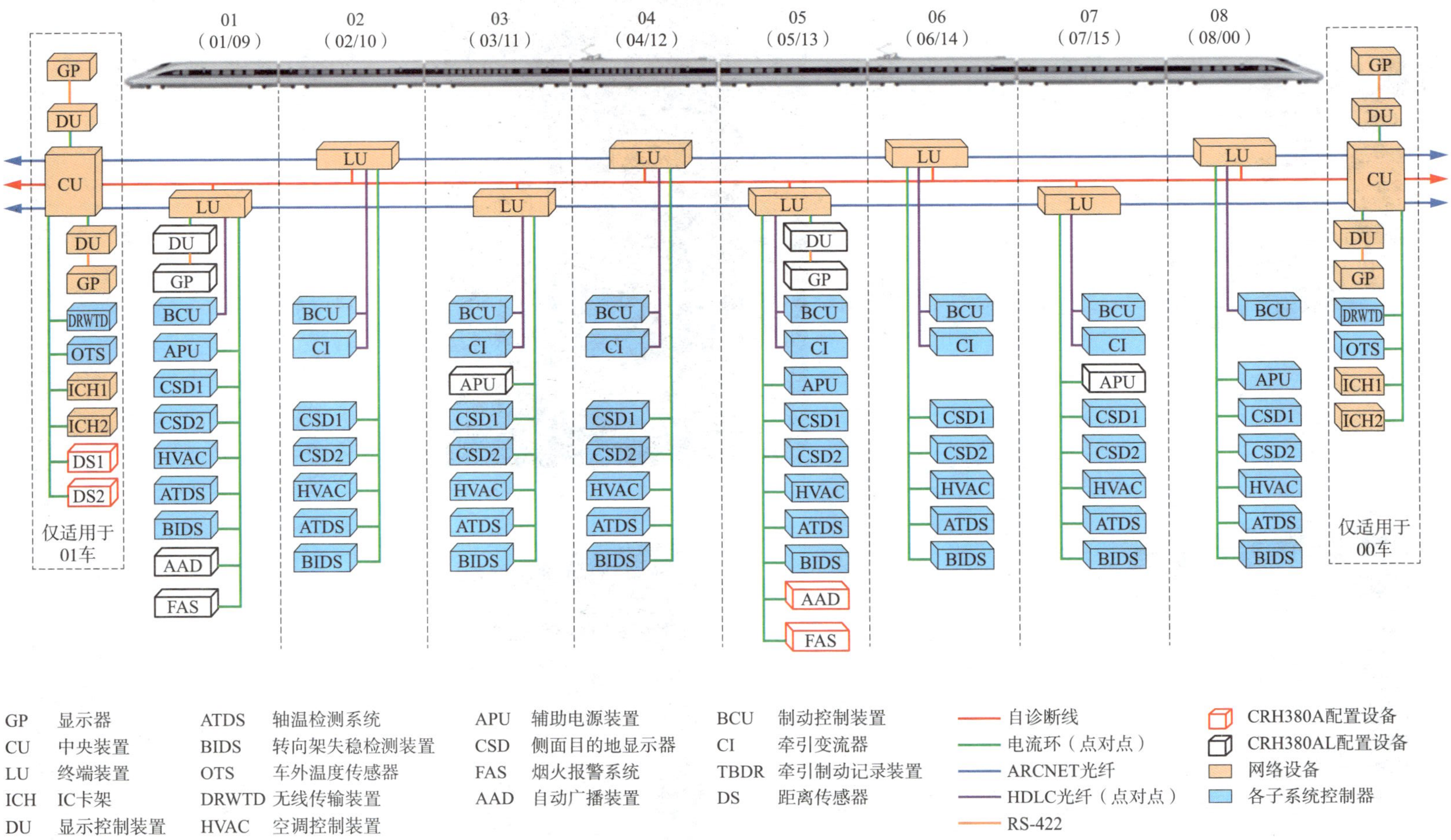

图 4-34　CRH380A 平台动车组网络系统拓扑结构

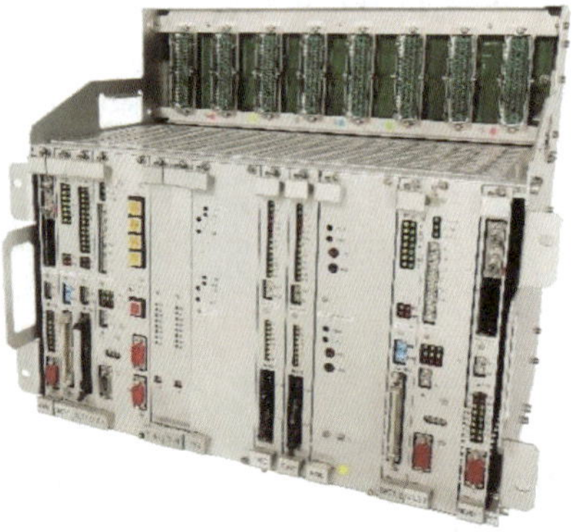

图 4-35　CRH380A 型动车组中央装置

图 4-36　CRH380A 型动车组终端装置

CRH380A 型动车组两个头车各有 2 台车辆信息显示器，互为冗余，机械师室有 1 台车辆信息显示器。车辆信息显示器与显示控制装置之间进行 RS-422 通信，车辆信息显示器用于显示动车组各系统工作状态、故障信息、操作及维护提示信息，可以通过车辆信息显示器对动车组进行控制操作，便于司乘人员掌控动车组运行状态。CRH380A 型动车组车辆信息显示器外形和界面如图 4-37 所示。

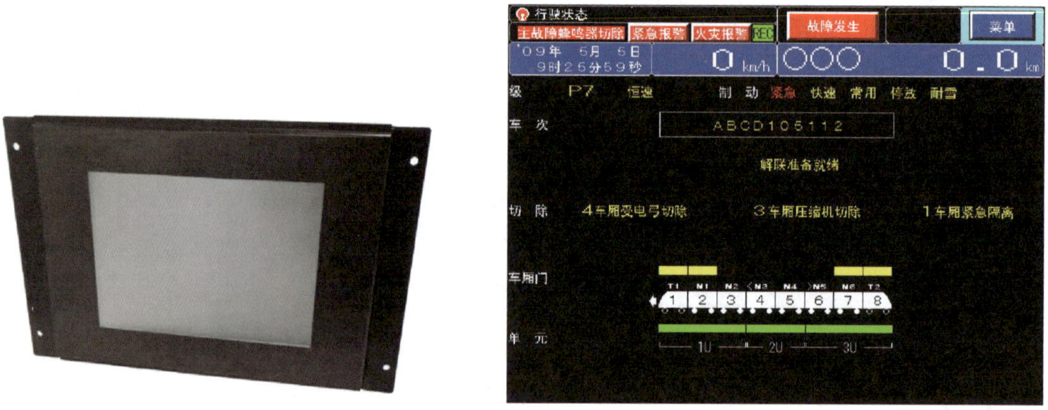

图 4-37　CRH380A 型动车组车辆信息显示器外形和界面

CRH380A 型动车组两个头车各有一台无线传输装置，无线传输装置由无线传输装置主机、WLAN/GSM/GPS 三合一天线和 WLAN/GSM 合路器等组成。无线传输装置与中央装置之间进行电流环通信。无线传输装置能够采集并处理全列动车组的各种数据信息，实现数据的本地储存，同时将动车组运行状态信息及故障记录信息实时发送到地面系统，实现地面系统对动车组途中运行情况的实时监测和远程维护支持。

三、系统功能

1. 监控功能

CRH380A 型动车组网络系统的监控功能分别由控制传输部和监控部实现。控制传输部具有牵引/制动挡位、行驶方向、牵引有效、复位信号等运行指令传输,受电弓、主断路器、空压机等设备远程切除,司机室操作台指示灯显示等功能。监控部具有空调工作模式、温度控制,室内灯亮灯、熄灭控制,自动广播装置控制等功能。

2. 诊断功能

CRH380A 型动车组网络系统可以诊断动车组各设备状态,当设备发生异常时会报出或记录故障信息。故障信息包含故障名称、故障代码、故障发生时间、故障报出车厢等。故障代码为 3 位数字,范围为 000 ~ 999,根据故障是否在车辆信息显示器上弹出,故障可分为弹屏故障和不弹屏故障。

3. 显示功能

CRH380A 型动车组网络系统可以通过车辆信息显示器显示动车组各设备状态信息,车辆信息显示器有一般模式、检修模式和诊断模式 3 种工作模式,可以通过中央装置 1 系 CPU 板卡上的模式按钮切换 3 种不同的工作模式。一般模式下显示器界面分为司机、列车员、记录三类界面,分别显示司机、机械师需要关注的信息和数据记录信息,检修模式下显示器界面显示列车检修和车上试验的信息,诊断模式下显示器界面显示网络设备自诊断的信息。

四、安全监控

1. 烟火报警系统

CRH380A 型动车组设有烟火报警系统,烟火报警系统由烟火报警主机、车厢控制器、火灾探测器组成。

每列车设置一个烟火报警主机,主要负责系统状态显示、状态查询、状态设置、火灾报警,能接收来自车厢控制器的火灾报警信号,发出火灾报警信号,指示火灾发生部位,记录火灾报警时间,并予以保持直至手动复位,通过电流环通信将状态信息上传至网络系统。每个车厢设置一个车厢控制器,车厢控制器实时监测所在车厢的火灾探测器信息和回路状态,通过 RS-485 总线通信将本车厢火灾探测器状态信息传输到烟火报警主机,车厢控制器与本车厢火灾探测器通过 FSK 总线进行通信。烟火报警系统拓扑如图 4-38 所示。

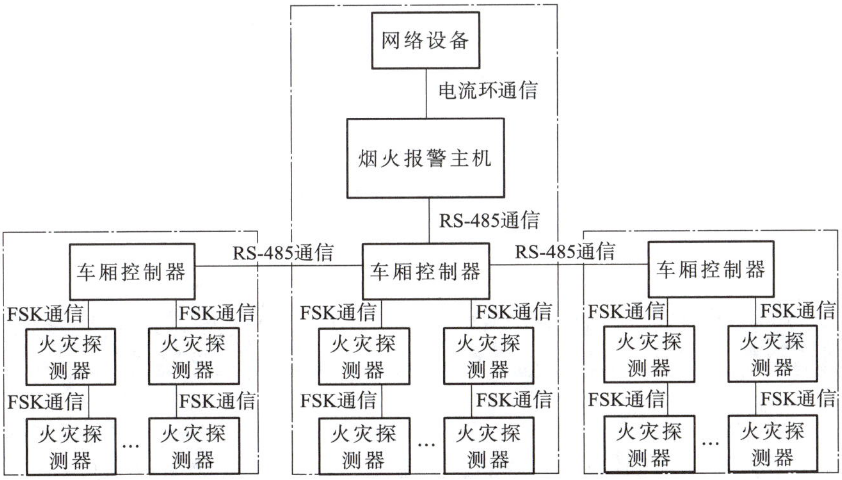

图 4-38　CRH380A 型动车组烟火报警系统拓扑

2. 失稳监测系统

CRH380A 型动车组每辆车均设置一台失稳监测主机、四个失稳传感器,系统拓扑如图 4-39 所示。

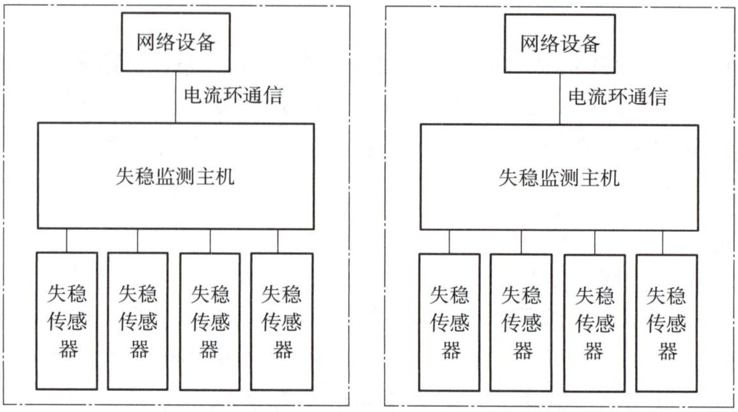

图 4-39 CRH380A 型动车组失稳监测系统拓扑

3. 温度监测系统

CRH380A 型动车组每辆车配置 1 台温度监测主机,主机与传感器之间通过线缆连接,通过电流环与列车网络系统通信。每辆动车配置 8 个轴箱轴承温度传感器、16 个齿轮箱温度传感器、12 个牵引电机温度传感器,每辆拖车配置 8 个轴箱轴承温度传感器。CRH380A 型动车组温度监测系统拓扑如图 4-40 所示。

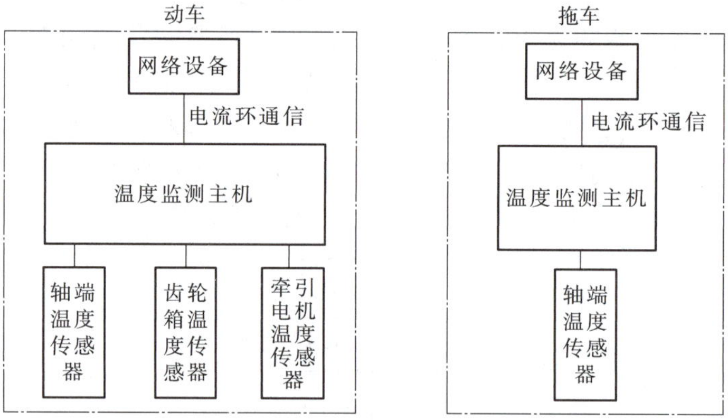

图 4-40 CRH380A 型动车组温度监测系统拓扑

第七节 辅助供电系统

CRH380A 平台动车组辅助供电系统分为辅助交流供电系统和辅助直流供电系统。辅助交流供电系统主要由牵引变压器、辅助电源装置、单相逆变电源、交流母线等组成。辅助直流供电系统主要由辅助整流器、蓄电池等组成。

一、辅助交流供电系统

CRH380A 平台动车组辅助系统交流母线供电来源为牵引变压器和辅助电源装置，牵引变压器配置独立辅助绕组给单相母线及相关负载供电，辅助电源装置从变压器辅助绕组取电，经整流和逆变后向列车级供电母线输出三相交流电，通过供电母线向动车组各三相交流负载供电。另外，地面电源也可以通过外接电源插座向单相母线供电，从而实现无接触网条件下的车辆检修和调试。

AC 25 kV 的高压电经牵引变压器辅助绕组降压为单相 AC 400 V，单相 AC 400 V 为列车空调装置、换气装置和辅助电源装置等设备提供电源。辅助电源装置经过整流、逆变、滤波和降压后输出三相 AC 400 V 给三相交流母线供电，满足牵引风机、空气压缩机等三相负载设备供电需求；三相 AC 400 V 经辅助整流器内部变压器降压为 AC 220 V 和 AC 100 V 给车辆的厨房设备、给水卫生等设备供电。辅助供电系统由多个供电单元组成，采用干线供电方式，各车负载挂在不同电压制式母线上，单相 AC 400 V 母线和三相 AC 400 V 母线采用分段供电方式，故障工况下可以通过闭合单相/三相接触器实现扩展供电，提高车辆的可用性。另外，动车组还可通过外接电源给单相 AC 400 V 母线供电，实现车辆静态交流供电和调试。CRH380A 平台动车组辅助供电系统拓扑结构如图 4-41 所示。

由于辅助电源装置自身不具备再生发电功能且输入电源来自牵引变压器，所以动车组进入分相区后，辅助供电系统交流电源将中断供电，单相交流和三相交流辅助负载停止工作，待车辆通过分相区后恢复供电。旅客插座交流电源来自直流蓄电池，过分相时可提供不间断电源。

二、辅助直流供电系统

1. 系统原理和功能

CRH380A 平台动车组辅助整流器和蓄电池提供直流电源，车辆主控投入后，蓄电池接触器闭合，蓄电池给直流母线供电，车辆的控制系统开始工作；操作升弓、闭合主断路器后，车辆从接触网获取电能，经变压器辅助绕组、辅助电源装置变压、变流后，由辅助整流器最终输出 DC 100 V 电能给直流母线供电，满足直流负载的供电需求，同时蓄电池从直流母线获取电能进行浮充电。

2. 蓄电池

CRH380A 平台动车组全列共设置 6 组碱性蓄电池，每组容量为 100 A·h，通过贯通全列的直流母线向全列直流负载供电。

蓄电池由 12 块蓄电池组串联组成，每块电池由 6 节单体电池串联组成，共 72 节单体电池。每节单体电池标称电压为 1.2 V，蓄电池组的标称电压为 86.4 V。

蓄电池供电回路设置了欠压保护、过流保护及超温保护功能。

当检测蓄电池电压低于 77 V 时，低电压保护继电器动作，蓄电池接触器断开，蓄电池停止供电，从而实现蓄电池的欠压保护功能。蓄电池充放电回路中设供电断路器，额定容量 150 A，当蓄电池发生短路时，断路器跳开实现过流保护。

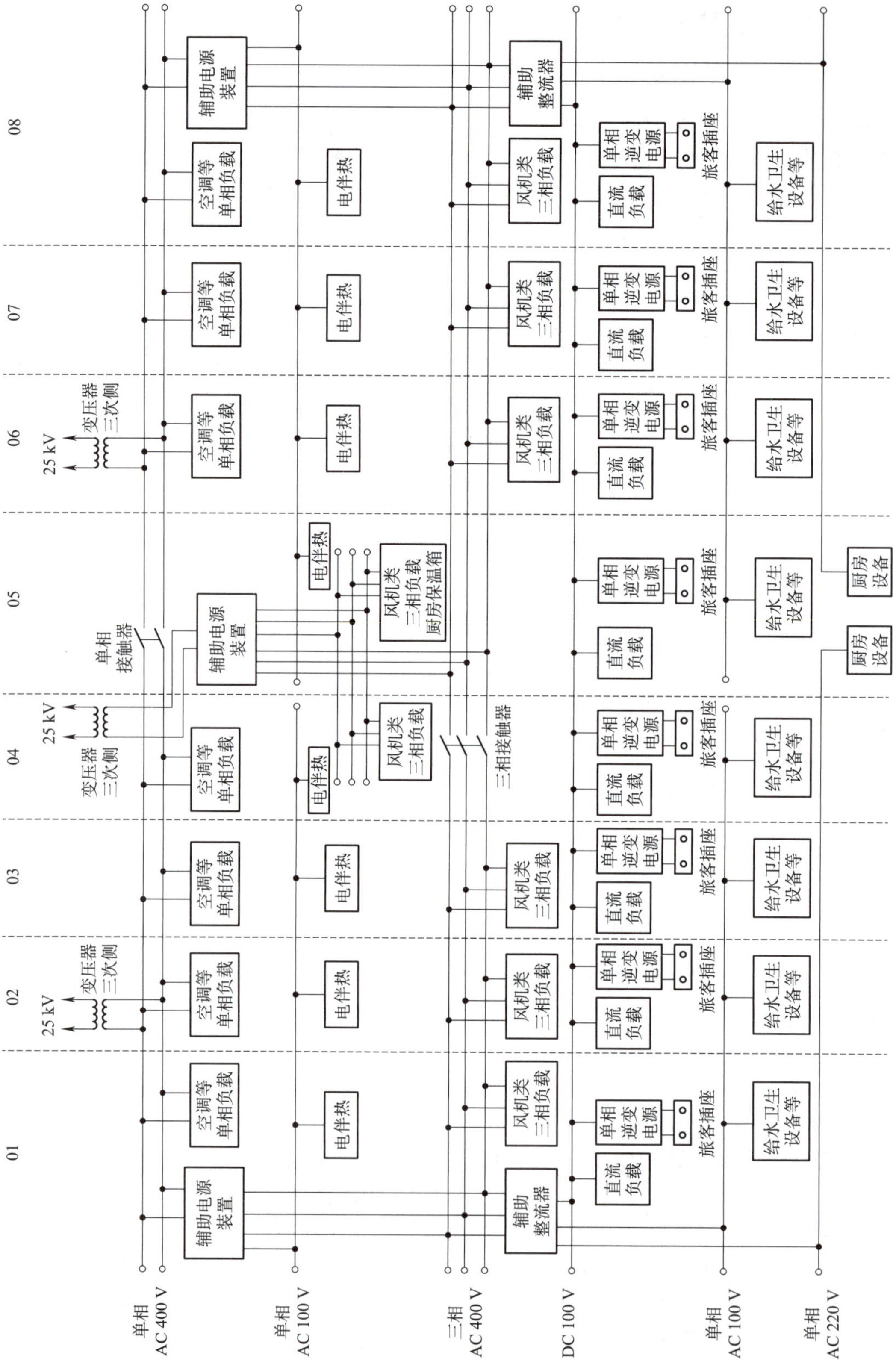

图 4-41　CRH380A 平台动车组辅助供电系统拓扑结构

蓄电池控制电路中设置超温保护单元，当蓄电池温度超过 60 ℃时，超温保护单元动作，蓄电池接触器断开，故障蓄电池组与直流线分离，蓄电池不再进行充电，从而实现蓄电池组故障的超温保护。蓄电池箱如图 4-42 所示。

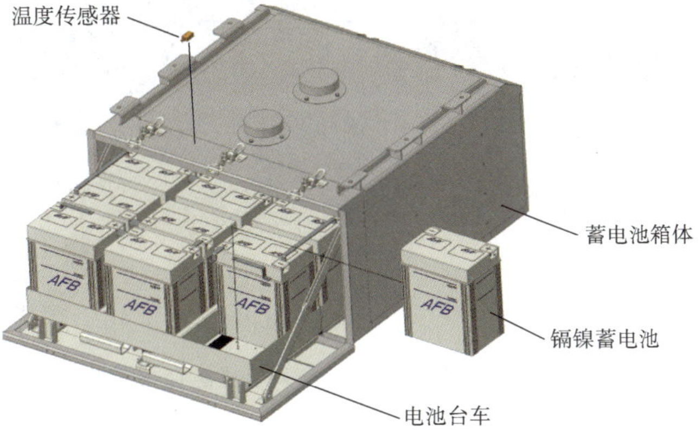

图 4-42　蓄电池箱

第八节　驾驶设施

CRH380A 平台动车组司机室效果如图 4-43 所示。

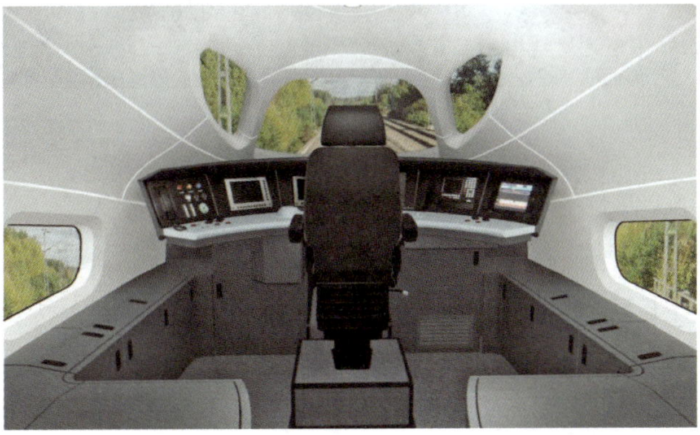

图 4-43　CRH380A 平台动车组司机室效果

一、司机操纵台

CRH380A 平台动车组司机操纵台位于司机室中央。

1. 操纵台布局

司机操纵台主要布置有 ATP 显示器、网络控制系统（TCMS）显示器、无线显示器、仪表盘、制动控制器、牵引控制器、开关盘等。司机操纵台布置如图 4-44 所示。

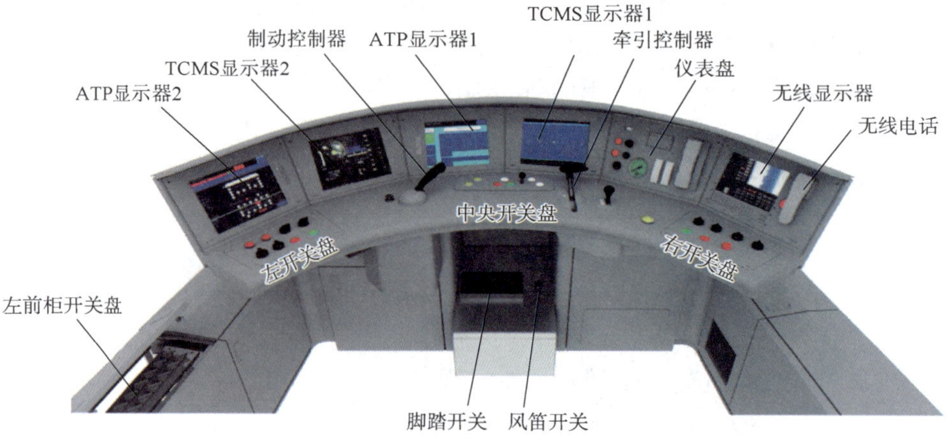

图 4-44　CRH380A 平台司机操纵台布置

2. 司机控制器

司机控制器由制动控制器(含主控钥匙)、牵引控制器(含换向手柄)组成,采用分体式结构。司机控制器主要功能有解锁动车组,确定行车方向并发出牵引、制动指令等。

二、雨 刮 器

CRH380A 平台动车组每个头车装有一套雨刮器,每套雨刮器由驱动装置、刮臂、刮片、雨刮器开关、控制箱、洗涤器等组成。

第九节　车 内 设 备

一、旅客信息系统

旅客信息系统是动车组上的分布式信息服务系统,主要由三个子系统构成,分别是信息显示系统、广播对讲系统、影视系统。该系统主要作用是通过车内外显示器为旅客提供列车的行车信息(列车车次、运行速度、到站信息、车厢号等)、车外温度、由乘务人员编辑的信息、列车内部的广播通信功能以及提供给旅客的娱乐功能(音频、视频娱乐节目播放等)。

1. 信息显示系统

信息显示系统主要由车外信息显示、车内信息显示组成。车外信息显示包括车外车号显示器和侧面目的地显示器,安装在每节车厢两侧车门附近,主要显示车次号、车厢号和起点站终点站等信息。车内信息显示器安装在每节车厢内端部两端圆头内,主要显示车厢号、车外温度、厕所有无人等信息。

2. 广播对讲系统

广播系统主要实现司机对乘客、列车长对乘客以及乘务员对乘客的通告。广播的优先级从高到低依次为:全列人工广播、手动触发全列服务信息广播、自动触发全列服务信息广播、备用广播、单车广播、娱乐音频。任何时刻只能一种广播存在。

对讲系统主要实现司机室之间、司机室和乘务员之间以及乘务员之间的对讲通讯。

3. 影视系统

影视系统主要由影视系统主机(包括播放服务器、车载电源、交换机功放、机柜等)、客室电视、影视系统监控屏、服务呼叫显示屏、VIP 座椅电视等组成。

二、视频监控系统

CRH380A 平台动车组视频监控系统包含车厢视频监控和受电弓视频监控。车厢视频监控主要功能包括对车厢内公共区域监视、对采集的视频信息进行实时存储,具有使用外接授权终端设备进行单车厢预览、查询、回放及下载的功能。受电弓视频监控主要用于运行途中实时监视车顶受电弓及接触网工作状态,并兼顾受电弓附近高压设备工作状态,为随车机械师处理异常降弓等弓网故障提供辅助的监视视频和分析图像。

三、照　　明

CHR380A 平台动车组一等客室侧顶板布置两条隐形灯带,商务客室侧顶板布置两条隐形灯带,并布置亮度可调节的筒灯,乘客可通过调节旋钮对观光区筒灯亮度进行调节。动车组两端通过台、走廊、卫生间、乘务员室、司机室照明均为筒灯形式。动车组厨房照明为平面顶灯,吧区照明主要由筒灯及吧顶隐光灯带、吧台灯带组成。

四、空　　调

CRH380A 平台动车组空调系统主要包括客室空调机组、换气装置、司机室空调机组、应急通风机、温度传感器、风道等。

每辆车设置 2 台车下单元式变频空调机组,客室空调机组分为室内、室外和控制三部分。室外部分设有压缩机、高压开关、冷凝器、冷凝风机、交流电抗器、冷凝滤网等;室内部分为密封结构,设有蒸发器、送风机、电加热器、排水泵、室内过滤网等;控制部分为密封结构,设有逆变器、接触器盘等。司机室空调机组为分体式单冷空调,包含 1 台室外机和 2 台室内机。换气装置采用了供、排气一体化设计,实现车内新风供给及废气排放;通过高静压风机抑制车外压力向车内传递,实现车内压力保护功能。

五、给排水卫生系统

CRH380A 平台动车组给排水卫生系统主要包括供水装置、饮水装置及卫生装置三部分,系统组成如图 4-45 所示。

CRH380A 平台动车组主要采用压力供水的方式向车上用水设备供水,电热开水器主要由炉体及接水面板等组成,动车组卫生间分为标准卫生间和无障碍卫生间。无障碍卫生间兼顾了乘坐轮椅旅客的如厕需求,在标准卫生间基础上,增设折叠扶手、婴儿护理台和 SOS 按钮等设备,盥洗室位于卫生间外侧。CRH380A 平台动车组采用中转式真空集便系统,污物箱为常压箱体,真空在中转箱中产生,污物被抽吸到中转箱中后再排入污物箱中。

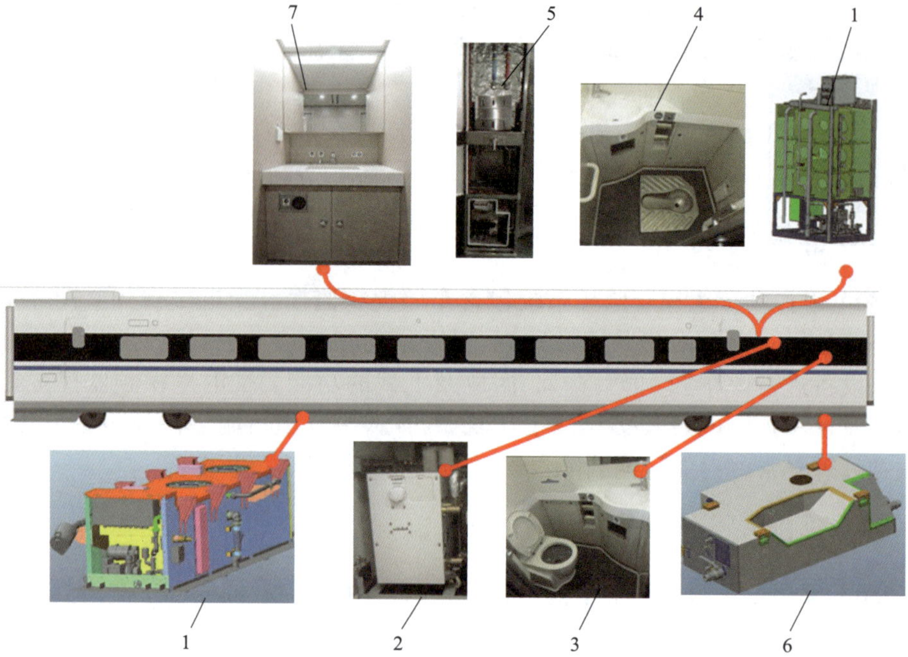

图 4-45　给排水卫生系统组成

1—车下净水箱/车上净水箱;2—温水器;3—坐式卫生间;4—蹲式卫生间;
5—电热开水器;6—污物箱;7—盥洗室

六、内装设备

1. 车窗

车窗主要包括司机室前窗、司机室侧窗、侧窗(客室)、紧急车窗(客室)、信息显示窗等。侧窗采用中空物理钢化玻璃,紧急车窗旁边设有安全锤,司机室前窗具有电加热功能,信息显示窗具有车外信息显示功能。

2. 车门

车门可分为外门和内门两大类。外门为内置式侧拉门,具有牵引联锁功能;内门可分为风挡门、通过台门等。车门布置如图 4-46 所示。

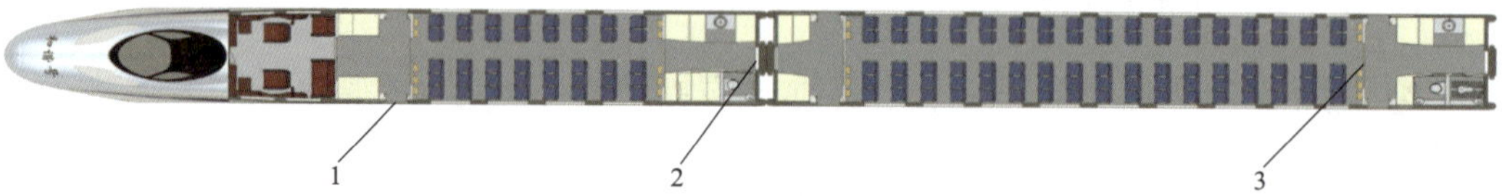

图 4-46　CRH380A 平台动车组车门布置

1—内置式侧拉门;2—风挡门;3—通过台门

内置式侧拉门采用电控、气动多点压紧密封式,主要由承载驱动机构、压紧装置、门扇、下部导向装置、隔离锁装置等组成;具有集控开关门、自动/手动锁闭、隔离、紧急解锁、速度联锁保护等功能,关门指令、开门指令、速度信号等通过硬线传输。

风挡门为手动门，运用中常开，隐藏于车体端墙内，主要作用是意外着火时关闭车门防止火势蔓延，包括门扇、上导轨、下导轨、定位装置等。

通过台门为电动门，主要包括门扇、承载驱动机构、下导轨、前门框组件、红外传感器（按钮开关门板）、隔离锁等，主要作用是实现客室侧与通过台侧的隔离。

3. 座椅

CRH380A 平台动车组包含商务座椅、一等座椅、二等座椅、司机座椅，布置如图 4-47 所示。

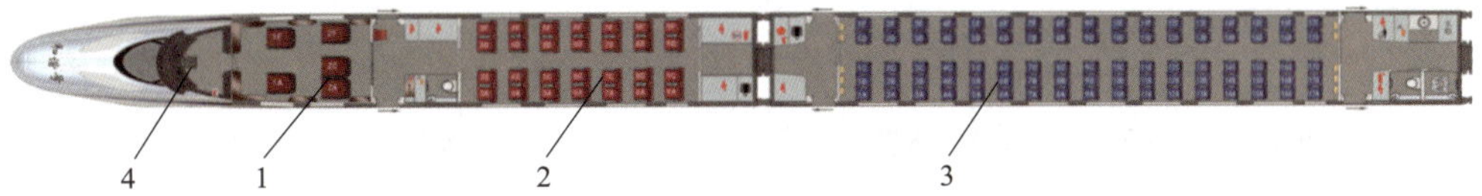

图 4-47 CRH380A 平台动车组座椅布置

1—商务座椅；2——等座椅；3—二等座椅；4—司机座椅

商务座椅由骨架、包裹软垫、私密罩壳、MCU 控制器及运动旋转机构五大部分组成，可实现旅客坐、半躺、平躺的任何一种姿态；同时商务座椅还配有小桌板、电源插座、阅读灯等配套设备。

一等座椅为可旋转座椅，通过预埋座与地板安装，采用 2 + 2 布置形式。座椅设有靠背调节装置、隐藏式小桌板、插座、杂志带、脚踏、衣帽钩等。二等车座椅采用 2 + 3 布置形式，可以 180°旋转，结构功能与一等 2 人座椅相比，坐姿空间尺寸紧凑，不设置脚踏，小桌板设置在座椅后部。

司机室座椅主要有体重调节、座椅前后移动、前升降调节、旋转调节、后升降调节、坐垫前后调节、靠背倾角调节、挺腰调节、扶手倾角调节、头枕高度调节等功能。

4. 内装

内装主要包括侧墙板、客室顶板、平顶板、地板、间壁、地板布、行李架等。内装主要采用玻璃钢、铝板、蜂窝复合板等环保材料，具有良好的防火、阻燃、吸音等性能。

动车组旅客行李可存放在客室行李架、端部大件行李柜。客室行李架位于客室两侧座椅上方，采用半透明的材质作为承载面，可方便乘客观察行李架上方行李，在每车端部设置大件行李柜。

5. 厨房

动车组厨房通常位于列车中部，能够向乘客提供盒饭、开水、咖啡等热的食品；提供水、啤酒等常温饮料。厨房设备有冷冻柜、冷藏柜、冷藏展示柜、微波炉、保温柜、电热开水器等。

第十节 其他车型对比

CRH2A 型动车组与 CRH380A 型动车组相比，车辆的车体结构、转向架、高压牵引系统、制动系统、网络系统、辅助供电系统、驾驶设施等基本一致；由于运营速度差异，车体司机室外形进行了调整；编组形式采用 4M4T、轮周牵引功率变为 5 023 kW；车体气密强度调整为 ±4 000 kPa；轴重调整为 15 t；操控台列控系统显示器采用 LKJ + ATP。

CRH2C 型动车组与 CRH380A 型动车组相比，车辆的编组形式、车体结构、转向架、高压牵引系统、制动系统、网络系统、辅助供电系统、驾驶设施等基本一致；由于运营速度差异，轮周牵引功率为8 541 kW。

复习思考题

1. CRH380A 平台动车组包括哪几种型号？分别为几辆编组车型？
2. CRH380A 型动车组全列分为几个制动单元？具体怎样划分？
3. CRH380A 型动车组紧急制动 EB 触发的条件有哪些？
4. CRH380A 平台动车组网络系统主要的通信方式是什么？
5. CRH380A 平台动车组动车转向架与拖车转向架的主要区别是什么？
6. CRH380A 平台动车组的自动车钩有哪两种形式？
7. CRH380A 平台动车组车下设备舱主要由哪几部分组成？
8. CRH380A 平台动车组高压牵引系统由哪些部件组成？
9. CRH380A 平台动车组辅助供电系统的主要设备有哪些？
10. CRH380A 平台动车组广播与对讲系统的功能及优先级是什么？
11. CRH380A 平台动车组车门有几种，设置于动车组哪些位置？
12. CRH380A 平台动车组空调系统的主要设备有哪些？

第五章

CRH380B平台动车组

学习任务

CRH380B 平台动车组是和谐号系列动车组的典型代表，是中车长春轨道客车股份有限公司与中车唐山机车车辆有限公司在 CRH3C 型动车组基础上联合自主研发的动车组。

本章以 CRH380B 型动车组为典型车型，从总体、车体、转向架、高压牵引系统、制动系统、网络系统、辅助供电系统、驾驶设施、车内设备等主要系统的组成、原理和功能等方面进行阐述，同时将平台内其他型号动车组与 CRH380B 型动车组进行了简单对比。

通过学习，熟悉 CRH380B 平台动车组的概念、基本构成，掌握 CRH380B 平台动车组各系统主要工作原理和功能，提高对 CRH380B 平台动车组各系统技术的理解。

第一节 总 体

一、概 述

CRH380B 平台动车组为动力分散电动车组，包括 CRH3C、CRH380BL、CRH380CL、CRH380B、CRH380BG、CRH3A 等型号。其中 CRH3C、CRH380BL、CRH380CL、CRH380B、CRH380BG 型动车组持续运营速度 350 km/h，最高试验速度 385 km/h；CRH3A 型动车组持续运营速度 250 km/h，最高试验速度 275 km/h；CRH380BL/CL 型动车组为 16 辆编组动车组，其他型号动车组为 8 辆编组动车组。

CRH380B 型动车组为 CRH380B 平台动车组的典型车型，最高运营速度 350 km/h，最高试验速度 385 km/h，可在高速铁路及客运专线上运营，也可在新建 200 km/h 客货共线铁路上以线路允许速度运营，还可以在既有线电气化区段上运行。

CRH380B 型动车组外形采用流线型设计，如图 5-1 所示。动车组两端为对称设计，两端均设有司机室，便于列车双向驾驶。

图 5-1 CRH380B 型动车组

二、平面布置

1. 平面布置

CRH380B 型动车组按座椅布置的不同可分为一等座车、二等座车、带残疾人卫生间二等座车和餐车。一等座车客室座椅采用 2+2 布置，二等座车客室座椅采用 2+3 布置，商务座车客室座椅采用 1+2 布置，其中 04 车设有轮椅存放区和无障碍卫生间。CRH380B 型动车组平面布置如图 5-2 所示。

2. 车下设备布置

CRH380B 型动车组车下布置有牵引变流器、牵引变压器、制动控制单元、风缸、污水箱、充电机、蓄电池等设备，如图 5-3 所示。

3. 车顶设备布置

CRH380B 型动车组车顶布置有天线、空调、受电弓、避雷器等设备，如图 5-4 所示。为减少列车高速运行下车外噪声，在受电弓、空调侧面设置导流器。

三、主要技术参数

CRH380B 型动车组主要技术参数见表 5-1。

表 5-1 CRH380B 型动车组主要技术参数

项 点	参 数	项 点	参 数
车体总长(m)	约 200	车体最大高度(mm)	3 890
最高试验速度(km/h)	385	最大制动距离(m)	6 500
车辆固定轴距(mm)	2 500	车轮踏面类型	LMB
自动车钩中心高度(mm)	1 000	轮周牵引总功率(kW)	9 200
受电弓落弓高度(mm)	4 360	车组通过最小曲线半径(m)	250
蓄电池电压(V)	DC 110	重联时双弓间距(m)	199.3
车体最大宽度(mm)	3 257	环境温度(℃)	-25~40
适应站台高度(mm)	1 250	车体材质	铝合金
最高运营速度(km/h)	350	全列载重(t)	47
新轮直径(mm)	920	转向架中心距离(mm)	17 375
中间车钩中心高度(mm)	895	最大轴重(t)	17
受电弓高度(mm)	4 960~6 760	车组通过最小 S 形曲线半径(m)	180+10+180
外接电源电压(V)	AC 380	正常运行网压(kV)	25~29
编组方式	4 动 4 拖	ATP 型号	CTCS-3

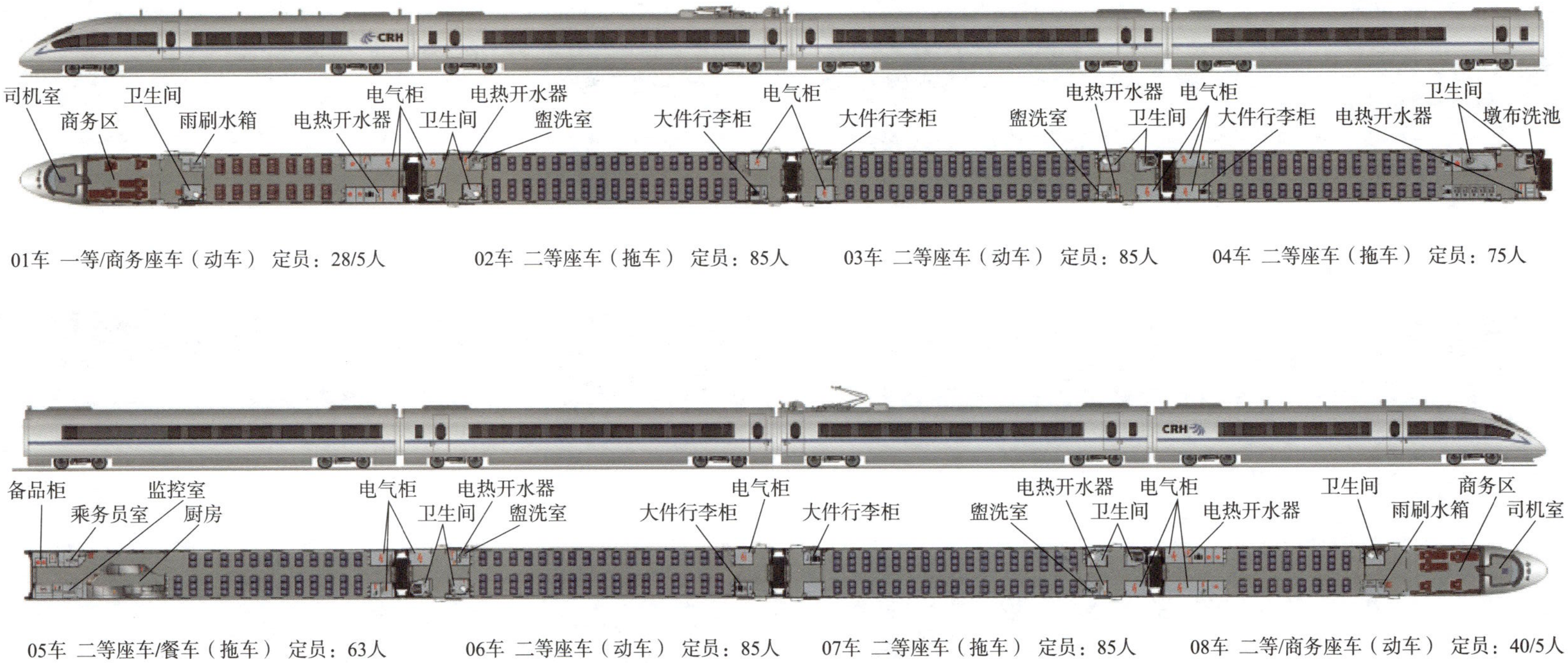

总定员：556人（商务座10人，一等座28人，二等座518人）								
车　号	01	02	03	04	05	06	07	08
等　级	一等/商务	二等	二等	二等	二等	二等	二等	二等/商务
定员（人）	28/5	85	85	75	63	85	85	40/5

图 5-2　CRH380B 型动车组平面布置

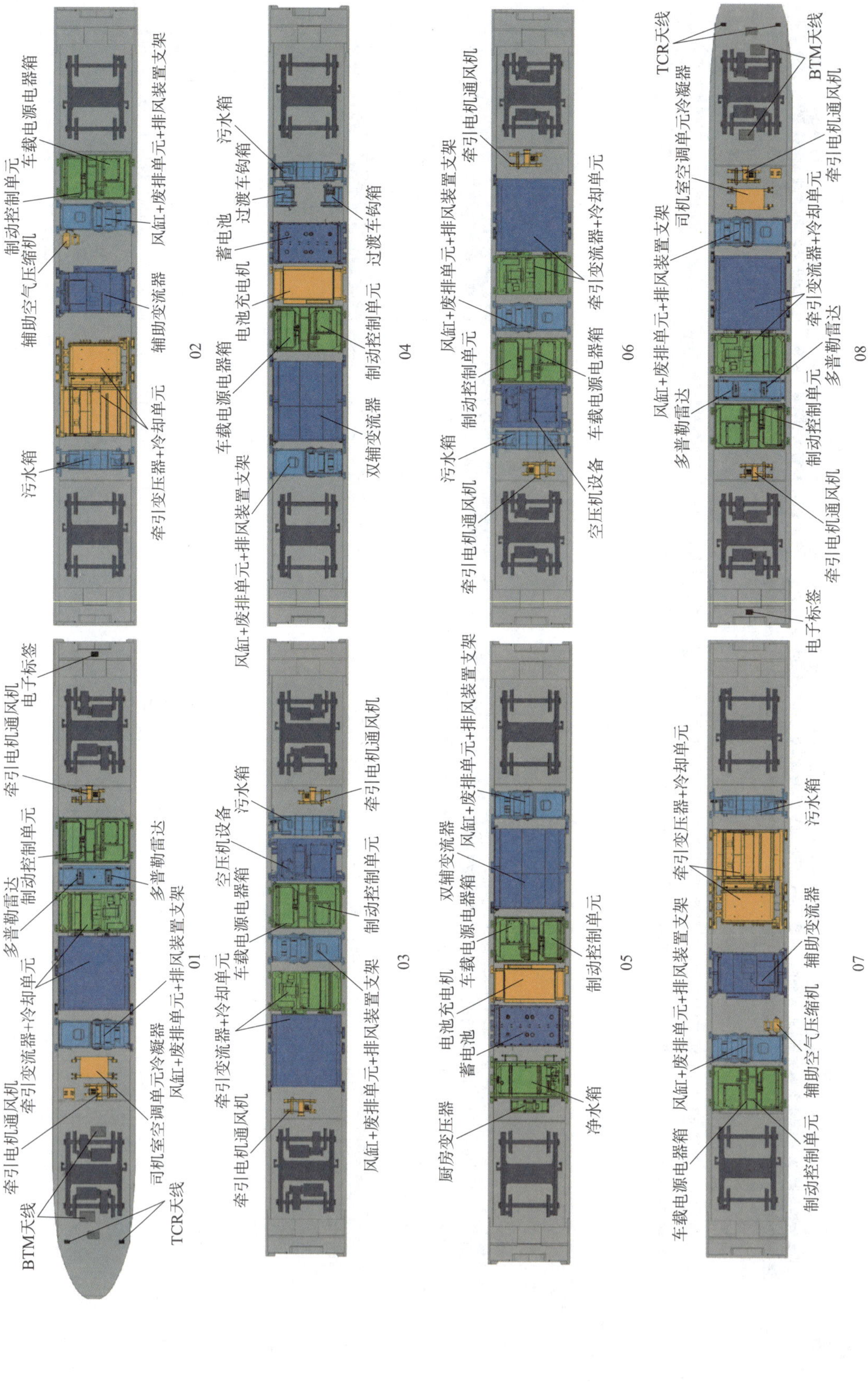

图 5-3 CRH380B 型动车组车下设备布置

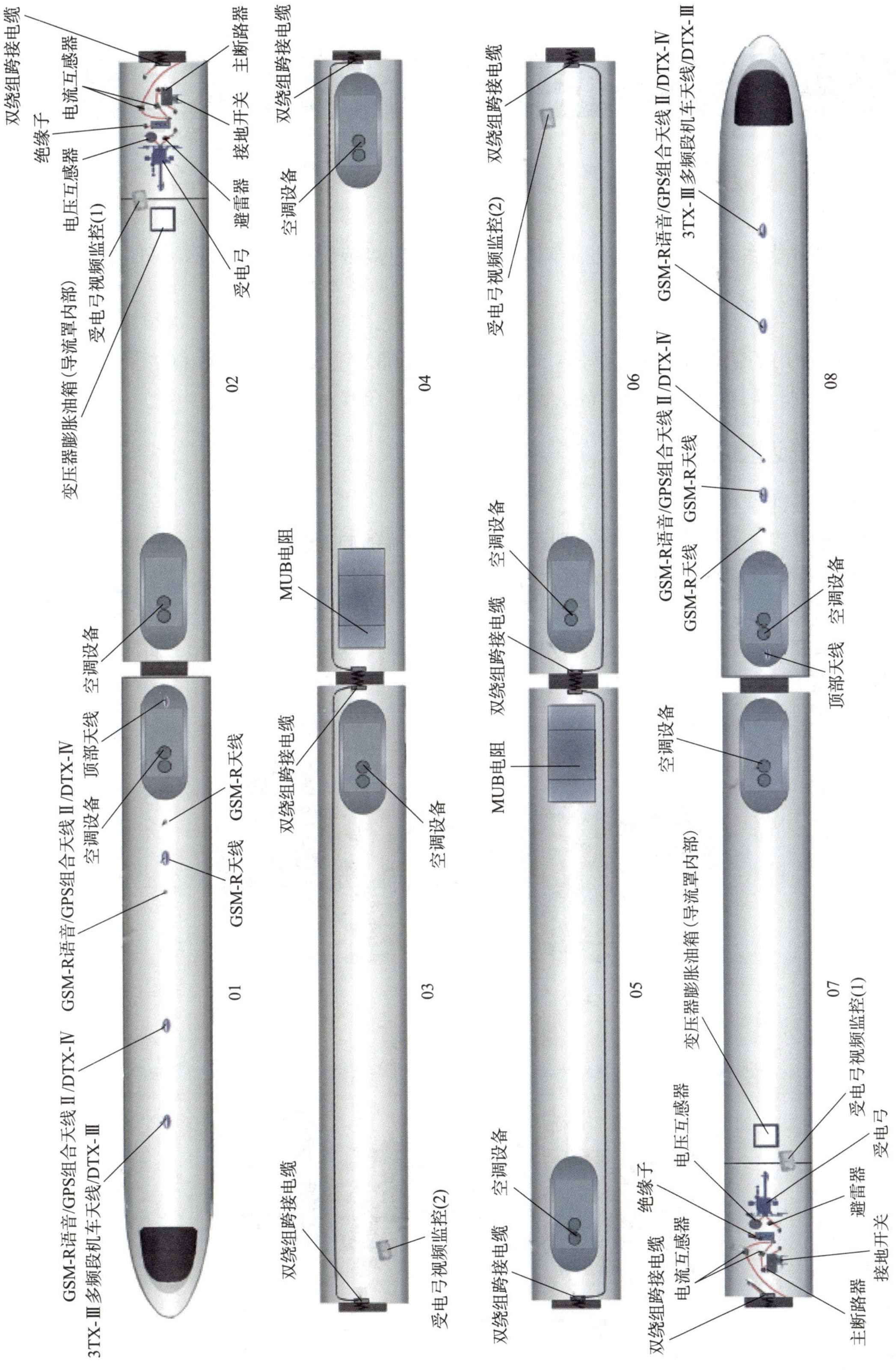

图 5-4　CR380B 型动车组车顶设备布置

第二节 车　　体

一、组　　成

CRH380B 平台动车组车体包括车体结构、车端连接装置、设备舱、前端开闭机构等。

二、车体结构

车体所使用的铝合金主要牌号有 5083、6005A、6082；头车长度为 25 697.5 mm，中间车长度为 24 500 mm，宽度为 3 257 mm，距轨面高度为 3 890 mm。

三、车端连接装置

1. 车钩缓冲装置

车钩缓冲装置主要分为三种，即用于动车组两端的自动车钩、用于动车组车辆之间的中间车钩以及紧急情况下用于动车组救援使用的过渡车钩。

（1）自动车钩

CRH380B 型动车组自动车钩为连杆式全自动车钩，包括机械车钩、电气车钩、车钩牵引杆、缓冲装置、安装座等部件，如图 5-5 所示。车钩牵引杆设有伸缩装置，车钩可向前伸出 200 mm，伸出状态如图 5-6 所示。

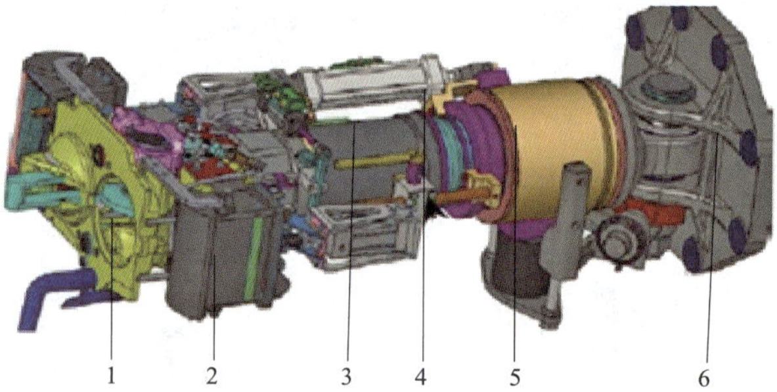

图 5-5　自动车钩

1—机械车钩；2—电气车钩；3—车钩牵引杆；4—伸缩装置；5—缓冲装置；6—安装座

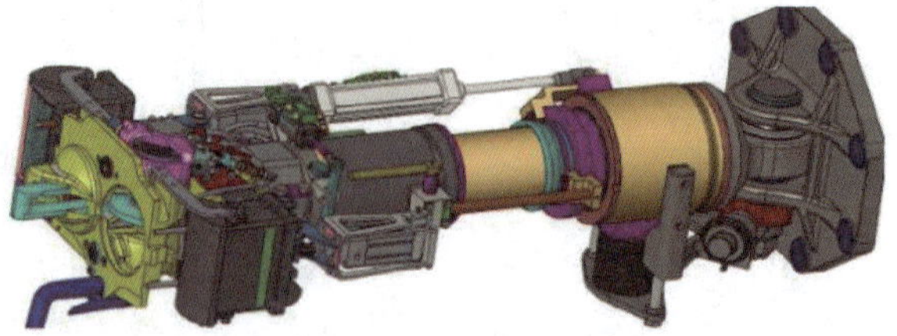

图 5-6　自动车钩（伸出状态）

(2)中间车钩

中间车钩采用半永久车钩,包括带缓冲装置的半永久车钩和无缓冲装置的半永久车钩,两半永久车钩通过卡环连接在一起。车钩由牵引杆、缓冲装置、安装座、风管连接器、接地线等组成,如图 5-7 所示。

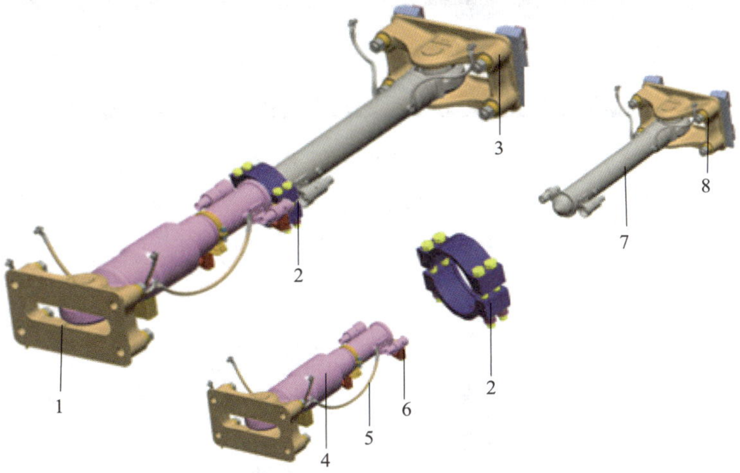

图 5-7　中间车钩

1—带缓冲装置的半永久车钩;2—卡环;3—半永久车钩;4—缓冲装置;
5—接电线;6—风管连接器;7—牵引杆;8—安装座

(3)过渡车钩

在动车组无火回送和救援工况,需使用动车组配备的过渡车钩连挂。

2. 风挡

(1)内风挡

内风挡采用结构简单具有足够刚度和阻尼的大尺寸双层折棚风挡,主要由双层折棚、渡板、踏板、接地电缆等部件组成。

(2)外风挡

外风挡由框架、胶囊、紧固件等组成,包括左侧外风挡、上部外风挡、右侧外风挡。

3. 电气连接

电气连接主要采用车辆间电缆形式,其主要的分布情况为:25 kV 高压连接在车顶通过螺旋形双绕组电缆;牵引供电和辅助供电通过终端箱电缆连接;控制与通信连接由专用电缆通过连接器连接。

4. 空气管路连接

车端空气管路连接分为自动车钩压缩空气连接和半永久车钩压缩空气连接两部分。

四、设 备 舱

CRH380B 型动车组设备舱属于非承载结构,由裙板、底板、支架等组成,与车体底架隔墙形成一个密闭型舱体,将车下设备置于其中,如图 5-8 所示。裙板位于设备舱两侧,分为活动裙板和固定裙板,活动裙板可用四角钥匙开启和锁闭。设备舱底板采用上下面铝板、中间铝蜂窝夹层结构,通过紧固件安装在支架上,设备舱支架由铝型材组焊而成。

图 5-8 设备舱

1—裙板;2—底板;3—支架

五、前端开闭机构

每辆头车设有前端开闭机构,主要由舱门、机械结构、锁闭机构、玻璃钢前端等组成。前端开闭机构关闭和打开状态如图 5-9 所示。

(a) 关闭状态

(b) 打开状态

图 5-9 前端开闭机构

第三节 转 向 架

一、组 成

CRH380B 平台动车组转向架分为动力转向架和非动力转向架两种类型。两种转向架不可互换,但其结构型式基本一致,主要区别为动力转向架有 2 根动力轴,动力轴上装有两个制动轮盘和一组齿轮箱;非动力转向架有 2 根非动力轴,非动力轴上装有三个制动轴盘;动力转向架比非动力转向架多一套传动装置。CRH380B 型动车组转向架结构如图 5-10 所示。

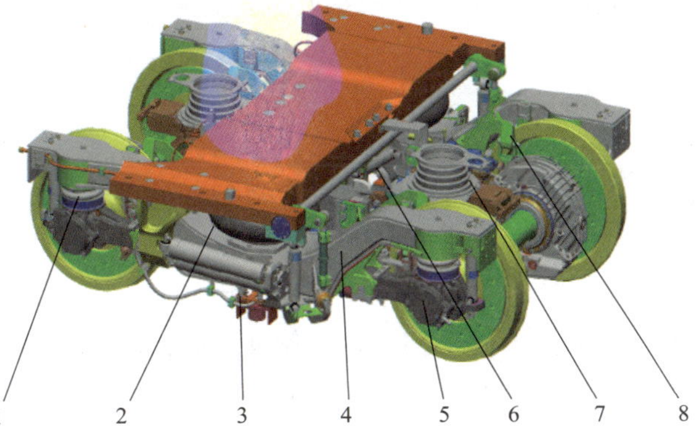

(a) 动车转向架

1—一系悬挂;2—二系悬挂;3—轴端及辅助设备;4—构架;
5—轮对轴箱装置;6—中央牵引;7—传动装置;8—基础制动

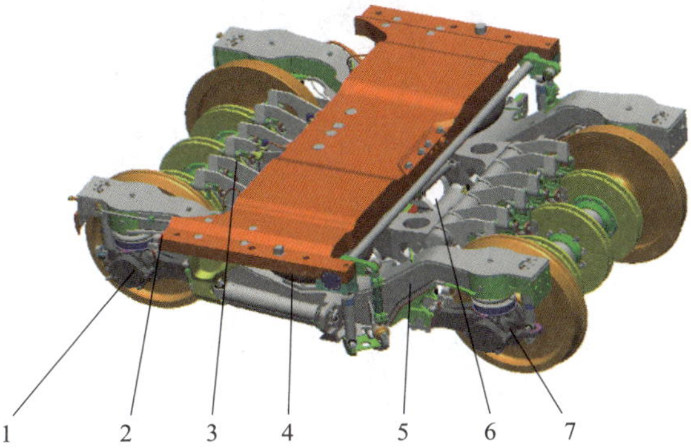

(b) 拖车转向架

1—轮对轴箱装置;2—一系悬挂;3—构架;4—二系悬挂;
5—中央牵引;6—基础制动;7—轴端及辅助设备

图 5-10　CRH380B 型动车组转向架

二、轮对轴箱装置

1. 轮对组成

CRH380B 型动车组轮对组成分为动力轮对和非动力轮对。动力轮对安装在动力转向架上;非动力轮对安装在非动力转向架上。动力轮对和非动力轮对的主要区别在于车轴的齿轮座和制动盘座处不同。动力轮对车轴有用于安装齿轮的座而没有安装制动盘的座,轮对上安装有一个齿轮箱组成和两个轮装制动盘,非动力轮对车轴有用于安装制动盘的座而无安装齿轮的座,车轴上安装有三个轴装制动盘。车轮材料牌号为 ER8,踏面型式为 LMB,新轮直径 920 mm,其中动车磨耗到限直径 830 mm,拖车磨耗到限直径 860 mm。车轴材质牌号为 EA4T,采用空心车轴,车轴中心孔为 30 mm。

2. 轴箱定位装置

轴箱由球墨铸铁制成,为分体式设计,上半部分与定位转臂为一体,其下部可分离以便更换轮对,轴箱上安装有轴温传感器,部分轴端安装有速度传感器。

三、一系悬挂

CRH380B 型动车组一系悬挂装置采用转臂式轴箱定位结构。一系悬挂系统由一组旋向相反的双卷螺旋钢弹簧、一系垂向减振器和定位装置组成。箱体与构架间的连接通过带金属橡胶节点的转臂实现。定位弹性节点主要由弹性定位套、定位轴、金属套等组成,当轮对轴箱相对于构架在纵、横向产生位移时,弹性定位套中的橡胶层发生变形,从而起到弹性定位作用。轴箱与构架弹簧筒之间设置双圈螺旋钢弹簧,弹簧下部设置橡胶叠层弹簧,轴箱体前端与构架间设置垂向减振器以吸收车辆振动能量。一系悬挂系统结构如图 5-11 所示。

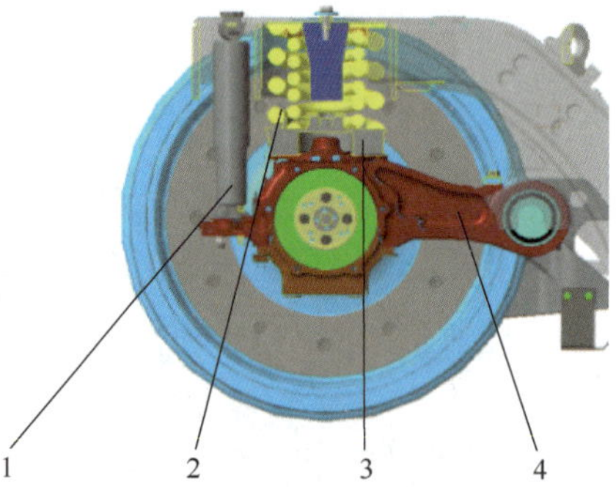

图 5-11　CRH380B 型动车组转向架一系悬挂

1—垂向减振器;2—螺旋钢弹簧组;3—橡胶叠层弹簧;4—轴箱

四、构　　架

CRH380B 型动车组转向架构架分为动车构架和拖车构架,具有完全相同的侧梁组成和横梁主体结构。动车转向架和拖车转向架构架均由两个侧梁、两个横梁和两个纵向梁组成,呈双 H 形结构,如图 5-12 所示。侧梁组成采用钢板焊接成箱型结构,横梁采用无缝钢管,横梁、侧梁和纵向梁焊接有各种安装座。

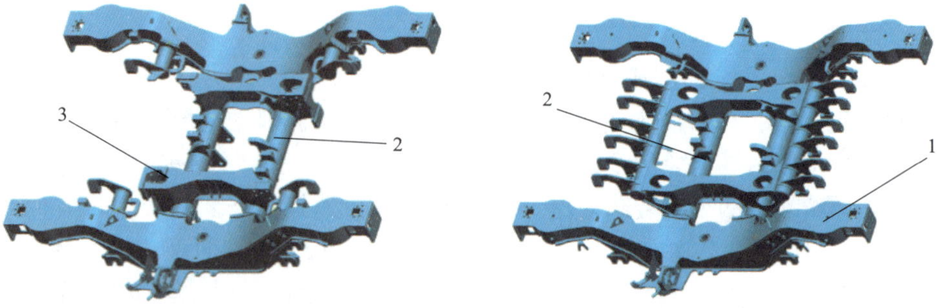

(a) 动车构架　　(b) 拖车构架

图 5-12　CRH380B 型动车组转向架构架

1—侧梁;2—横梁;3—纵向梁

五、二系悬挂及中央牵引

CRH380B 型动车组转向架二系悬挂及中央牵引装置主要由枕梁、空气弹簧、横向缓冲止挡、牵引梁、牵引中心销、抗侧滚扭杆装置、牵引拉杆、横向油压减振器、垂向油压减振器、高度控制阀、安全阀及供风管路等组成。每个转向架上的两个空气弹簧坐落在侧梁上，空气弹簧上设有枕梁，枕梁采用铸造结构，枕梁与构架间牵引装置采用 Z 形双牵引拉杆。每个转向架有一套抗侧滚扭杆装置、两个横向减振器、两个垂向油压减振器以及四个抗蛇行减振器。二系悬挂及中央牵引如图 5-13 所示。

图 5-13　CRH380B 型动车组转向架二系悬挂及中央牵引

六、传动装置

CRH380B 型动车组传动装置中牵引电机通过电机吊架和板弹簧与构架连接，实现弹性吊挂，齿轮箱箱体采用 C 型支架连接至构架。传动装置如图 5-14 所示。

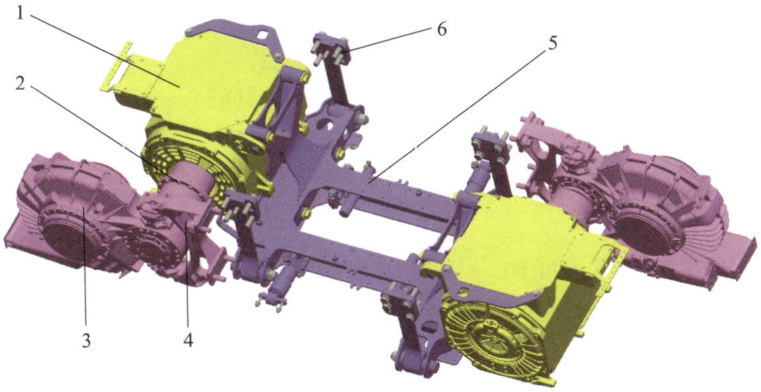

图 5-14　CRH380B 型动车组转向架传动装置

1—牵引电机；2—联轴节；3—齿轮箱；4—齿轮箱 C 型支架；5—电机吊架；6—板弹簧

七、基础制动

CRH380B 型动车组转向架基础制动装置包括动力转向架的轮盘制动和非动力转向架

的轴盘制动。动车车轴设置2套轮装制动盘,制动盘直径为750 mm;拖车车轴设置3套轴装制动盘,制动盘直径为640 mm。拖车车轴设置停放制动功能,以实现动车组在坡道上安全停放。

八、轴端及辅助设备

动车组转向架在轴端、构架、齿轮箱等零部件上设置有信号、接地、速度监测、温度监测、失稳检测、轮缘润滑、撒砂和排障等设备或装置,用以满足动车组高速运行中功能状态和安全监测的需求。

第四节 高压牵引系统

一、主电路拓扑

CRH380B平台动车组主电路拓扑结构如图5-15所示。

二、动车组高压设备

CRH380B型动车组高压设备包括受电弓、带接地开关的真空断路器、车顶隔离开关、电压互感器、电流互感器,避雷器等,安装于02、07车车顶,如图5-16所示。

1. 受电弓

CRH380B型动车组采用CX018型主动控制单碳滑板受电弓,正常运行时,动车组升单弓运行,且优先升后弓。受电弓额定电流1 000 A,工作高度300 ~ 2 400 mm,静态接触力(70 ± 10) N。

2. 真空断路器

CRH380B型动车组采用BVAC N99型真空断路器,通过压缩空气驱动,主要由高压电路、绝缘支撑、电空机械动作机构、低压控制电路和接地开关组成,如图5-17所示。真空断路器额定电压AC 31.5 kV,额定电流1 000 A。

3. 避雷器

CRH380B型动车组采用无间隙金属氧化物避雷器,由氧化锌电阻片和硅橡胶外套组成,避雷器额定电压AC 37 kV,标准放电电流10 kA。避雷器如图5-18所示。

4. 高压互感器

CRH380B型动车组高压互感器包括电流互感器和电压互感器。电流互感器按照测量电流不同,分为网流电流互感器、变压器输入电流互感器和变压器接地电流互感器。电压互感器一次侧和二次侧额定电压比为25 kV:150 V,网流电流互感器额定变比为500 A:1 A,变压器电流互感器额定变比为250 A:1 A。电压互感器如图5-19所示,电流互感器如图5-20所示。

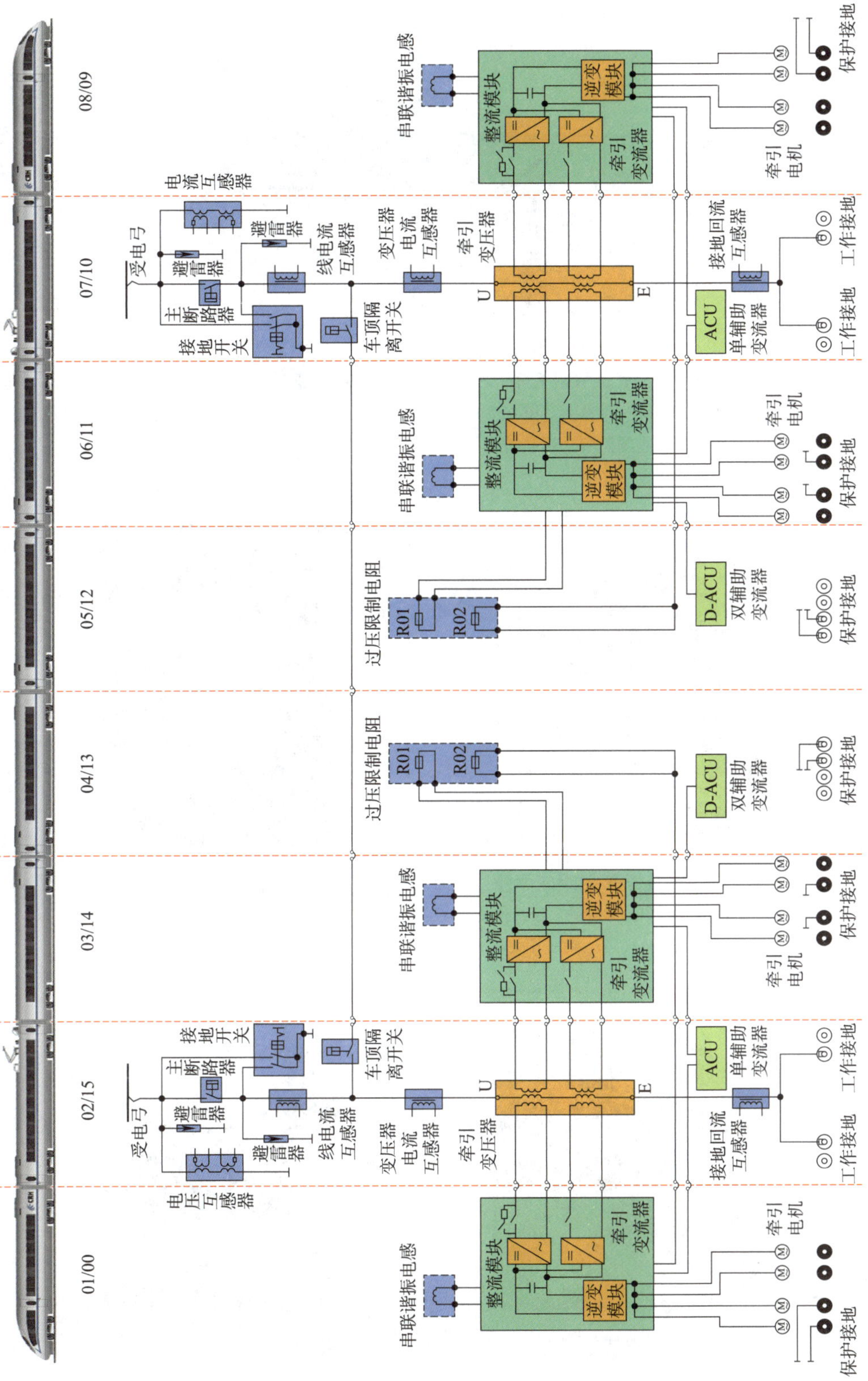

图 5-15　CRH380B 平台动车组主电路拓扑结构

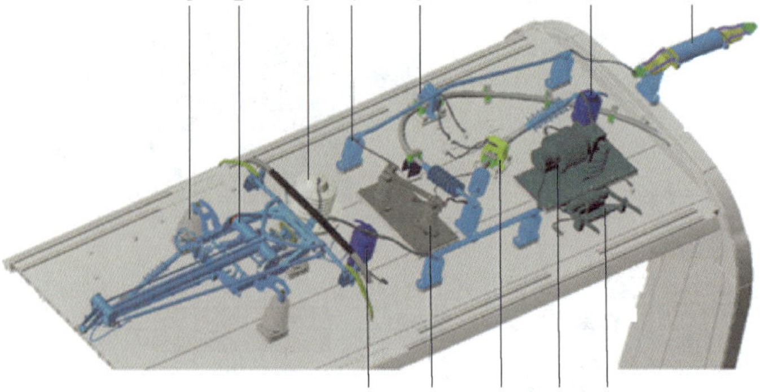

图 5-16　CRH380B 型动车组高压设备

1—绝缘子；2—受电弓；3—电压互感器；4—绝缘子；5—电流互感器；6—避雷器；7—高压电缆；8—接地开关；9—真空断路器；10—电流互感器；11—隔离开关；12—避雷器

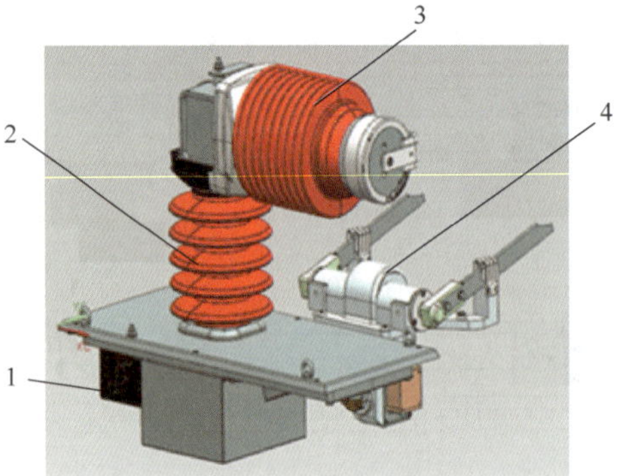

图 5-17　真空断路器组成示意

1—电空机械动作机构和低压控制部分；2—绝缘子；3—高压回路；4—高压接地开关

图 5-18　避雷器

图 5-19　电压互感器

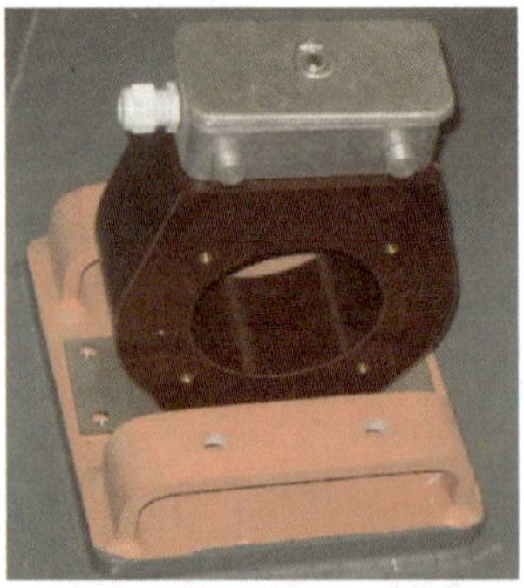

图 5-20　电流互感器

5. 高压隔离开关

CRH380B 型动车组高压隔离开关主要由隔离闸刀、支撑绝缘子、转动绝缘子、传动机构等组成，如图 5-21 所示。传动机构位于安装底板的下部，由传动气缸及活塞、电磁阀等组成。当电磁阀得电时，传动气缸活塞在气缸内移动，推动转动绝缘子转动，使隔离刀闸离开或投入静触点（簧片），达到隔离或接通高压回路的目的。

图 5-21　高压隔离开关结构

1—支撑绝缘子；2—静触点（簧片）；3—隔离闸刀；4—转动绝缘子

三、牵引变压器

CRH380B 型动车组每个基本动力单元有 1 台牵引变压器，变压器容量为 5 848 kV·A。

牵引变压器为芯式变压器，主要由冷却电机、冷却单元、油泵、温度传感器、油位指示器、干燥器、膨胀油箱、低压端子、高压端子、温度传感器、压力释放阀、油流继电器组成，如图 5-22 所示。

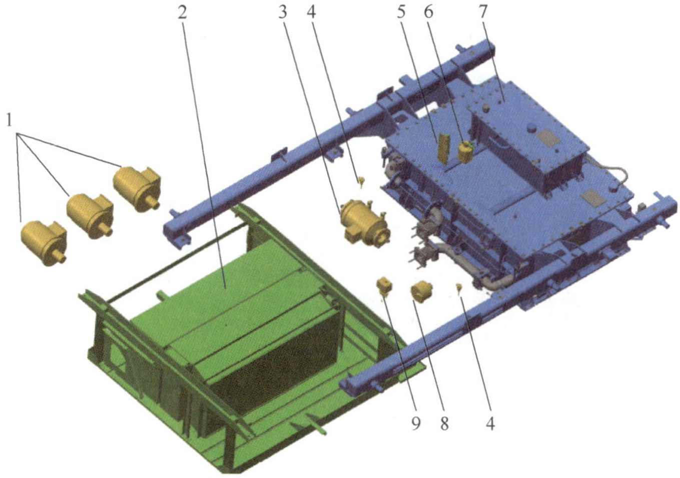

图 5-22　牵引变压器结构

1—冷却风机；2—冷却单元；3—油泵；4—温度传感器；5—油位指示器；
6—干燥器；7—膨胀油箱；8—压力释放阀；9—油流继电器

牵引变压器的膨胀油箱安装在 02、07 车的车顶，用于补偿因温度变化而产生的冷却油剂量的变化，膨胀油箱设有干燥器和油位指示器。

四、牵引变流器

CRH380B 型动车组每个基本动力单元有 2 台牵引变流器，每个动力车均设置 1 台，驱动 4 台牵引电机，单台牵引变流器输出牵引功率为 2 420 kW。

CRH380B 型动车组牵引变流器主要由牵引控制单元、功率模块、谐振电路电容、短路模块、中间电路电容、风机、接触器等部件构成，如图 5-23 所示。

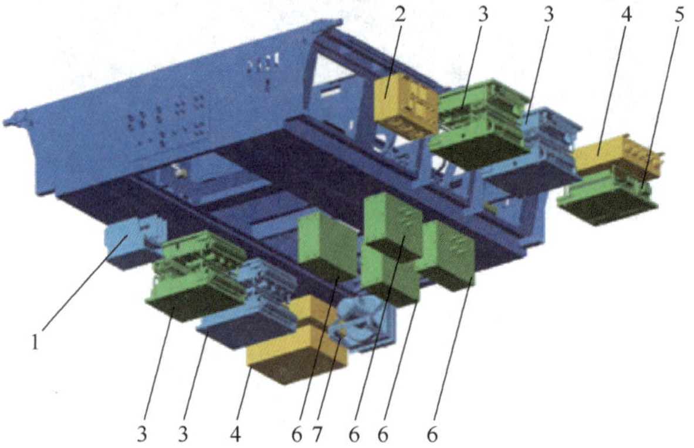

图 5-23　牵引变流器结构

1—接触器；2—牵引控制单元；3—功率模块；4—谐振电路电容；
5—短路模块；6—中间电路电容；7—风机

五、牵引电机

CRH380B 型动车组采用三相异步感应电机，额定功率 587 kW，其组成如图 5-24 所示。

图 5-24　牵引电机结构

1—传感器；2—测速齿轮；3—轴承盖；4—非传动端端盖；5—接线盒；
6—定子；7—盖板；8—转子；9—传动端盖；10—轴承；11—轴承盖；12—外封环

第五节 制动系统

CRH380B 平台动车组除直通式空气制动系统外，还设置有备用的自动式空气制动系统，通过备用制动实现动车组的回送与救援。

一、制动系统组成

制动系统由供风系统、制动控制装置、基础制动装置和撒砂装置等组成，如图 5-25 所示。

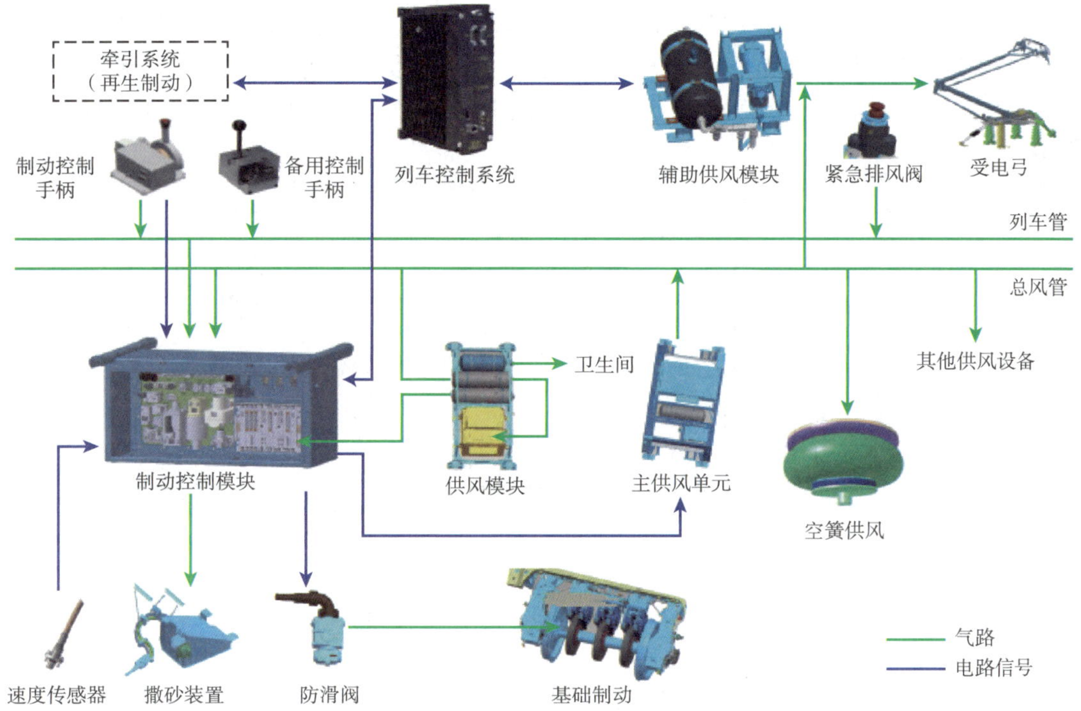

图 5-25 制动系统组成

1. 供风系统

供风系统主要包括主供风单元和辅助供风单元。

动车组全列设置 2 套主供风单元，每套供风单元主要包括电动空气压缩机单元、双塔式空气干燥装置、具有防冻功能的冷凝水收集器、微孔滤油器及有关的辅助设备等。主供风系统为制动系统及其他用风设备提供清洁、干燥的压缩空气，每套空气排量为 1 300 L/min，制动控制系统控制主供风单元的启动和停止，使全列总风压力维持在 850 ~ 1 000 kPa 之间。电动空气压缩机单元主要由空气压缩机、电机、电气系统、弹性装配装置、监控和安全装置、空气过滤器和其他部件构成。此外,压缩机也包括过滤、调节、监控油和空气循环系统的部件。压缩机单元是一个独立的模块化装置,通过弹性连接安装到车上。电动压缩机组为非连续工作,由车载压力控制器控制,当风压低于 850 kPa 时启动,超过 1 000 kPa 时关闭。

在有受电弓的车辆设置辅助供风单元,辅助空压机供风单元包含一个由 DC 110 V 电机驱动的单级压缩机。当总风缸管不能提供压缩空气时,由辅助压缩机单元向受电弓、主断路器和隔离开关执行装置提供所需的空气压力。

2. 制动控制装置

制动控制装置由电子制动控制单元(EBCU)和气动制动控制单元(PBCU)组成。直通电空制动系统是由电子制动控制单元来控制:电子制动控制单元接收并解读来自牵引/制动控制手柄和信号系统的制动指令,然后发出电信号控制气动制动控制单元。

直通电空制动系统的压缩空气从总风管经止回阀流至制动风缸;当总风压力不足时,止回阀可确保制动风缸内有足够的空气压力。制动风缸为空气制动控制单元提供风源,空气制动控制单元负责空气制动的控制。直通电空制动系统原理如图 5-26 所示。

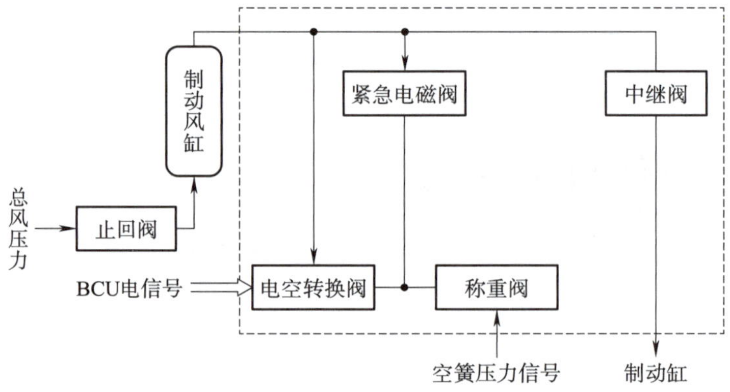

图 5-26 直通电空制动系统原理

在空气制动控制单元内,电空转换阀将来自电子制动控制单元的电信号转换成相应的预控制空气压力。常用制动时,紧急电磁阀失电关闭,从电空转换阀来的压缩空气经空重阀进入中继阀,经过中继阀流量放大后,输出的压缩空气充入制动缸。空重阀可根据载重情况,限制中继阀预控压力的设定值,在制动缸压力控制电路出现故障时保护转向架设备。

紧急制动安全回路断开,紧急电磁阀得电打开,从制动风缸来的压缩空气经紧急电磁阀进入空重阀和中继阀,施加与载荷相应的紧急制动压力;此时,如电子制动控制单元处于正常工作状态,可同时控制电空转换阀产生紧急制动压力。紧急制动指令同时也发送给备用的自动空气制动系统:制动管的压缩空气也通过一个紧急排风阀迅速排空,继而触发分配阀产生紧急制动动作。

3. 基础制动装置

基础制动装置是将制动控制装置输出的空气压力转换为闸片和制动盘间的摩擦制动力,将列车的动能转化为热能,使列车减速或停车。基础制动装置主要由制动盘、制动夹钳和闸片等组成,安装在每辆车的转向架上。基础制动装置介绍具体见转向架相关章节。

二、功　　能

制动系统具有常用制动、紧急制动、停放制动、防滑控制、撒砂控制和备用制动等功能。

第六节　网络系统

CRH380B 平台动车组网络系统采用两级拓扑结构,牵引单元之间采用 WTB 总线,牵引单元内部采用 MVB 总线进行通信,具备控制、监视、诊断功能,未布设全列以太网维护网。

一、网络系统拓扑

CRH380B 平台动车组网络系统拓扑结构如图 5-27 所示,具有控制、监视、诊断等功能。其中,监控包含烟火报警系统、失稳监测系统、温度监测系统等。

CRH380B 平台网络系统采用两级总线式拓扑结构,分为列车级总线 WTB 和车辆级总线 MVB,列车级和车辆级数据转换采用 WTB/MVB 网关,WTB/MVB 网关集成在 CCU 机箱中。

WTB/MVB 网关分别安装于两个头车,网关间使用 WTB 总线相连接,用于传输牵引制动指令、方向信号、速度级位模式等列车级信号;网关与 CCU 之间使用 MVB 总线相连接,CCU 与子系统设备间使用 MVB 总线相连接。

具备 MVB 接口的设备可直接通过 MVB 接口直接连接至车辆总线 MVB,与 CCU 进行通信,连接到车辆总线(MVB)上的各子系统控制单元主要包括:牵引控制单元、制动控制单元、辅助控制单元、空调控制单元、门控单元、充电机控制单元、旅客信息系统等。

不具备 MVB 接口的设备或部件可通过输入输出模块与列车网络进行数据交互,输入输出模块具备采集数字量与模拟量的功能,并将采集信息传输至列车网络,同时接受列车网络控制命令,施加控制命令。

二、网络系统冗余性

CRH380B 平台动车组具有较为完善的冗余方式,较大程度地提高了系统的可靠性和可用性,冗余实现方式包括:线路通道冗余、重要输入输出设备冗余、中央控制单元冗余切换、人机接口显示设备冗余等。

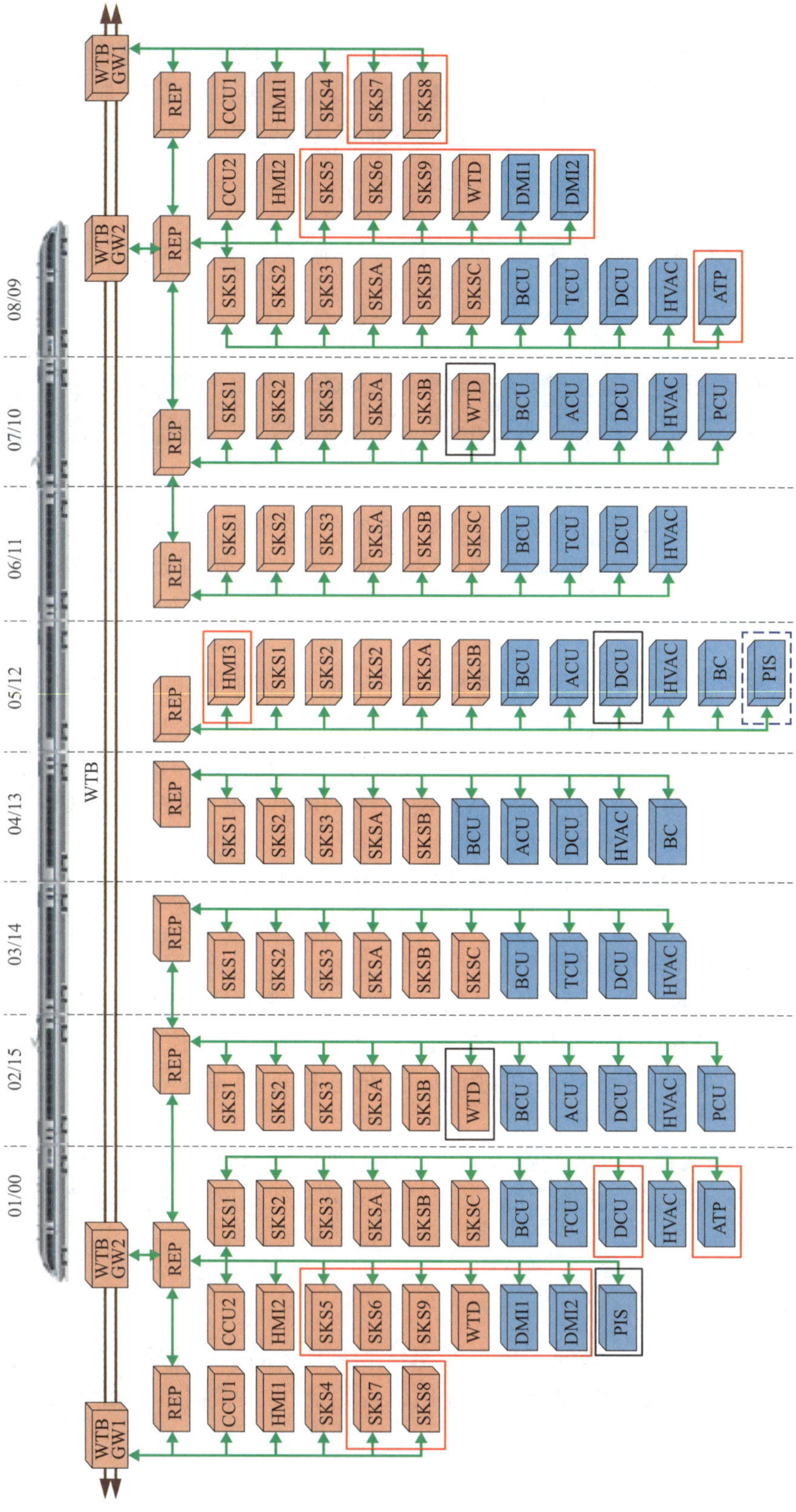

WTB GW	网关	BCU	制动控制单元	REP	MVB中继器	ATP	列车自动保护系统
WTB	列车级总线	TCU	牵引控制单元	WTD	无线传输装置	DMI	ATP显示单元
MVB	车辆级总线	ACU	辅助控制单元	PIS	旅客信息系统	SKS1~2/4~5	KLIP站输入输出模块
CCU	中央控制单元	DCU	门控制器	BC	充电机控制单元	SKS3/6~9	Compact I/O模块
HMI	人机接口单元	HVAC	空调控制单元	PCU	受电弓控制单元	SKSA-C	Compact Pt 100模块

网络设备
各子系统控制器
WTB
MVB
仅8辆编组配备
仅16辆编组BC05、TC07、BC09、TC10、SC13车配备
仅16辆编组IC08、BC09、SC13车未配备

图 5-27 CRH380B 平台动车组网络系统拓扑结构

第七节　辅助供电系统

辅助供电系统分为辅助交流供电系统和辅助直流供电系统。辅助交流供电系统主要由辅助变流器、单相逆变器、母线等设备组成，为空气压缩机、牵引系统冷却通风机、油泵/水泵电机、空调系统等设备供电。辅助直流供电系统主要由充电机、蓄电池等组成，为照明系统、列车网络系统、旅客信息系统等设备供电。

一、辅助交流供电系统

CRH380B 型动车组辅助变流器由牵引变流器中间直流环节供电，辅助供电交流系统采用母线并联供电方式，向整列动车组输出 3AC 440 V/60 Hz 电源。整列车交流供电母线分为三段，01、02、03 车为第一段，04、05 车为第二段，06、07、08 车为第三段，当某段供电母线发生故障，可以通过断开双辅助变流器箱中的接触器隔离故障母线分段的供电。

动车组共设置 6 台辅助变流器，每台 160 kV·A，全列车共 960 kV·A，其中 02、07 车为单辅助变流器，04、05 车为双辅助变流器。每辆车设置 1 台单相隔离变压器，将 AC 440 V/60 Hz 降压为 230 V/60 Hz，向本车的电加热等交流负载供电。每辆车设置 1 台单相逆变器，将 DC 110 V 逆变成 230 V/50 Hz 单相交流电，向本车客室插座等供电。辅助交流供电系统构成如图 5-28 所示。

辅助变流器的输入采用扩展供电方式，以半列车为例，TC02 车辅助变流器正常由 EC01 车牵引变流器供电，BC04 车辅助变流器由 IC03 车牵引变流器供电，如果 EC01 车牵引变流器故障，则 TC02 车的辅助变流器会扩展成由 IC03 车牵引变流器供电。

双辅助变流器有 2 个输出单元，单辅助变流器有 1 个输出单元。当 1 个单元发生故障时，剩余功率可满足全列最大负荷要求；当 2 个单元发生故障时，主采暖负载减少到 1/2，空调负载减少到 1/2；当 3 个及以上单元发生故障时，会切除部分牵引系统冷却功能，切除部分充电机功率。

双辅助变流器上设置 1 个外接电源插座，可由外部 3AC 380 V/50 Hz 电源为 3AC 440 V/60 Hz 干线供电，外接电源主要为停车时的充电机、空调及加热系统供电。

二、辅助直流供电系统

辅助直流供电系统由 3AC 440 V/60 Hz 供电母线提供，在 04、05 车分别配置了 1 台充电机和 2 台蓄电池。通过充电机将三相交流电转换为 DC 110 V 为蓄电池组充电，同时也为全列直流设备供电。动车组设置 4 组蓄电池，满足应急情况下紧急通风、列车无线通信设备及其他直流负载用电需求。

DC 110 V 母线分为 BN1、BN2 和 BD 三个供电回路。BN1 供电回路为中央控制单元（CCU1）、各系统控制设备等负载供电，BN2 供电回路为中央控制单元（CCU2）、各系统控制的冗余部分等负载供电。BD 供电回路由蓄电池供电，为停放制动安全环路、列车无线电、应急照明等重要负载供电。

CRH380B 型动车组辅助直流供电系统构成如图 5-29 所示。

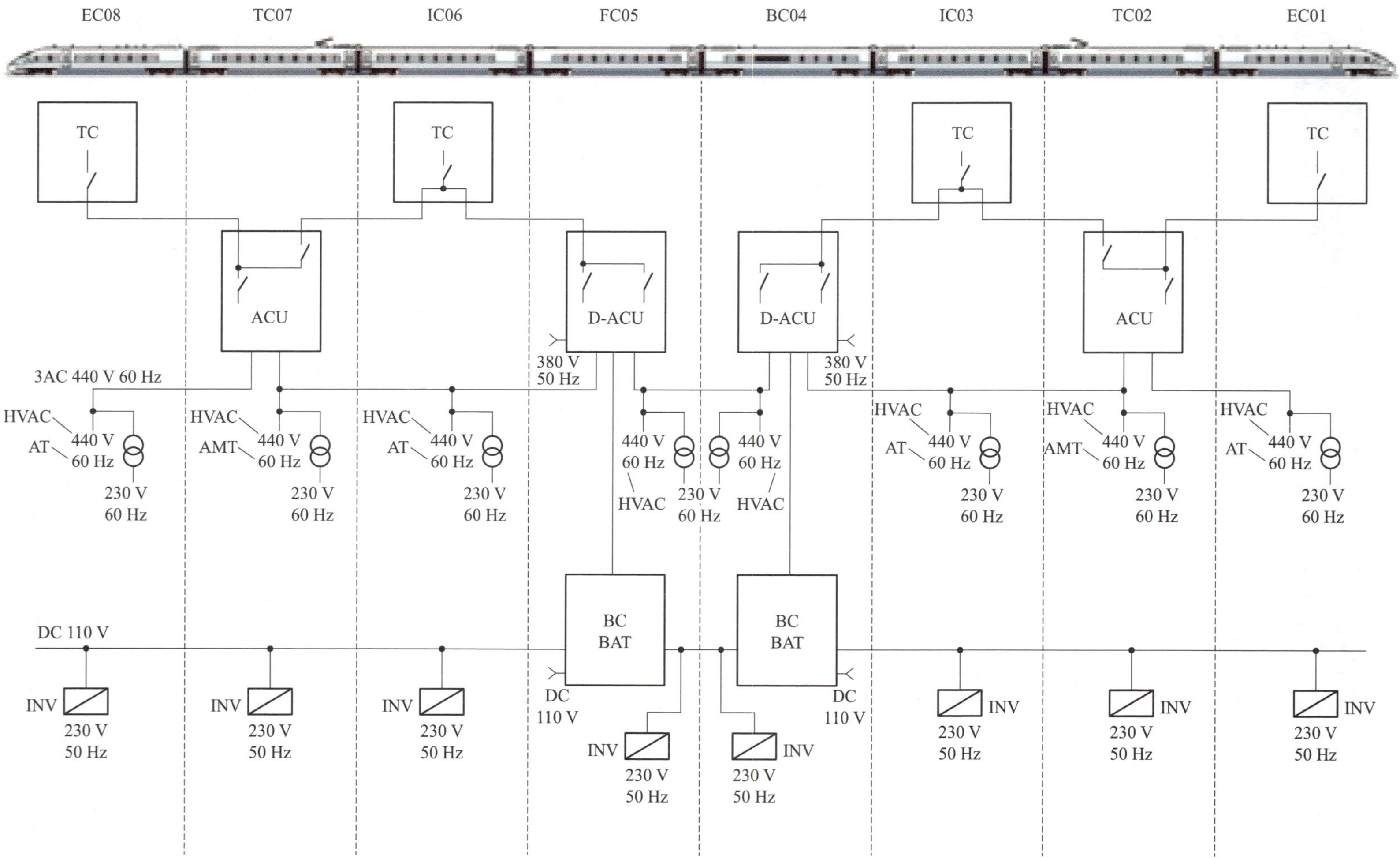

图 5-28 CRH380B 型动车组辅助交流供电系统拓扑

ACU—辅助变流器单元；AMT—主变压器的辅助系统；HVAC—空调；AT—牵引装置辅助系统；INV—逆变器；BAT—蓄电池组；BC—充电机；D—ACU双辅助变流器；TC—牵引变流器

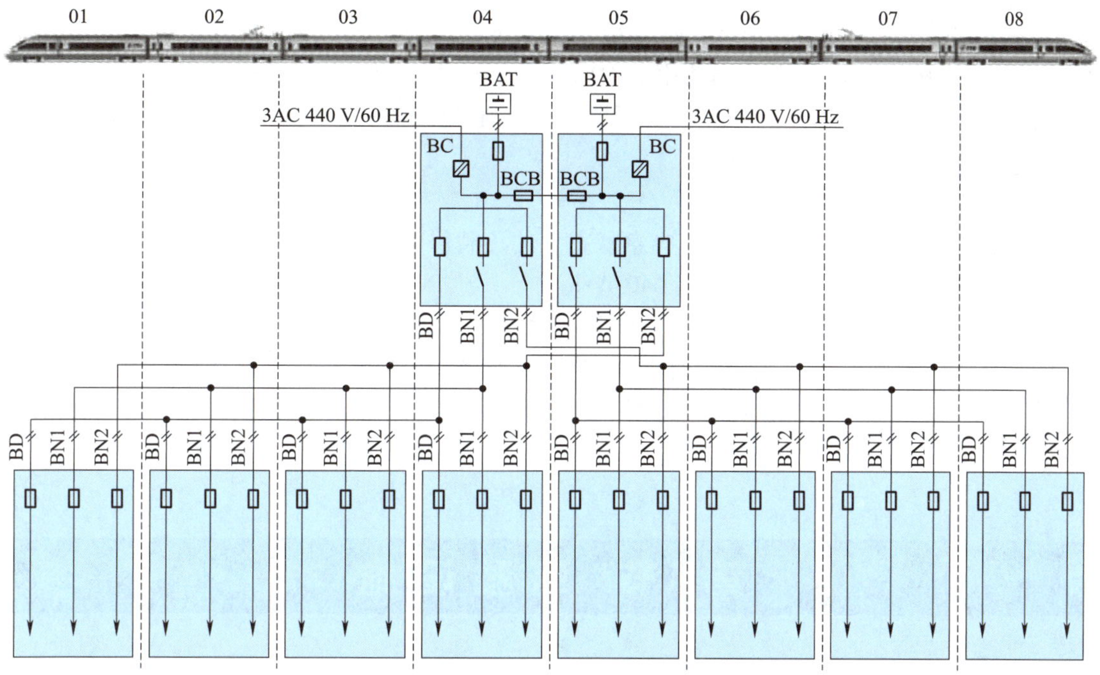

图 5-29 CRH380B 型动车组辅助直流供电系统拓扑

BAT—蓄电池;BD—直流电池母线;BC—充电机;BN1/BN2—常规电池母线;BCB—电池耦合总线母线

当一台充电机故障时,另一台充电机向所有的直流负载供电。当充电机短时中断时,蓄电池可为全部的直流负载正常供电;当充电机中断超过 5 min 时,蓄电池可保证紧急通风装置、应急照明、外部应急尾灯、重要控制、司机人机界面、乘务员人机界面、广播系统等系统的正常供电;当充电机中断超过 30 min 时,蓄电池可保证应急照明和广播系统的正常工作;当充电机中断超过 120 min 时,由司机切换电池为"断开"状态。

在每一个电池箱内有一个 DC 110 V 外接电源供电插座,列车停放车库时,能够通过电池箱内 DC 110 V 外接电源插座提供 DC 110 V 电源。

三、系统部件

1. 辅助变流器

辅助变流器将牵引变流器输出的 DC 2 700 ~ 3 600 V 直流环节电压转换为三相交流电,其后经降压变压器、三相滤波器送至贯穿全车的 3AC 440 V/60 Hz 母线,向本车的三相辅助交流负载供电。单辅助变流器的输出功率为 160 kV·A,双辅助变流器的输出功率为 320 kV·A。

辅助变流器安装在车下中部设备舱内,主要设备有预充电装置、PWM 逆变器、隔离变压器、EMC 滤波器、冷却风扇、主控制器等,辅助变流器采用强迫风冷的冷却方式。

与单辅助变流器相比较,双辅助变流器包含两组预充电装置、逆变器、滤波装置以及 AC 380 V 外接电源插座。双辅助变流器输出三路 3AC 440 V/60 Hz 交流电。

2. 充电机

充电机将辅助变流器输出的3AC 440 V/60 Hz交流电转换为DC 110 V直流电，向列车的直流负载供电。充电机的输出功率为60 kW。充电器安装在车下设备舱内，主要由输入电路、整流模块、功率模块、电抗器、变压器、风机、主控制器、低压输出电路等组成，充电机采用强迫风冷的冷却方式。

3. 蓄电池

蓄电池采用镉镍电池，用于列车应急状态下的负载供电。电池组的标称电压为100.8 V，每组蓄电池容量为160 A·h，整车共640 A·h。

蓄电池箱安装在车下设备舱内，每台蓄电池箱内由2个电池台车组成，每个电池台车上装有84节单体电池。电池组安装有NTC温度传感器，用于充电时温度补偿控制。电池箱内设置DC 110 V外接电源供电插座，列车停放车库时，能够为蓄电池提供DC 110 V地面充电电源。

第八节 驾驶设施

CRH380B平台动车组驾驶设施分为司机操纵台和司机室遮阳帘、风笛、雨刮器、外部照明等，如图5-30所示。司机操纵台是动车组司机的主要操作平台，是操纵动车组的重要设备，能够控制动车组行驶状态、获取车辆运行关键信息。

图5-30 CRH380B型动车组司机室

遮阳帘主要作用是为司机遮挡阳光，避免阳光刺眼影响视野。风笛用于动车组向外输出警示信号。雨刮器用于清洁前窗玻璃，以保障司机的视野清晰。外部照明主要作用是为司机在夜间或恶劣天气下提供良好视野，同时车尾的标志灯为后部车辆提供车辆位置信息。

一、司机操纵台

1. 操纵台布局

司机操纵台主要由仪表盘区域、台面区域、左柜设备区域、脚踏区域、右柜设备区域组成。

仪表盘区域主要布置 CIR 设备、HMI 显示器、ATP 主/备用显示器屏以及仪表区等设备。仪表区布置主控钥匙、速度表及指示灯。

台面区域主要布置司机控制器牵引手柄、受电弓拨动开关、开关门按钮等操作开关。

左柜设备区域设置 CIR 打印机及 PIS 话筒。

脚踏区域设置司机警惕开关及风笛脚踏开关。

右柜设备区域设置 EOAS 数据转储装置及压力表。

司机操纵台设置制动控制手柄，如图 5-31 所示。

2. 司机警惕系统

司机警惕系统的作用是监控司机在动车组运行过程中的工作状态。在动车组运行中，如司机未在规定时间内进行有效操作，将依次触发警惕报警、常用制动，直至施加紧急制动指令。

3. 司机控制器

CRH380B 型动车组司机控制器由制动控制器、牵引控制器和速度控制器组成，分别控制列车的制动、牵引力和运行速度，如图 5-32 所示。

二、司机室遮阳帘

CRH380B 型动车组司机室遮阳帘为电动遮阳帘，遮阳帘控制按钮布置于操作台上，便于司机坐姿操作，遮阳帘采用机械手臂实现伸缩。开关即按即走，可提供持续升降动作，松开即停，行程范围内可在任意位置定位。

三、风　　笛

每个头车装有"高"、"低"音风笛各 1 个。风笛由司机操纵台上的风笛开关或风笛脚踏开关进行控制。通过操纵司机操纵台上的风笛开关可实现风笛高、低音单独鸣响，通过司机操纵台下方脚踏开关可实现高、低音共同混合鸣响。

四、雨 刮 器

CRH380B 型动车组采用电控气动雨刮器，主要由控制单元、驱动单元、装置单元、快速通风阀、刮臂、刮片、洗涤器等组成。司机可以通过司机台上的雨刮器工作模式开关、清洗按钮、速度选择开关控制雨刮器。

雨刮器工作模式开关设有关闭、停止、间歇工作、连续工作等 4 个工作模式。

雨刮器速度选择开关有 8 个速度挡位，在间歇工作和连续工作模式下均可进行速度选择。

雨刮器电子控制设备上没有电流或出现故障时，在车辆输入气压正常的情况下，可以通过手动阀启用气动应急操作，雨刮器进入应急擦拭模式。

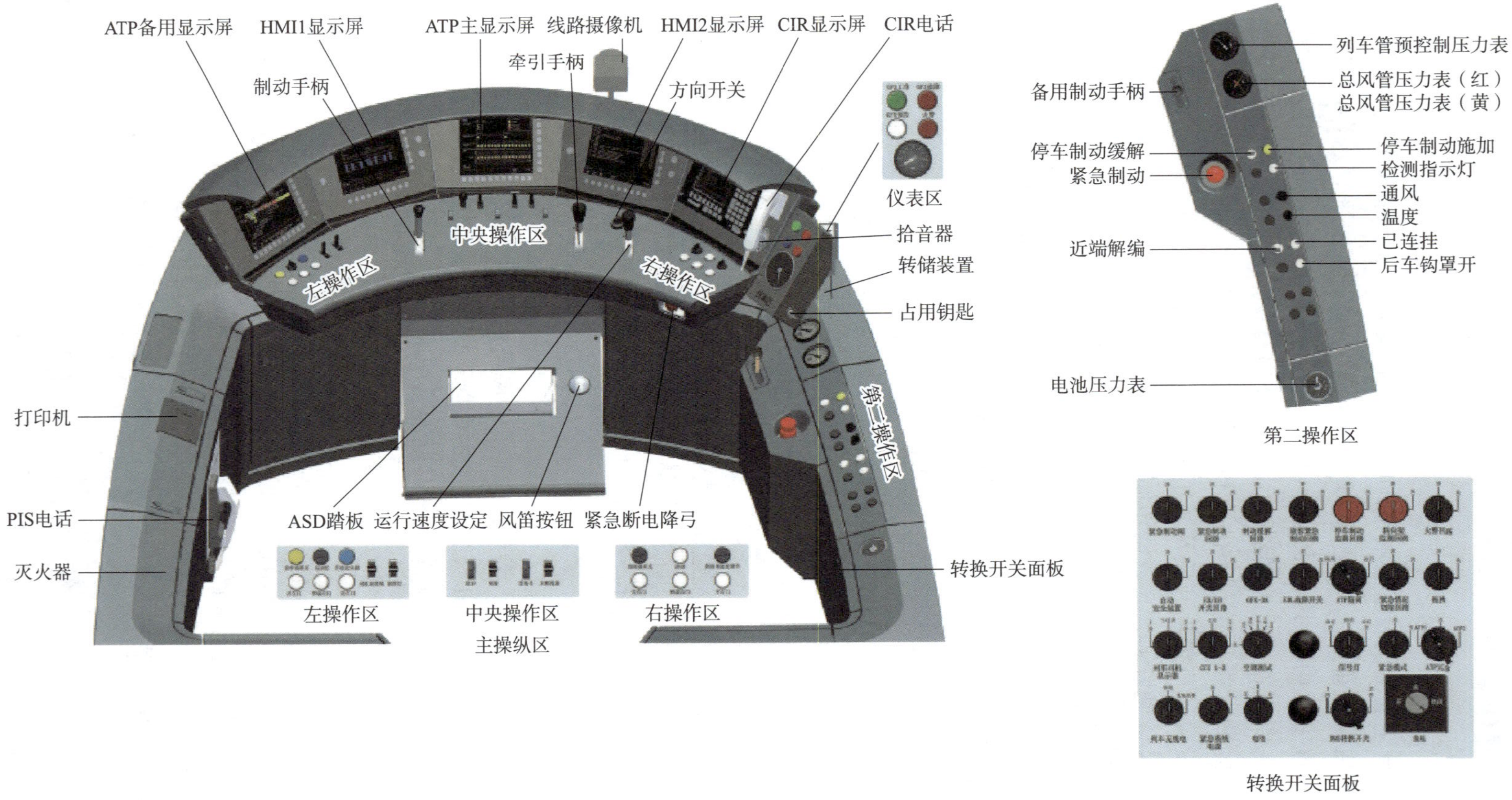

图 5-31　CRH380B 型动车组司机操纵台布局

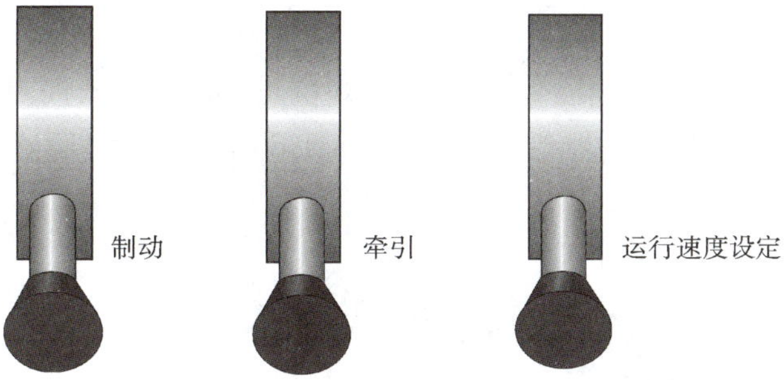

图 5-32　CRH380B 型动车组司机控制器

五、外部照明

CRH380B 型动车组外部照明共有 5 个灯，分别为上部前照灯、左下部前照灯、左标志灯、右下部前照灯、右标志灯；分别安装在头车风挡玻璃下方和开闭机构上。标志灯用于显示车辆运行方向，采用红、白双色光源。根据车辆运行方向，首车显示白色、尾车为红色。前照灯为氙气灯，标志灯为 LED 灯。

第九节　车内设备

一、旅客信息系统

CRH380B 平台动车组旅客信息系统包括信息显示系统、广播系统、列车内部对讲通讯系统以及影音娱乐系统。

信息显示系统包含车内信息显示及车外信息显示。

广播系统包含公共广播、紧急广播、内部通话。

影音娱乐系统包含音视频娱乐系统和车载无线局域网系统两个子系统。音视频娱乐系统为乘客提供视频和音频节目，车载无线局域网系统为商务车的乘客提供视频节目。

二、视频监控系统

视频监控系统包含客室监控和受电弓视频监控。

三、照明系统

CRH380B 平台动车组内部照明按区域分为客室照明（行李架灯带）、一等车各座席的单个阅读灯，以及其他区域（通过台、卫生间、走廊、司机室、乘客服务区）的顶部射灯。按功能可分为主照明、应急照明，阅读灯是主照明的一部分。

四、空调系统

CRH380B 平台动车组空调系统主要包括空调机组、废排装置、压力波保护装置、空调控制柜、温度传感器、风道、电加热器等零部件。CRH380B 平台动车组客室气流组织分布如图 5-33 所示。

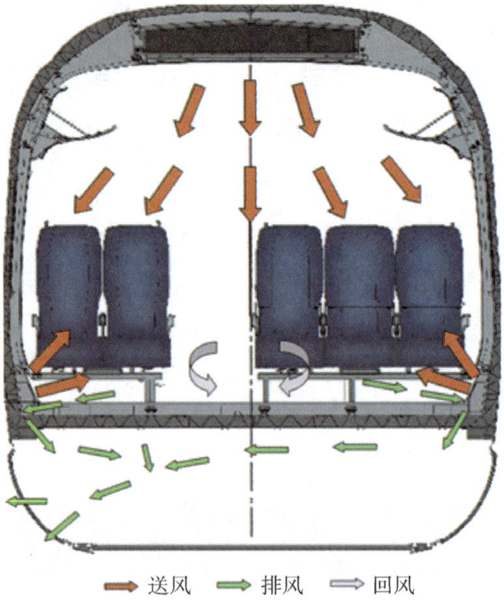

图 5-33　CRH380B 平台动车组客室气流组织分布

空调机组采用车顶单元半嵌入式安装结构，机组突出车体一部分。客室空调制冷量为 44 kW，制热量 35 kW，送风量最大 4 900 m^3/h，制冷剂采用 R407c 环保制冷剂。机组内设全封闭立式压缩机、冷凝器、蒸发器、冷凝风机、蒸发风机、加热器、旁通阀、膨胀阀、压力开关、压力传感器、风压开关等。司机室空调机组采用分体式，冷凝单元位于车下设备舱内，蒸发单元位于车内顶部。司机室空调机组制冷量和制热量均为 5 kW。

废排装置位于车下设备舱内，通过安装座与车体弹性连接。车上侧墙两侧地板导槽下设有客室废排风道，客室废排风道通过车下风道与废排装置连接，废排装置工作时将车内废气排出车外。废排装置主要由风机、电动风阀、压力波风阀以及紧急通风逆变器等部件构成。

空调系统的调节和控制通过控制器来完成。CRH380B 平台动车组空调控制器都有独立的空调柜，断路器、接触器等位于车下车载电源箱内。控制器通过各区域的温度传感器传递的信息，使空调系统处于通风、制冷、制热等模式，调节客室内的舒适度，同时空调控制器还具有故障记录和诊断、网络通信等功能。

五、给排水卫生系统

CRH380B 平台动车组给排水卫生系统主要包括给水装置、饮水装置及卫生装置三部分。给水装置主要包括净水箱、注水管路和供水管路;CRH380B 平台动车组主要采用重力供水方式向车上用水设备供水,仅餐车采用压力—重力组合式供水方式向厨房设备供水,即水箱位于车下,利用水泵将水输送到位于车内高位的中间水箱,中间水箱再通过重力向各用水点输送净水。饮水装置主要是电热开水器;卫生装置主要包括卫生间、盥洗室和集便系统等,集便系统为保持式真空集便系统。

六、内装设备

1. 车窗

CRH380B 平台动车组客车车窗主要包括侧窗(客室)、紧急车窗(客室)、信息显示窗等。

CRH380B 平台动车组司机室车窗主要包括司机室前窗、司机室侧窗。司机室前窗分为下挡风玻璃和上挡风玻璃,如图 5-34 所示。下挡风玻璃由透明的夹层玻璃组成,确保司机瞭望及正确接收彩色信号;上挡风玻璃着色以防止强光耀眼并防止司机室升温。

图 5-34　CRH380B 平台动车组司机室前窗
1—上挡风玻璃;2—下挡风玻璃

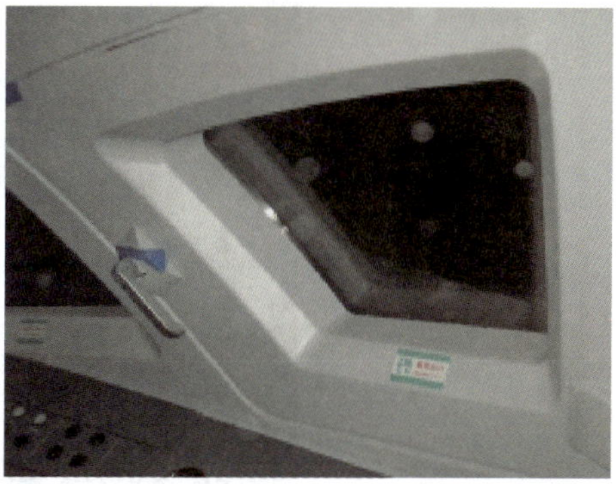

图 5-35　CRH380B 平台动车组司机室侧窗

司机室在左右两侧各设一个可旋转打开的侧窗,如图 5-35 所示。列车上的人员可通过司机室的侧窗离开列车。

2. 车门

CRH380B 平台动车组内门由风挡门和通过台门组成。风挡门采用手动门和电动拉门,通过台门采用电动拉门;电动门开启方式为红外传感器开门。

CRH380B 平台动车组外门均为塞拉门,主要由密封门框、门扇、侧立集成组件、承载驱动机构、内部操作装置、外部操作装置等大部件和机构支架、站台补偿器等组成,如图 5-36 所示。具有集控开关门、本地开关门、故障自诊断、障碍检测、自动/手动锁闭、隔离、紧急解锁、牵引联锁等功能;站台补偿器可减少动车组塞拉门与站台的间隙,方便旅客上下车。

3. 座椅

CRH380B 平台动车组包含商务座椅、一等座椅、二等座椅、司机室座椅。

司机室座椅分为司机座椅和辅助座椅。其中,辅助座椅位于左侧操纵台面板处,可在将盖掀开折叠起来后使用此座椅,如图 5-37 所示。

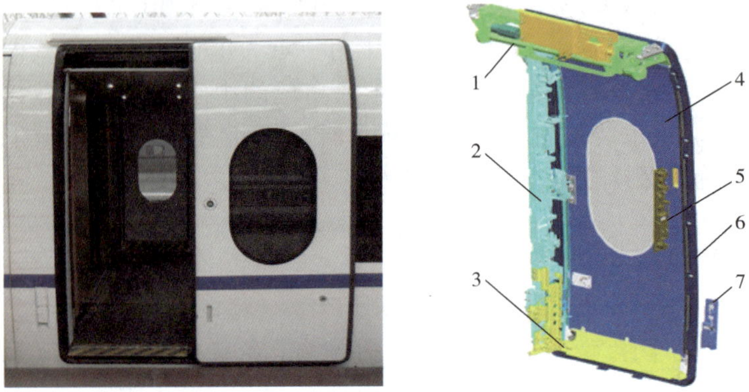

图 5-36　CRH380B 平台动车组塞拉门组成结构

1—承载驱动机构;2—侧立集成组件;3—站台补偿器;4—门扇;5—车内紧急解锁装置;6—门框;7—外部操作装置

图 5-37　CRH380B 平台动车组司机室辅助座椅

4. 内装

CRH380B 平台动车组内装主要包括侧墙板、客室顶板、平顶板、地板、间壁、地板布、行李架等,主要采用铝板、铝蜂窝复合板、玻璃钢、胶合板等环保材料,具有良好的防火、阻燃、吸音等性能。

5. 厨房

CRH380B 平台动车组餐饮系统用于整列车乘客食物方面的供应,以满足乘客在乘车过程中的基本饮食需要。食品和饮料在服务区准备和存放,供餐员将成品或半成品装入车内,厨房的服务设施仅用于食品的解包装或加热;在用餐区通过柜台销售给客户。

第十节　其他车型对比

CRH3C 型动车组与 CRH380B 型动车组相比,车辆的编组形式、平面布置、车体结构、转向架、高压牵引系统、制动系统、网络系统、辅助供电系统、驾驶设施、车内设备等基本一致。其中，CRH3C 型动车组牵引功率变为 8 800 kW，平面布置未设置商务座椅。

CRH380BG 型动车组与 CRH380B 型动车组相比，车辆的编组形式、平面布置、车体结构、转向架、高压牵引系统、制动系统、网络系统、辅助供电系统、驾驶设施、车内设备等基本一致。其中，CRH380BG 型动车组环境适应温度为 -40 ~ +40 ℃。

CRH380BL、CRH380CL 型动车组是将两列 CRH380B 型动车组进行重联形成的车型，为 16 辆编组；另外，CRH380CL 型动车组采用 ATI 列车总线与 RS-485 车辆总线相结合的网络架构。

CRH3A 型动车组与 CRH380B 型动车组相比，车辆的编组形式、车体结构、转向架、高压牵引系统、制动系统、网络系统、辅助供电系统、驾驶设施、车内设备等基本一致。其中，CRH3A 型动车组由于运营速度差异，车体司机室外形进行调整，牵引功率变为 5 500 kW，操控台列控系统显示器采用 LKJ + ATP，车体气密性强度调整为 ±4 000 kPa，平面布置未设置商务座椅。

复习思考题

1. CRH380B 平台动车组车端连接由哪些主要设备组成？
2. CRH380B 平台动车组动力轮对与非动力轮对的主要区别是什么？
3. CRH380B 平台动车组二系悬挂及中央牵引由哪些主要部件组成？
4. CRH380B 平台动车组高压设备安装于哪辆车，主要包含哪些设备？
5. CRH380B 平台动车组 DC 110 V 母线主要包含几个回路？每个回路主要给哪些设备供电？
6. CRH380B 平台动车组风笛是如何控制的？
7. CRH380B 平台动车组的信息显示系统主要显示哪些内容？
8. CRH380B 平台动车组司机室前窗由哪几部分组成？
9. CRH380B 平台动车组塞拉门的主要功能有哪些？

第六章

CRH1A平台动车组

学习任务

CRH1A 平台动车组是和谐号系列动车组的典型代表，是青岛四方阿尔斯通铁路运输设备有限公司生产的动车组。

本章以 CRH1A 型动车组为典型车型，从总体、车体、转向架、高压牵引系统、制动系统、网络系统、辅助供电系统、驾驶设施、车内设备等主要系统的组成、原理和功能等方面进行阐述，同时将 CRH380D 型动车组与 CRH1A 型动车组进行了简单对比。

通过学习，熟悉 CRH1A 平台动车组的概念、基本构成，掌握 CRH1A 平台动车组各系统主要工作原理和功能，提高对 CRH1A 平台动车组各系统技术的理解。

第一节　总　　体

一、概　　述

CRH1A 平台动车组为动力分散电动车组，包括 CRH1A、CRH1A-A、CRH1B、CRH1E 等型号。其中，CRH1A、CRH1A-A 型动车组为 8 辆编组座车动车组，CRH1B 型动车组为 16 辆编组座车动车组，CRH1E 型动车组为 16 辆编组卧车动车组。

CRH1A 型动车组为 CRH1A 平台动车组的典型车型，最高运营速度为 200 km/h 或 250 km/h（不同批次），可在高速铁路及客运专线上运营，可在新建 200 km/h 及 160 km/h 客货共线铁路上以线路允许速度运营，也可在既有线电气化区段上运行（包括在具备条件的指定区段运营）。

CRH1A 型动车组外形采用流线型设计，如图 6-1 所示。动车组两端均设有司机室，便于列车双向驾驶。

二、平面布置

1. 平面布置

CRH1A 型动车组为时速 250 km 动力分散电动车组，采用 5 动 3 拖 8 辆编组形式，定员

图 6-1　CRH1A 型动车组

635 人,按座椅布置的不同可分为一等座车、二等座车和餐座合造车。一等座车采用 2 + 2 的座椅布置;二等座车采用 2 + 3 的座椅布置;餐座合造车设置厨房、二等座椅和餐椅;整列动车组除餐座合造车外各车厢均设有卫生间,其中 06 车设有轮椅存放区和无障碍卫生间。CRH1A 型动车组平面布置如图 6-2 所示。

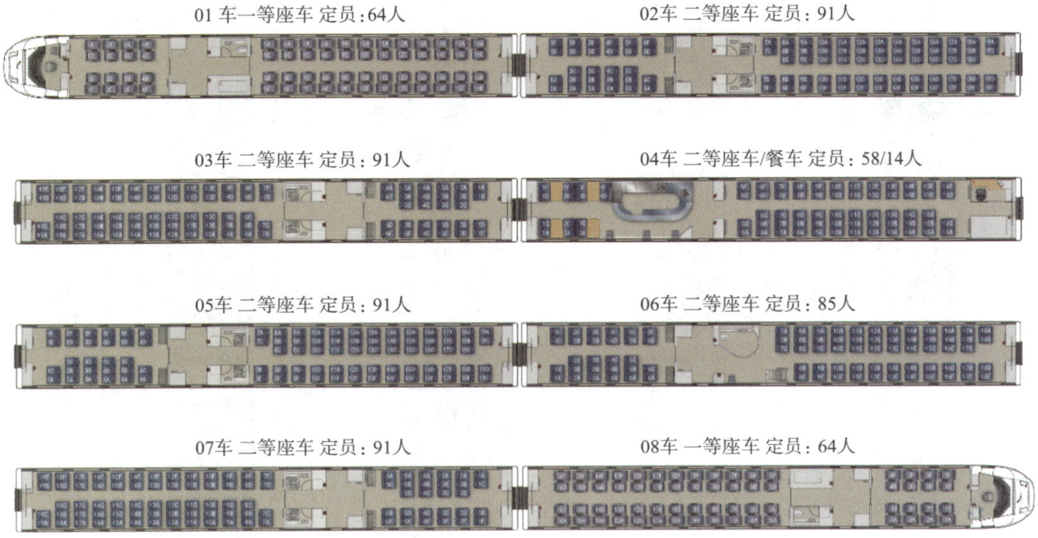

总定员:635人+14人(一等座128人,二等座507人,餐椅14人)								
车　号	01	02	03	04	05	06	07	08
等　级	一等	二等	二等	二等/餐椅	二等	二等	二等	一等
定员(人)	64	91	91	58/14	91	85	91	64

图 6-2　CRH1A 型动车组平面布置

2. 车下设备布置

CRH1A 型动车组车下布置有牵引变流器、牵引变压器、制动控制单元、风缸、污水箱、充电机、蓄电池等设备,如图 6-3 所示。

3. 车顶设备布置

CRH1A 型动车组车顶布置有天线、空调、受电弓、避雷器等设备,如图 6-4 所示。

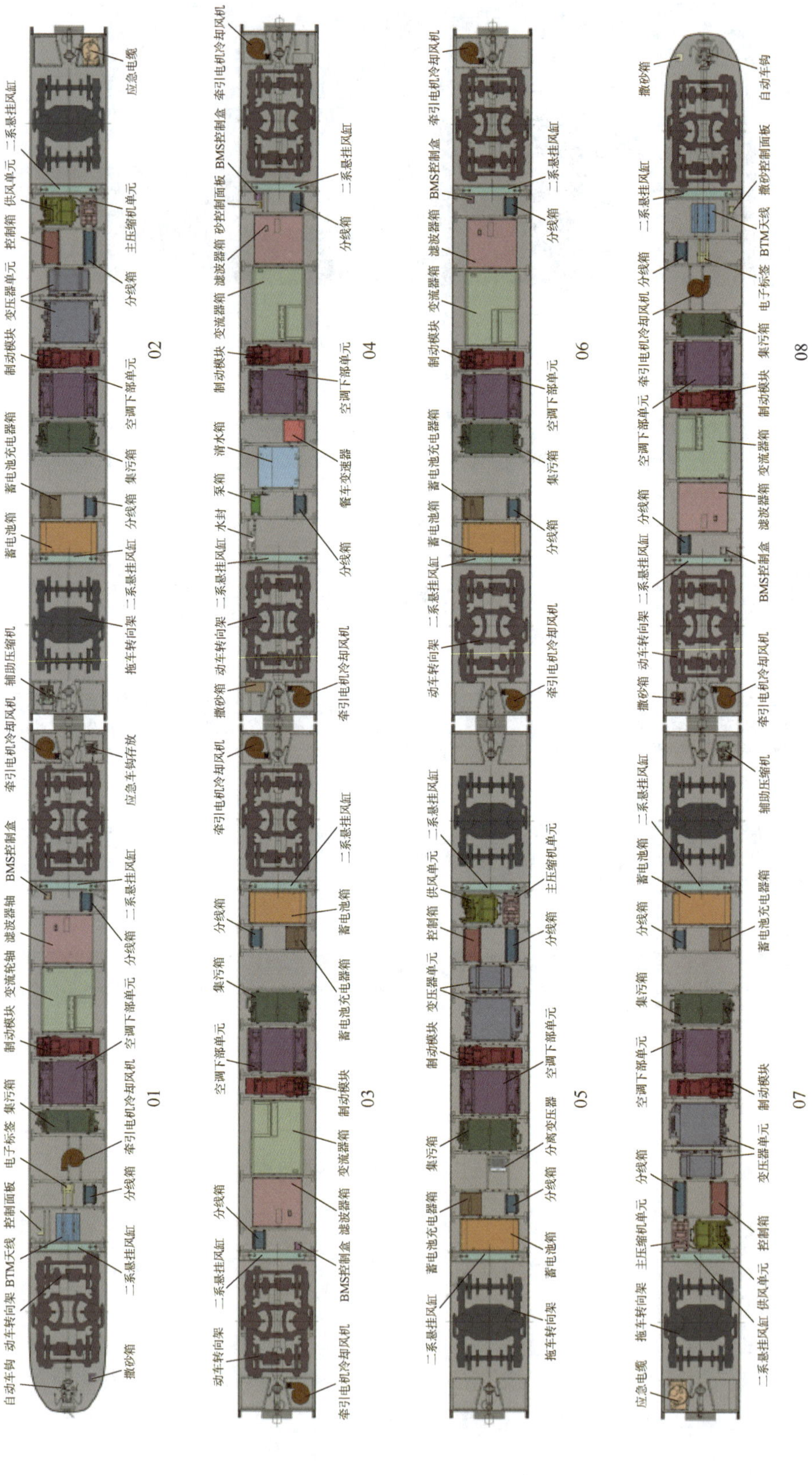

图 6-3 CRH1A型动车组车下设备布置

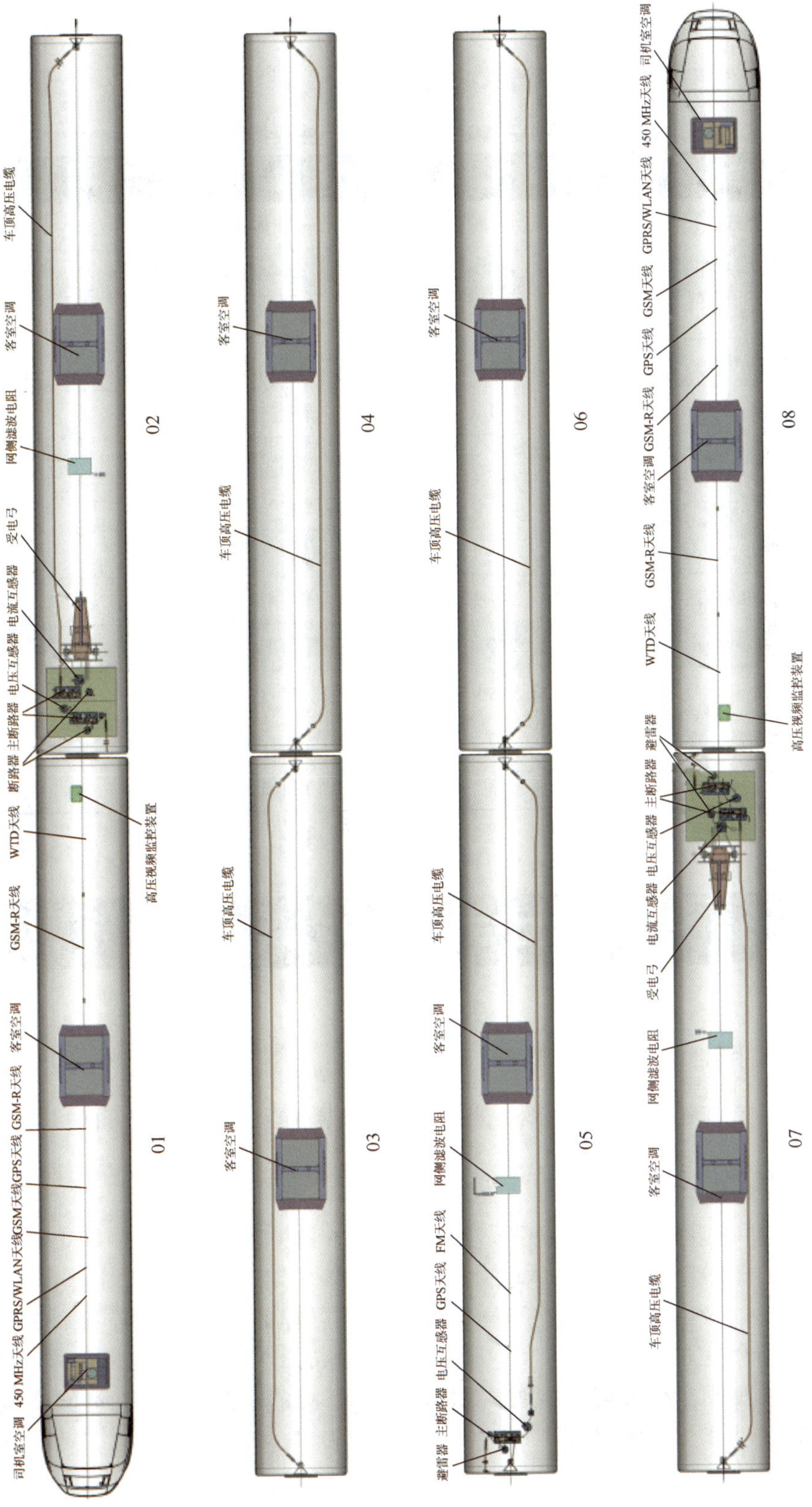

图6-4 CRH1A型动车组车顶设备布置

三、主要技术参数

CRH1A 型动车组(3 批次)主要技术参数见表 6-1。

表 6-1　CRH1A 型动车组(3 批次)主要技术参数

项　点	参　数	项　点	参　数
编组方式	5 动 3 拖	车体材质	不锈钢
车组设计寿命(年)	25	车辆全长(m)	约 213.5
环境温度(℃)	-25 ~ 40	车体最大高度(mm)	4 040
全列载重(t)	58.6	车体最大宽度(mm)	3 330
最大轴重(t)	16.5	车辆定距(mm)	19 000
最高试验速度(km/h)	275	车辆固定轴距(mm)	2 700
最高运营速度(km/h)	250	重联时双弓间距(m)	213.5
通过最小曲线半径(m)	145	受电弓落弓高度(mm)	4 774
通过最小 S 形曲线半径(m)	150 + 10 + 150	自动车钩中心高度(mm)	880
适应站台高度(mm)	1 250	中间车钩中心高度(mm)	940
正常运行网压(kV)	22.5 ~ 29	轮周牵引总功率(kW)	5 300
最大制动距离(m)	3 200	蓄电池电压(V)	DC 110
车轮直径(mm)	915	外接电源电压(V)	AC 380

第二节　车　　体

一、组　　成

CRH1A 平台动车组车体包括车体结构、车端连接装置、设备舱、前端开闭机构等。

二、车体结构

CRH1A 型动车组车体结构主要分为中间车车体和头车车体两种,中间车车体由底架、侧墙、车顶、端墙组成,头车车体设有司机室结构。CRH1A 型动车组车体为不锈钢车体、骨架蒙皮式结构。各部件之间主要通过电阻点焊的方式实现连接,构成筒形整体承载结构。所使用的主要材料为不锈钢,材料满足 EN 10088,主要牌号有 1.4301、1.4318。CRH1A 型动车组头车车体组成如图 6-5(a)所示,有受电弓中间车车体组成如图 6-5(b)所示。头车长度为 25 991 mm,中间车长度为 25 800 mm,宽度为 3 330 mm,高度为 4 040 mm。

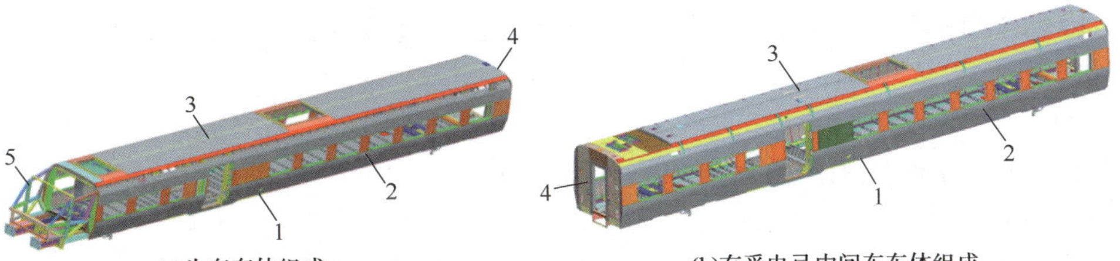

图 6-5　CRH1A 型动车组车体

1—底架;2—侧墙;3—车顶;4—端墙;5—司机室

三、车端连接装置

车端连接装置主要由车钩缓冲装置、风挡、电气连接、空气管路连接等部件组成。机械连接的作用主要是使连接各车辆彼此间保持一定的距离,并且传递与缓和动车组在运行过程中及在调车过程中产生的纵向力及其冲击和振动。电气和气路连接为车辆间提供各种电气与压缩空气的通路。

1. 车钩缓冲装置

(1)自动车钩

动车组前端自动车钩主要由机械钩头、电动钩头、钩身、压溃管、对中装置、气动装置和电气装置等组成,为全自动车钩缓冲装置,结构如图 6-6 所示。

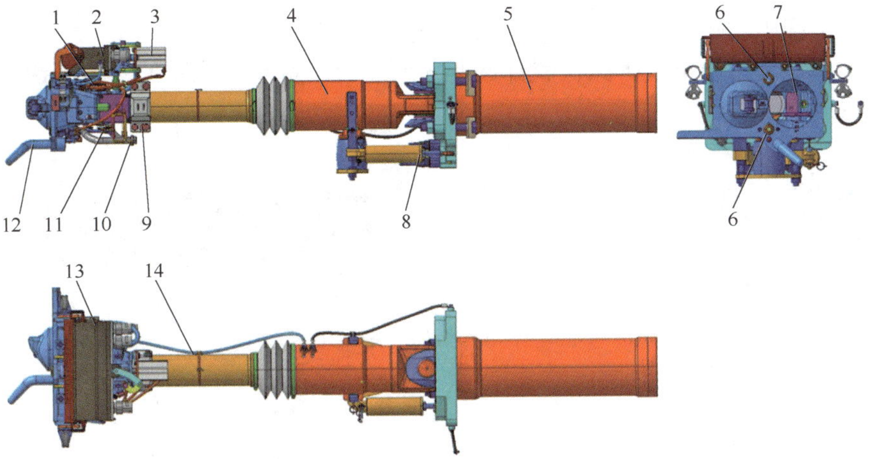

图 6-6　动车组前端自动车钩结构

1—车钩气动装置;2—电动钩头;3—电动钩头操纵装置;4—钩身;5—压溃管;6—空气管路连接件;7—解钩风缸;8—对中装置;9—连接卡环;10—空气管路管件;11—解钩管;12—机械钩头;13—电气钩头;14—接地系统

(2)中间车钩和过渡车钩

动车组除在两头车司机室端设自动车钩外,编组内部车辆之间使用半永久车钩或半自动车钩相连。动车组的中间车钩主要由钩身牵引杆、压溃管、橡胶缓冲器、安装座、卡环连接件、空气软管及风管接头组成。过渡车钩是一个由两部分构成的车钩,第一部分是 10 型过渡钩，同动车组的自动车钩连接；第二部分是机客车过渡钩，保证可同我国机车、客车的车钩连接。

2. 风挡

CRH1A 型动车组风挡由内风挡和外风挡组成。

(1)内风挡

CRH1A 型动车组内风挡通过安装框架与车辆车体螺栓固定，中间框自身带锁闭机构，实现两个内层折棚的连接和解编。内风挡底部区域的保护裙边，用于覆盖镶嵌式渡板和风挡之间的间隙。

CRH1A 型动车组内风挡折棚组件结构如图 6-7 所示。

(2)外风挡

外风挡位于车端外轮廓的上部和侧部。

3. 电气连接

车端电气连接按种类可分为：高压、中压和低压供电连接、控制和通信连接；按位置又可分为相邻两车之间的电气连接和重联动车组之间的电气连接。

电气连接主要采用车辆间电缆形式，其主要的分布情况为：牵引和辅助供电通过终端箱电缆连接，控制与通信连接通过连接器连接。

4. 空气管路连接

动车组车端空气管路连接分为自动车钩压缩空气连接和中间车钩压缩空气连接两部分。

(1)自动车钩压缩空气连接

前端自动车钩压缩空气管路位置如图 6-8 所示，压缩空气管路在机械车钩连挂完成时自动连接完成。

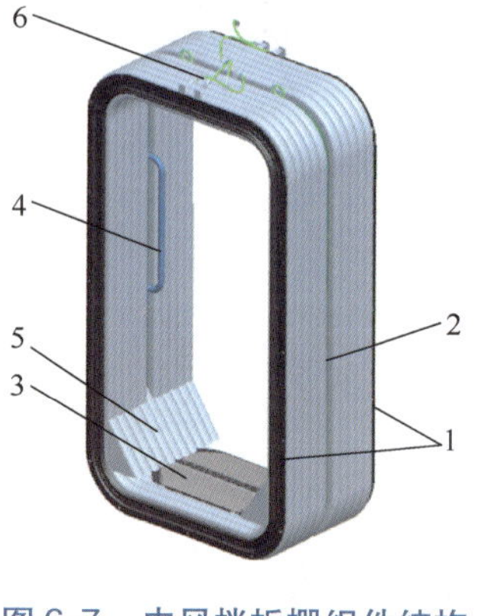

图 6-7　内风挡折棚组件结构

1—安装框；2—中间框；3—翻转踏板；4—扶手；5—裙边；6—接地线

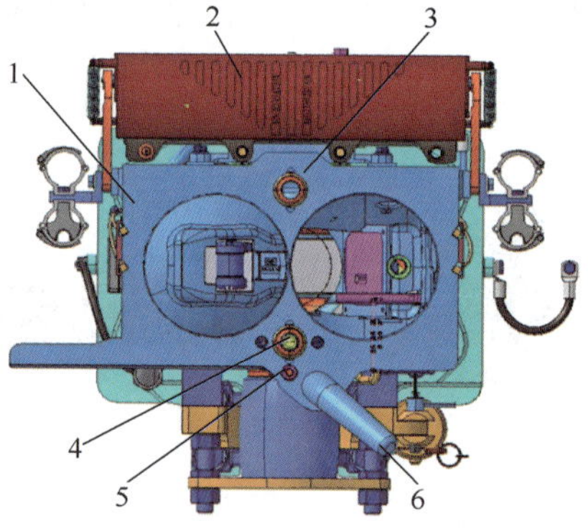

图 6-8　自动车钩压缩空气管路位置

1—机械钩头；2—电气钩头；3—制动管空气管路接口；4—总风管空气管路接口；5—解钩管空气管路接口；6—导向杆

(2)中间车钩压缩空气连接

中间车钩上设有风管接头，两车辆间的压缩空气需使用软管与风管接头连接，在中间车钩连挂完成后自动对接。

四、设备舱

CRH1A 型动车组车下设备舱由裙板、底板、端板和裙板骨架组成，裙板位于设备舱两侧，底板位于设备舱下部，端板位于设备舱两端头，将安装在车下中部的设备封闭在舱内，如图 6-9 所示。

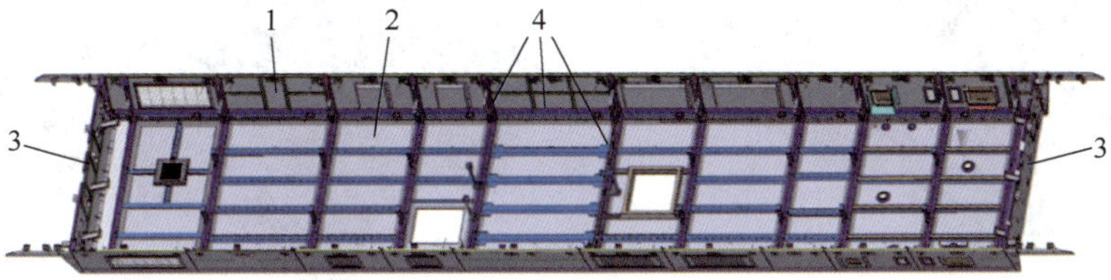

图 6-9 车下设备舱

1—裙板；2—底板；3—端板；4—裙板骨架

五、前端开闭机构

前端开闭机构位于动车组头车前端，由机械机构、电气部件和气动部件三部分组成，在动车组正常运行期间，前端开闭机构处于关闭状态，以防止叶片、灰尘和冰雪的进入。前端开闭机构在重联、回送和救援工况下，可自动/手动打开和关闭。前端开闭机构如图 6-10 所示。

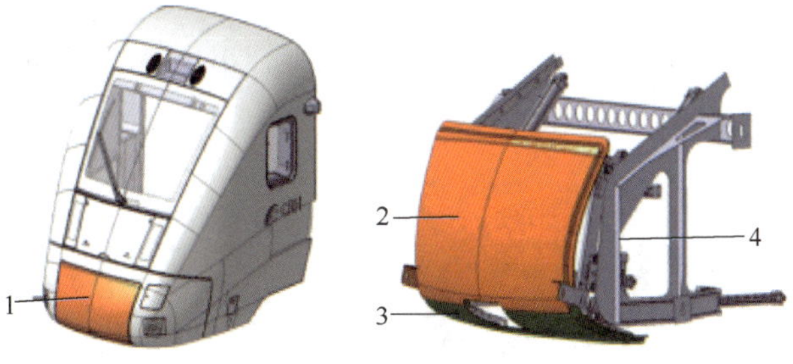

图 6-10 前端开闭机构

1—前端开闭机构；2—(前端开闭机构)上部舱门；3—(前端开闭机构)下部舱门；4—(前端开闭机构)运动机构

第三节 转向架

一、组成

CRH1A 平台动车组转向架主要由轮对轴箱装置、一系悬挂、构架、二系悬挂、传动装置、基础制动、轴端及辅助设备等组成。动车转向架与拖车转向架主要区别在于动车转向架配置有传动装置，动车转向架配置有两条带齿轮箱的动车轮对，拖车转向架配置有两条拖车轮对。CRH1A 型动车组转向架如图 6-11 所示。

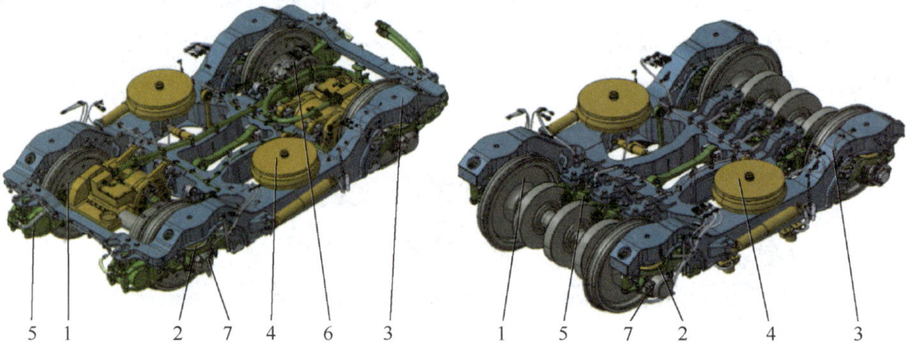

(a) 动车转向架　　(b) 拖车转向架

图 6-11　CRH1A 型动车组转向架

1—轮对轴箱装置；2—一系悬挂；3—构架；4—二系悬挂；5—基础制动；
6—传动装置；7—轴端及辅助设备

二、轮对轴箱装置

1. 轮对组成

CRH1A 型动车组轮对分为动车轮对和拖车轮对，主要区别是制动盘的安装位置、是否安装有齿轮箱等。动、拖车车轮采用整体辗钢直辐板车轮，车轮踏面廓形为 LMD。新轮直径 915 mm，磨耗到限直径 835 mm；车轴为空心车轴。CRH1A 型动车组转向架轮对组成如图 6-12 所示。

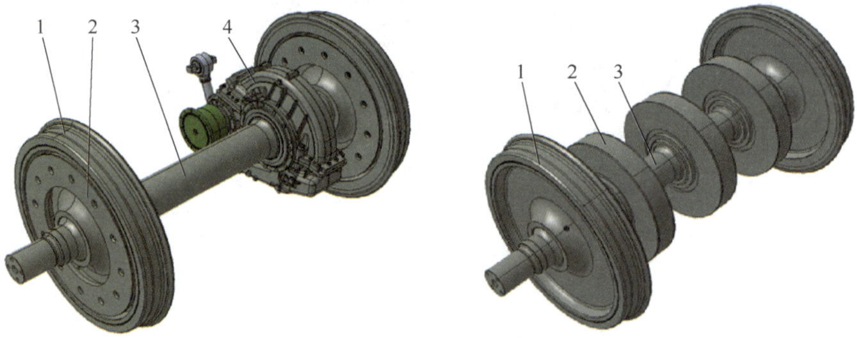

(a) 动车轮对　　(b) 拖车轮对

图 6-12　CRH1A 型动车组转向架轮对组成

1—车轮；2—制动盘；3—车轴；4—齿轮箱

2. 轴箱定位装置

CRH1A 型动车组轴箱定位装置采用转臂式定位方式。其中定位转臂材质为铸钢，采用分体式结构。轴箱定位装置主要由定位转臂、下导盖、轴箱前盖、轴箱轴承、轴箱体、轴端压盖及定位节点等部件组成，如图 6-13 所示。

三、一系悬挂

CRH1A 型动车组一系悬挂主要由螺旋钢弹簧组、剪切垫、一系垂向减振器组成，如图 6-14 所示。

螺旋钢弹簧组包含一个内圈弹簧和一个外圈弹簧，内、外圈弹簧旋向相反，钢弹簧组用以缓冲轮轨冲击振动。CRH1A 平台部分车型在弹簧组下部设有剪切垫，主要隔离来自轨道激励产生的高频振动。

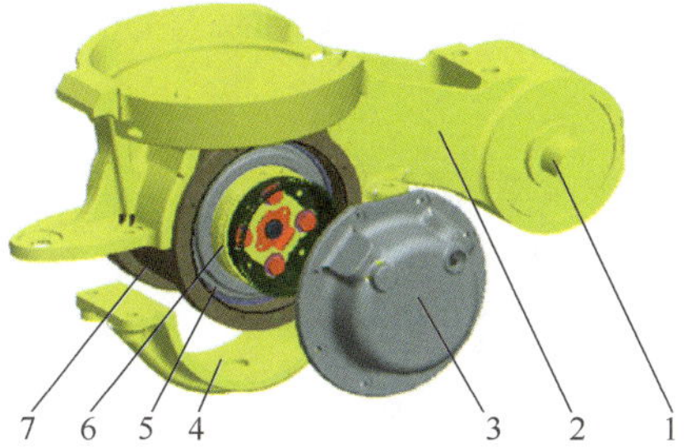

图 6-13　CRH1A 型动车组转向架轴箱定位装置

1—定位节点；2—定位转臂；3—轴箱前盖；4—下导盖；5—轴箱轴承；6—轴端压盖；7—轴箱体

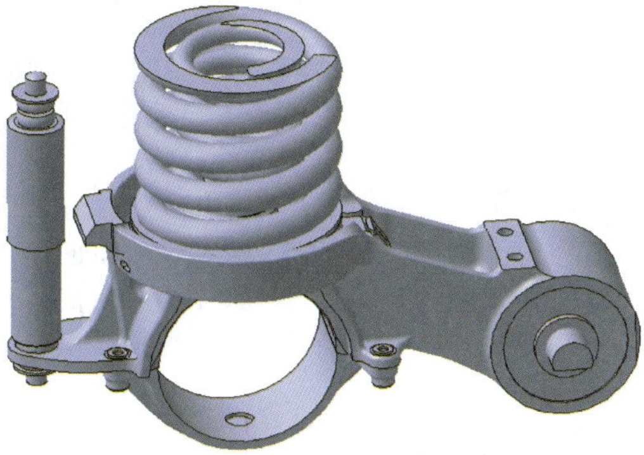

图 6-14　CRH1A 型动车组转向架一系悬挂

四、构　　架

转向架构架为 H 形焊接构架，主要由侧梁、横梁、纵向辅助梁以及各部件安装座组焊而成。CRH1A 型动车组转向架构架如图 6-15 所示。

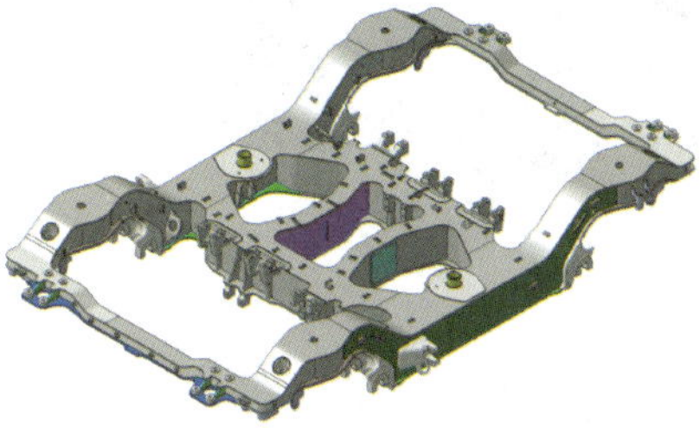

(a) 动车构架

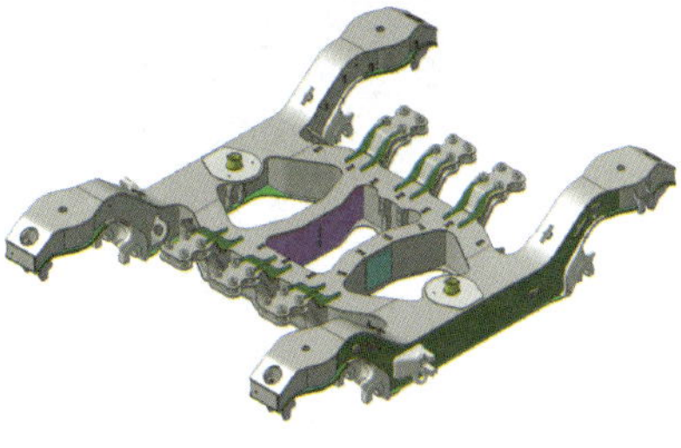

(b) 拖车构架

图 6-15　CRH1A 型动车组转向架构架

五、二系悬挂

CRH1A 型动车组二系悬挂包括空气弹簧、减振器、牵引拉杆装置、抗侧滚扭杆组成、高度阀、差压阀等部件。CRH1A 型动车组为四点支撑，每个空气弹簧采用一个高度阀控制，两个空气弹簧之间设置差压阀。CRH1A 型动车组转向架二系悬挂如图 6-16 所示。

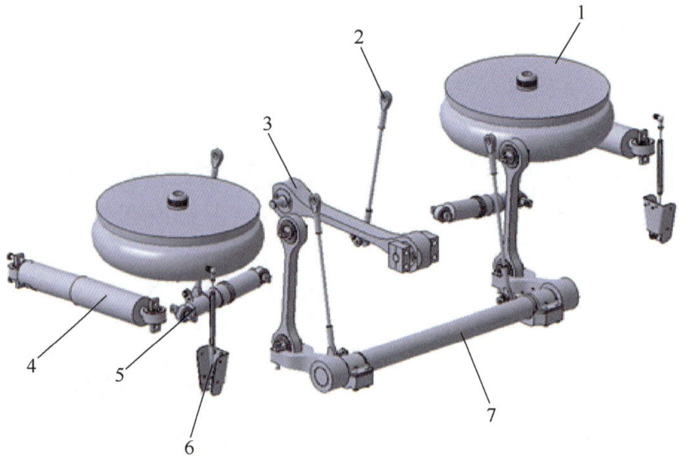

图 6-16　CRH1A 型动车组转向架二系悬挂

1—空气弹簧；2—安全吊缆；3—牵引拉杆装置；4—抗蛇行减振器；
5—二系横向减振器；6—高度控制杆；7—抗侧滚扭杆组成

六、传动装置

CRH1A 型动车组传动装置由牵引电机、齿轮箱和联轴节组成，如图 6-17 所示。每个转向架斜对称布置两台电机，牵引电机弹性安装在转向架构架上，齿轮箱安装在车轴上，通过吊杆与构架相连，吊杆两端设置有橡胶节点。

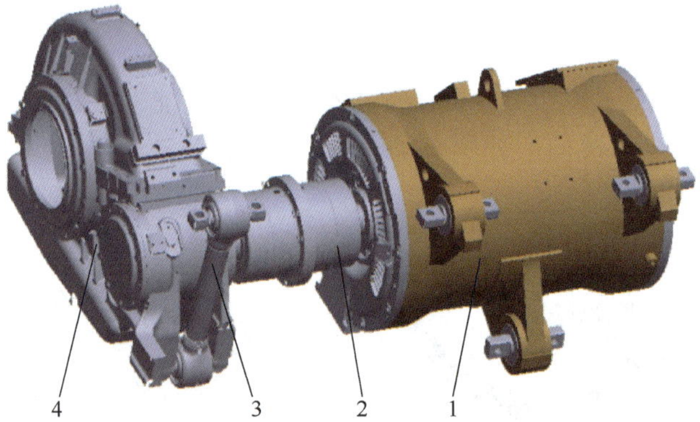

图 6-17　传动装置

1—牵引电机；2—联轴节；3—齿轮箱吊杆；4—齿轮箱

七、基础制动

CRH1A 型动车组基础制动采用盘形制动，主要包括制动夹钳单元、制动盘和闸片。其中动车转向架采用轮盘制动，在每个车轮上通过螺栓安装有轮装制动盘；拖车转向架采用轴盘制动，在每个车轴上压装有 3 套轴装制动盘。制动夹钳采用的是四点吊挂结构，通过螺栓安装在转向架构架上。

八、轴端及辅助设备

CRH1A 型动车组转向架轴端及辅助设备主要包括轴端速度检测装置、轴承温度检测装置、接地装置和撒砂与排障装置,用以满足动车组高速运行中功能状态和安全监测的需求。

第四节 高压牵引系统

一、主电路拓扑

CRH1A 平台动车组由受电弓从接触网接受 25 kV 单相交流电,通过真空断路器连接到牵引变压器原边绕组。牵引变压器牵引绕组输出的交流电输入牵引变流器网侧变流器后输出变频变压的三相交流电对牵引电机进行驱动。CRH1A 型动车组由 3 个基本动力单元组成,5 动 3 拖配置,每个基本动力单元具有独立的高压牵引系统,主电路拓扑结构如图 6-18 所示。

二、动车组高压设备

CRH1A 型动车组高压设备是指在主电路中使用的电气设备,包括受电弓、真空断路器、避雷器、高压互感器等。高压互感器包括电流互感器和电压互感器,电流互感器对网侧电流进行监测,电压互感器对接触网网压进行监测。车顶高压设备如图 6-19 所示。

1. 受电弓

受电弓通过支撑绝缘子安装在动车组的车顶,主要功能是从接触网上受取电流。CRH1A 型动车组采用单臂、双滑板结构的被动控制受电弓。受电弓额定电压 25 kV/50 Hz,额定电流 1 000 A,工作高度 300 ~ 2 216 mm,静止状态下接触力为 70 N,可调。

2. 真空断路器

CRH1A 型动车组真空断路器和接地开关安装于车顶,用来断开与接通 25 kV 电路,同时作为故障保护器件。真空断路器的额定电压为 31. 5 kV,额定电流为 1 000 A,额定分断电流为 20 kA,分闸时间不超过 60 ms。接地保护开关的额定电流为 400 A,短时耐受电流 20 kA/1 s。

3. 避雷器

CRH1A 型动车组避雷器额定电压 36 kV,持续运行电压 30 kV,标称放电电流 20 kA。

4. 高压互感器

CRH1A 型动车组高压互感器分为电流互感器和电压互感器两种,其工作原理和变压器相同,电压互感器一次侧和二次侧额定电压比为 25 kV:25 V,用于电压测量。CRH1A 平台部分批次动车组电流互感器采用接入式结构,部分批次动车组电流互感器采用穿心式结构,网侧电流互感器一次侧和二次侧额定电流比为 800 A:5 A,用于电量测量以及高压回路的过流保护。

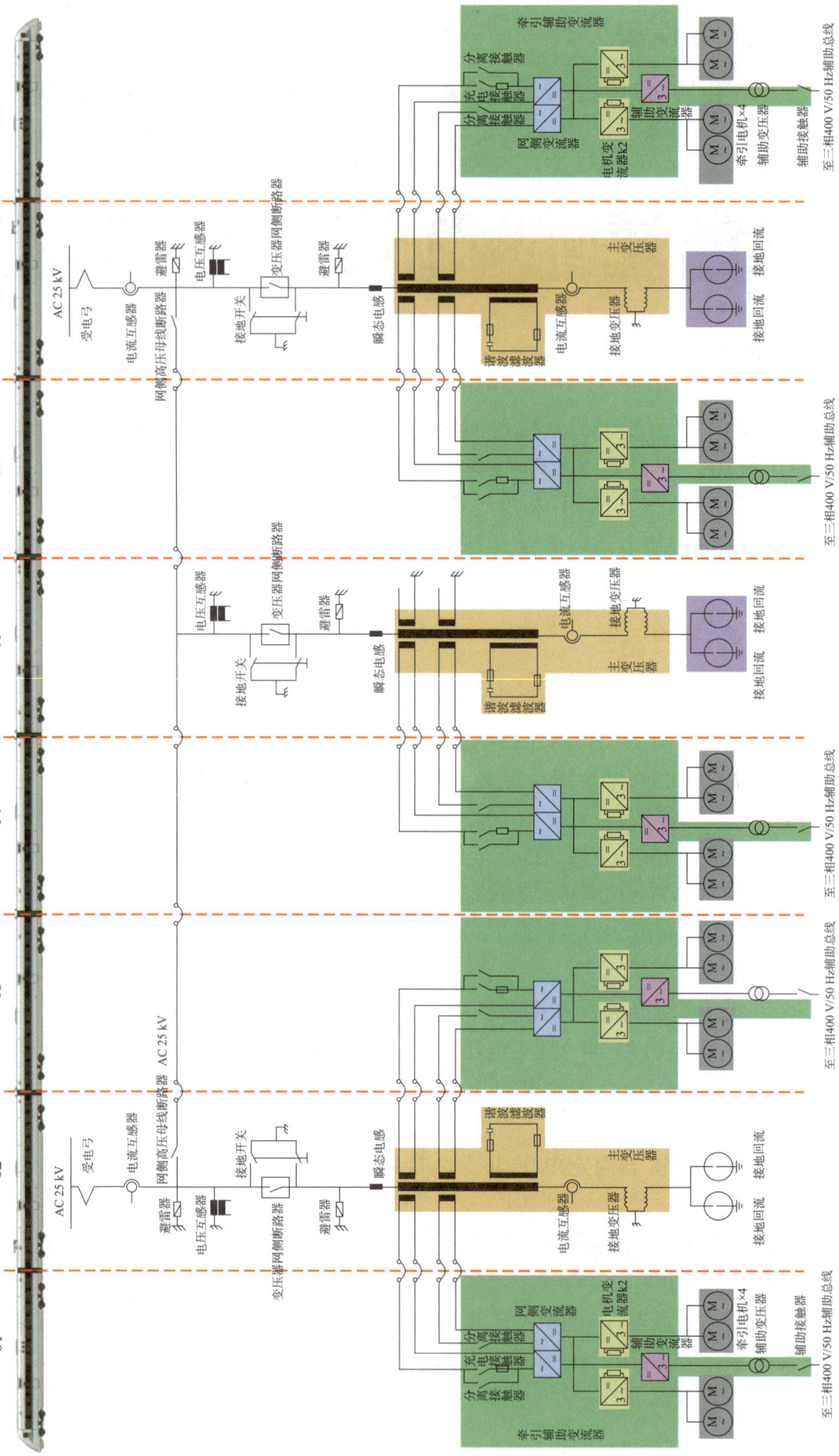

图6-18 CRH1A型动车组主电路拓扑结构

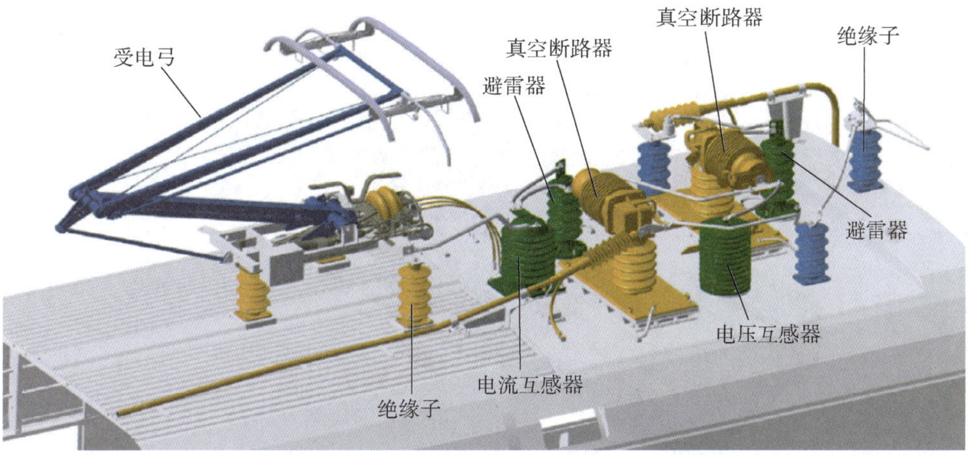

图 6-19 CRH1A 型动车组车顶高压设备

5. 高压隔离开关

高压隔离开关主要由动触头、静触头、驱动杆、绝缘子组成,其额定电压为 31.5 kV,额定电流为 500 A。CRH1A 平台动车组仅 CRH1A-A 型、CRH1E(3)批次动车组车顶高压部分设置高压隔离开关,CRH1A 型动车组未设置。

6. 绝缘子

支撑绝缘子由绝缘体、上下嵌件组成。绝缘体材料为环氧聚酯类,嵌件为不锈钢材质。受电弓支撑绝缘子高度为 400 mm,爬电距离 >1 000 mm。

三、牵引变压器

CRH1A 型动车组每个基本动力单元有 1 台牵引变压器,每个牵引变压器内部有 1 个原边绕组、4 个牵引绕组及 1 个滤波绕组。牵引变压器用于将接触网上获取的 AC 25 kV 高压电变换为 AC 902 V 电源,为本基本动力单元的 2 台(2 动 1 拖配置的基本动力单元)或 1 台(1 动 1 拖配置的基本动力单元)牵引变流器供电,驱动本基本动力单元的 8 台(2 动 1 拖配置的基本动力单元)或 4 台(1 动 1 拖配置的基本动力单元)牵引电机。

1. 基本结构

CRH1A 型动车组采用单相芯式牵引变压器,容量为 2 108 kV·A,冷却方式为强迫导向油循环风冷方式,车体下整体弹性悬挂安装。牵引变压器结构及组成如图 6-20 所示。

2. 工作原理

CRH1A 型动车组牵引变压器内部共有 1 个原边绕组、4 个牵引绕组及 1 个滤波绕组,主电路原理如图 6-21 所示。1U-1V 称为一次绕组,1U 端接 25 kV,1V 端通过接地装置连接钢轨。2U-2V、2UF-2VF 称为二次绕组。在 2 动 1 拖配置的基本动力单元上 2U1-2V1、2U2-2V2 通过电缆连接向一台变流器供电,2U3-2V3、2U4-2V4 通过电缆连接向本基本动力单元的另一台变流器供电。在 1 动 1 拖配置的基本动力单元上 2U1-2V1、2U2-2V2 通过电缆连接向一台变流器供电,2U3-2V3、2U4-2V4 接地。2UF1-2VF1 通过电缆连接网侧谐波滤

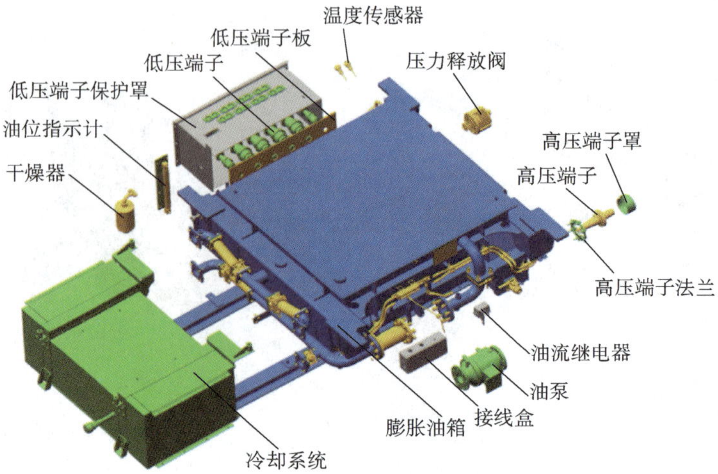

图 6-20　CRH1A 型动车组牵引变压器

波电阻和滤波电容用于抑制网侧谐波。此外,接地变压器为电力回流提供电流通路,防止回流通过轮对轴承,使轴承发热。

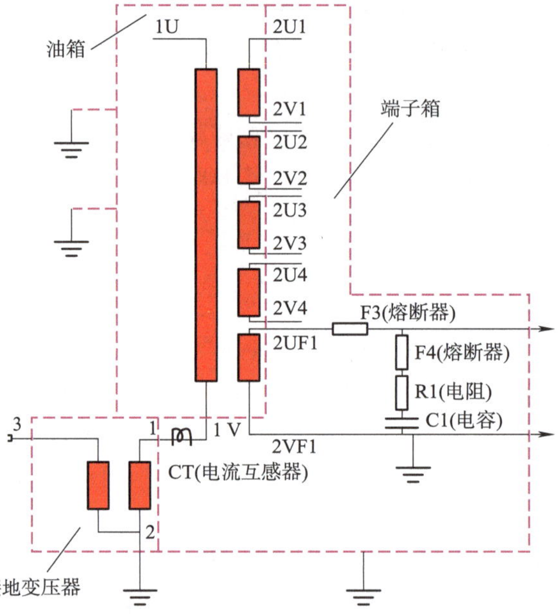

图 6-21　CRH1A 型动车组牵引变压器主电路原理

四、牵引变流器

CRH1A 型动车组的每个基本动力单元有 2 台(2 动 1 拖配置的基本动力单元)或 1 台(1 动 1 拖配置的基本动力单元)牵引变流器,每个动力车均设置 1 台牵引变流器,驱动 4 台牵引电机。

1. 基本结构

CRH1A 型动车组采用主辅一体式牵引变流器,牵引功率为 1 128 kW,结构及组成如图 6-22 所示。

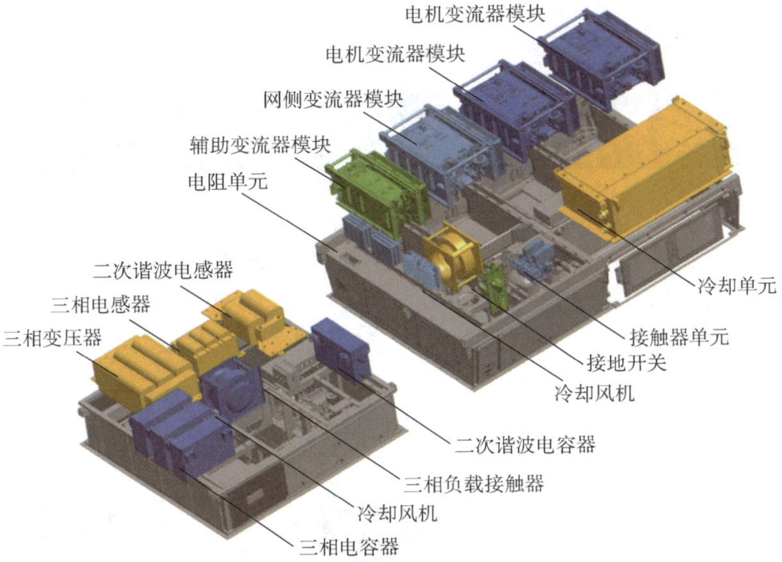

图 6-22　CRH1A 型动车组牵引变流器

2. 工作原理

牵引变流器网侧变流器模块将牵引变压器输出的单相 902 V 交流电整流为 1 650 V 直流电压,给中间直流环节回路供电。牵引变流器电机变流器模块将中间直流环节电压转换为三相变频变压的输出电压给三相异步牵引电机供电。

五、牵引电机

CRH1A 型动车组采用三相鼠笼式异步牵引电机。牵引电机采用 200 级耐电晕绝缘结构,采用强迫风冷方式。动车的每个转向架安装两台电机,采用电气并联的方式由一个电机变流器供电。CRH1A 型动车组牵引电机架悬弹性安装在转向架上,牵引电机功率为 265 kW。牵引电机的结构及组成如图 6-23 所示。

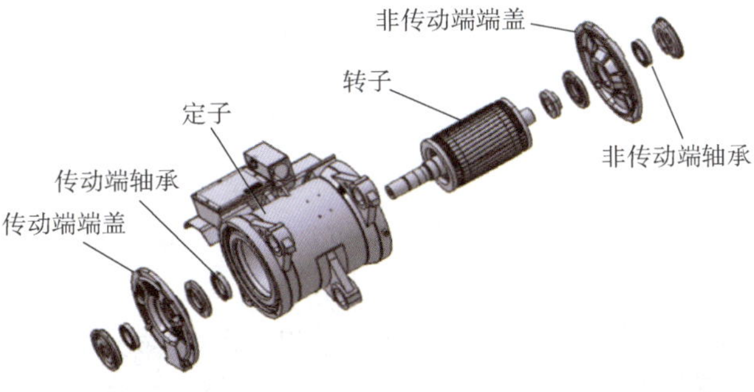

图 6-23　CRH1A 型动车组牵引电机

CRH1A 型动车组在齿轮箱装有 1 个速度传感器,用于检测电机转速。每台牵引电机在定子铁芯、传动端轴承、非传动端轴承处分别装有温度传感器,用于实时检测牵引电机温度。当检测到电机速度、电机温度或电机轴承温度异常时可通过限制电机变流器的输出牵引功率或自动切除电机变流器实现对牵引电机的保护。

第五节 制动系统

CRH1A 平台动车组采用微机控制的电空复合制动,即电气制动与空气制动复合形成列车的制动力,空气制动为直通式空气制动。

一、制动系统组成

制动系统由供风系统、制动控制系统、基础制动装置等组成,如图 6-24 所示。

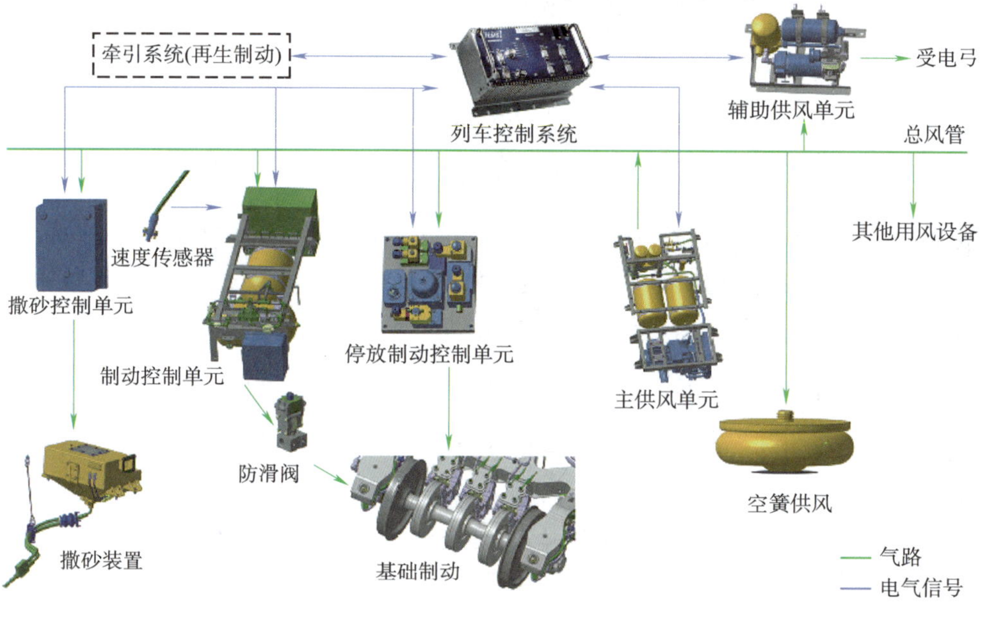

图 6-24 制动系统组成

1. 供风系统

主供风单元主要由空气压缩机和干燥装置组成。全列设置 3 台主供风单元,每台空气排量为 750 L/min,由列车中央控制单元控制主供风单元的启动和停止,使全列总风压力维持在 850 ~ 1 000 kPa 之间。主供风单元采用活塞式空压机,如图 6-25 所示。

在有受电弓的车辆设置辅助供风单元,在动车组主供风单元不能工作且总风压力不足时,可启动辅助供风单元工作为受电弓、真空断路器(VCB)等高压设备提供压缩空气。辅助供风单元由车辆蓄电池供电,空气排量不小于 70 L/min。

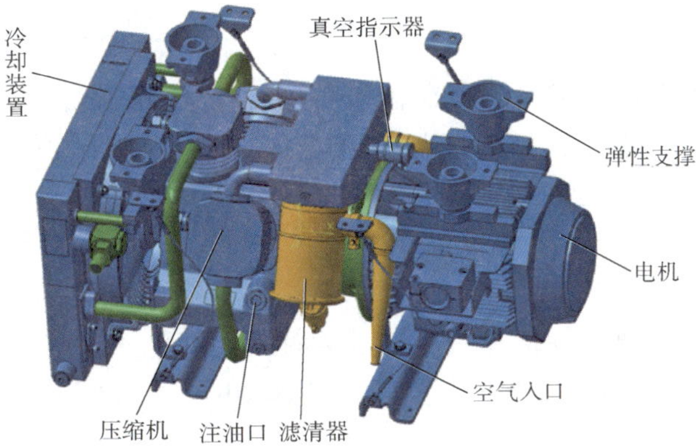

图 6-25　主供风单元

2. 制动控制装置

制动控制装置由电子制动控制单元(EBCU)和气动制动控制单元(PBCU)组成。制动控制模块采用模块化设计,将 EBCU、PBCU 及风缸等设备集成于一个框架式模块,结构如图 6-26 所示。

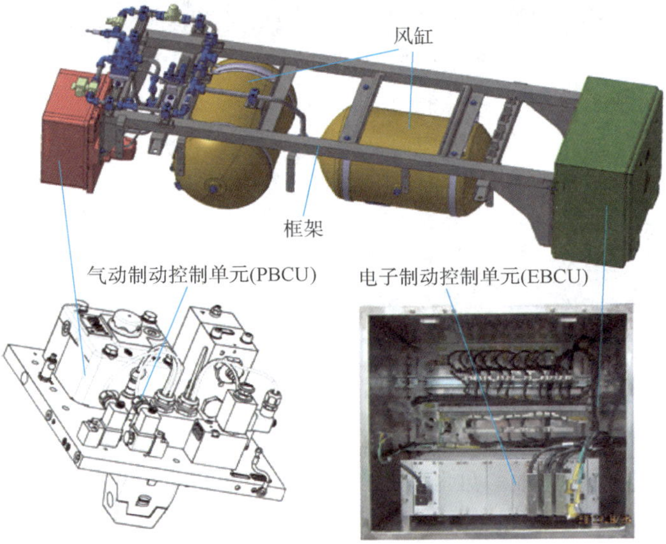

图 6-26　制动控制装置

EBCU 负责接收、处理制动指令、控制本车 PBCU 施加缓解空气制动,采用微处理器控制,具有数字量输入输出接口、模拟量输入输出接口、网络信号接口、驱动模块及电源模块等。

PBCU 负责将 EBCU 的电子控制指令转化为空气压力,其输出的压缩空气直接控制基础制动装置的制动缸产生空气制动力。

3. 基础制动装置

基础制动装置介绍具体见转向架相关章节。

二、功能及控制原理

制动系统具有常用制动、紧急制动、停放制动、保持制动、除冰制动、防滑控制、撒砂控制和救援回送等功能。其中停放制动、保持制动、防滑控制、撒砂控制、救援回送的功能及控制原理与 CR400 平台动车组基本相同。

1. 常用制动

动车组采用列车级制动力管理,列车中央控制单元负责接收制动指令,并根据各车车重、制动级位和列车运行速度等信息进行制动力计算,实现空气制动力与再生制动力的分配,将制动力需求发送给各车的 BCU 和动车的 TCU,BCU 负责实施空气制动,TCU 负责实施再生制动。

常用制动时,EBCU 控制本车 PBCU 内电空转换阀输出对应于当前载荷状态的制动预控压力,预控压力经空重车调整阀,通过中继阀放大流量后,输出至制动缸产生制动力。

2. 紧急制动

紧急制动为纯空气紧急制动,通过独立的安全环路实施,直接作用于紧急制动电磁阀。紧急制动电磁阀采用失电制动的控制形式,制动风缸内的压缩空气通过紧急电磁阀,经空重车调整阀调压,通过中继阀流量放大后输出至制动缸产生紧急制动空气制动力。

当满足以下任一条件时,自动触发紧急制动:

(1)列车运行控制系统触发紧急制动;

(2)紧急制动安全回路断开或失电;

(3)触发乘客紧急制动设施;

(4)总风压力低;

(5)APT 紧急制动指令;

(6)司机警惕装置动作;

(7)按下司机室紧急制动按钮。

3. 除冰制动

在冰雪天气,司机可以通过显示屏上的除冰制动按钮施加除冰制动,产生较小的制动力,通过摩擦制动的施加将制动盘和制动闸片进行加热,防止冰雪覆盖制动盘影响制动性能。

第六节　网络系统

CRH1A 平台动车组网络系统主要实现整车的控制、状态监视、故障诊断及互联互通功能,为司机或机械师提供故障处理指南,为检修维护提供数据支持。为了保证动车组运行安全,网络系统具备通道冗余、重要设备冗余和主从设备切换功能。网络系统由具有通信功能的网络设备和各子系统控制器组成,网络设备包括中央控制单元(TC CCU)、网关

(GW)、数字量输入输出模块(DX)、模拟量输入输出模块(AX)、人机接口显示屏(IDU)等，子系统控制器包括牵引控制单元(PCU)、制动控制单元(BCU)等。通过网络系统进行数据传输和信息共享，以协调控制和管理动车组各子系统。

一、拓扑结构

列车网络控制系统采用 TCN 网络与以太网相结合的架构，其中 TCN 网络采用两级总线式拓扑结构，分为列车级总线 WTB 和车辆级总线 MVB，两级总线结构共同构成列车控制网；以太网采用百兆全双工模式，构成列车维护网，该网络不参与控制，以太网故障时动车组运行不受影响。

WTB 总线物理上采用两根冗余的双绞线，WTB 总线的传输速率为 1 Mbit/s，不同牵引单元之间通过 WTB 总线进行数据通信。同一牵引单元内部通过 MVB 总线进行数据通信，实现各子系统与 TC CCU 之间的数据通信，MVB 总线的传输介质为双绞线总线结构，传输速率为 1.5 Mbit/s。两级总线通过 WTB/MVB 网关进行连接，实现列车级数据与车辆级数据的交换。

以太网总线采用超 5 类屏蔽双绞线，传输速率为 100 Mbit/s。以太网总线将具备以太网通信能力的各个终端设备连接起来，实现软件上载和故障数据下载等。

16 辆编组 CRH1A 平台动车组列车网络控制系统拓扑结构如图 6-27 所示，网络拓扑结构说明如下。

(1)8 辆编组内分为三个牵引单元，分别为 01 ~ 03 车、04 ~ 05 车、06 ~ 08 车三个牵引单元，16 辆编组相当于两个 8 辆编组重联。牵引单元内采用 MVB 总线通信，每 8 辆编组内的高压设备和冗余输入输出设备也采用 MVB 总线通信。

(2)每一牵引单元上有一个具有工业以太网接口的中央控制单元(TC CCU)，负责对本单元车辆的控制、监视和诊断。

(3)每一牵引单元有一个 WTB/MVB 网关，负责牵引单元之间及重联时列车之间数据的交换。

(4)重要功能的输入输出采集设有冗余的输入输出模块，主模块和冗余模块接在不同的 MVB 总线上。

(5)在每个司机台装有 1 个显示屏，在机械师室装有 1 个显示屏，用于显示列车状态、故障诊断信息。

(6)牵引控制单元、制动控制单元、门控单元、空调控制单元、蓄电池充电机等通过 MVB 总线连接到列车网络控制系统上。

二、系统设备

1. 中央控制单元

CRH1A 型动车组中央控制单元如图 6-28 所示，安装在 8 辆编组内两端的车辆以及餐车电气柜。

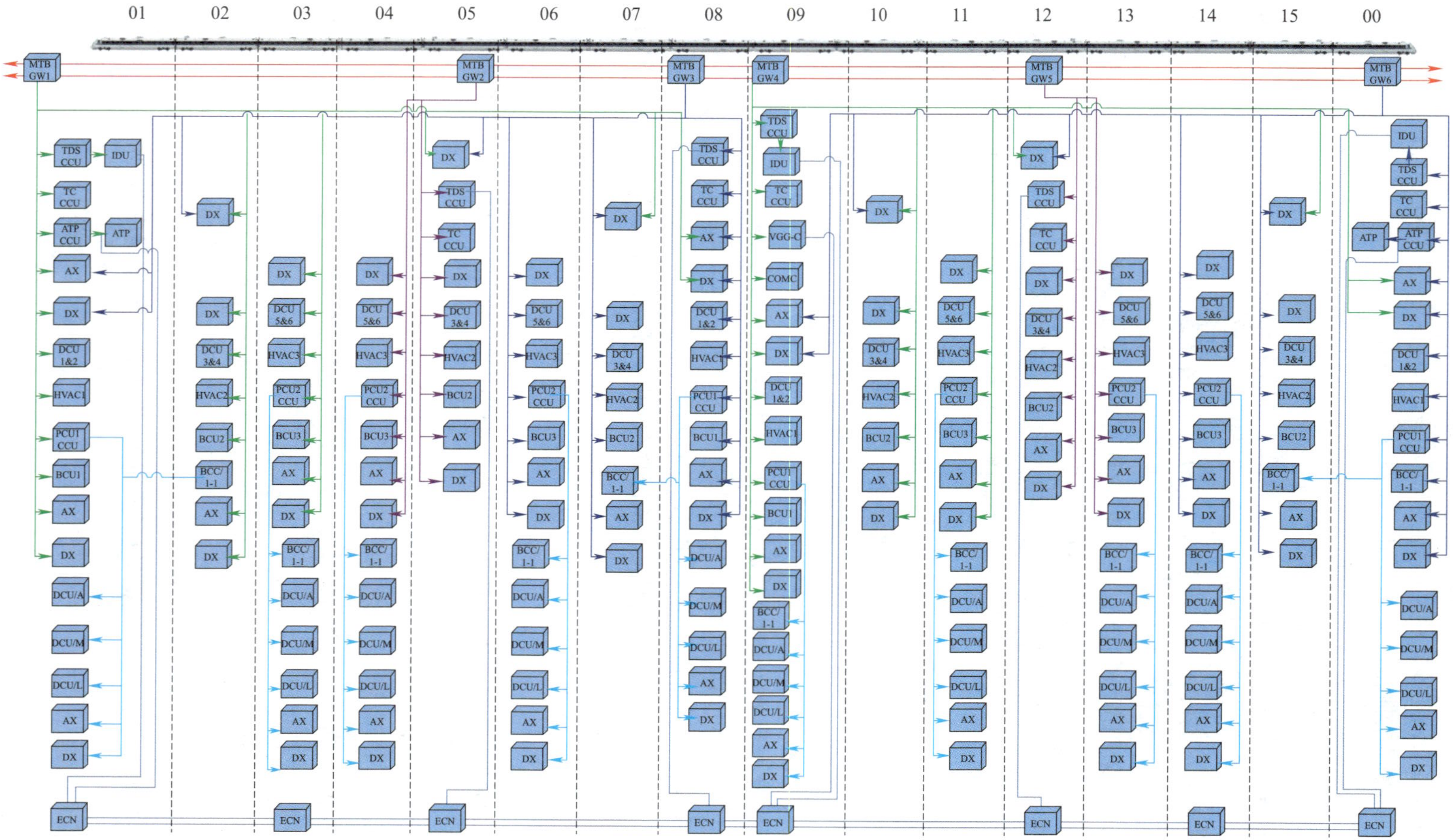

WTB GW　网关
CCU　中央控制单元
IDU　人机接口单元
AX　模拟输入输出单元
DX　数字输入输出单元

DCU　门控制单元
ECN　以太网开关
HVAC　空调控制单元
BCU　制动控制单元
BCC　蓄电池充电控制

PCU　牵引控制单元
DCU/L　网侧变流器控制单元
DCU/A　辅助变流器控制单元
DCU/M　电机变流器控制单元

TDS　列车诊断系统
TC　列车控制系统
COMC　通信控制系统
MCG　移动通信网关

ETH
WTB
MVB-A
MVB-B
MVB-C
MVB-PPC

主要技术差异
本图以CRH1B为例。CRH1E(1)、(2)与CRH1B一致；短编CRH1A与长编CRH1B/CRH1E(1)、(2)半列的网络构架一致。
ECN网络在CRH1A重联时是断开状态。
本图适用于CRH1A/CRH1B/CRH1E(1)、(2)。

图 6-27　16辆编组CRH1A平台动车组列车网络控制系统拓扑结构

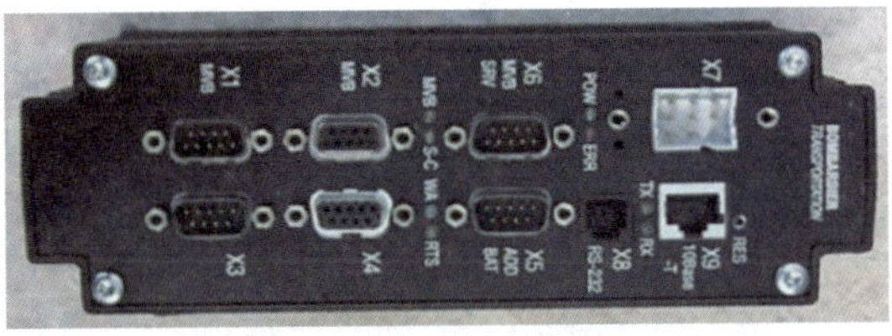

图 6-28　CRH1A 型动车组中央控制单元

2. 输入输出模块

CRH1A 型动车组输入输出模块采用独立模块，安装于司机室操纵台、客室电气柜、卫生间、车下分线箱等位置，包括数字量输入输出模块和模拟量输入输出模块，外形相同，如图 6-29 所示。该模块用于采集 24 V 或 110 V 数字量输入信号、模拟量输入信号，并实现数字或模拟量输出控制。

3. 网关

CRH1A 型动车组每个牵引单元配置一个网关，如图 6-30 所示，安装在 8 辆编组内两端的车辆以及餐车电气柜。

图 6-29　CRH1A 型动车组输入输出模块

图 6-30　CRH1A 型动车组网关

4. 人机接口单元

每个司机室和机械师室设置一个人机接口单元 IDU，机械师人机接口显示屏（HMI）主要用于机械师监视车辆状态，不具备司机控制功能。人机接口显示屏及其主界面如图 6-31 所示。

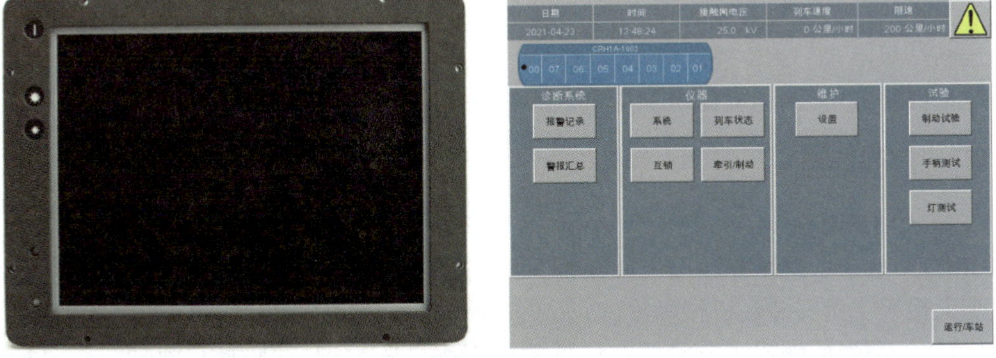

图 6-31　人机接口显示屏及其主界面

5. 以太网设备

CRH1A 型动车组以太网设备包括以太网交换机，如图 6-32 所示，用于软件上载、故障数据下载以及软件调试。

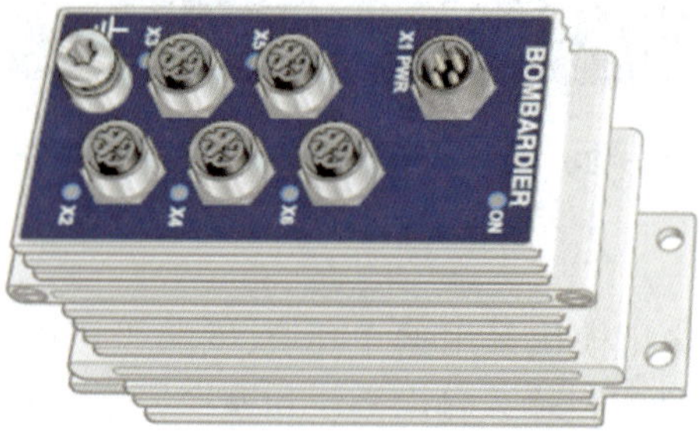

图 6-32　CRH1A 型动车组以太网交换机

三、系统功能

1. 控制功能

CRH1 型动车组列车网络可实现：速度和级位模式管理、换端模式管理、连挂解编模式管理、洗车模式管理、列车限速管理、时钟管理、速度计算等列车控制功能。

2. 监视功能

列车网络系统通过 MVB 接口和 IO 接口采集车辆动态环境信息和车辆状态信息。动态环境信息主要包括运行动车组的时间、经纬度、速度、接触网状态（网压、网流）等信息；车辆状态信息主要有高压、牵引、制动、车门、轴温、失稳等安全相关信息以及空调、卫生间等旅客服务设施状态信息。以上状态信息通过人机接口显示屏进行显示，便于司乘人员掌握车辆状态。

3. 诊断功能

诊断功能由中央控制单元（TC CCU）、远程数据传输装置（WTD）和 IDU 人机接口显示屏实现，包括子系统诊断和中央诊断系统。

子系统诊断对系统自身故障进行诊断，并报告可能的故障和单独的功能限制给 TC CCU；影响列车正常运行的关键设施状态（如受电弓、主断路器），由 TC CCU 汇总车辆及系统状态并统一进行中央诊断。

诊断结果由 TC CCU 进行分类、存储，通过 IDU 进行显示，送入无线传输装置实现故障传输至地面服务中心，为检修维护提供数据依据。

四、安全监控

1. 烟火报警系统

CRH1A 型动车组设有烟火报警系统，烟火报警系统由烟火报警主机及火灾探测器组成。烟火报警主机安装在机械师室内，火灾探测器布置在卫生间、客室、厨房、司机室、监控室等位置，探测器能够探测自身所在区域的烟雾浓度和温度，并将此信息通过信号回路传送至火灾报警控制器的设备。

检测到烟火报警时，烟火报警主机通过 RS-485 串口与网络控制系统（TCMS）进行通信，TCMS 进行声光报警，并在 IDU 显示报警位置，同时 TCMS 控制风挡门、空调等设备运行火灾模式。烟火报警系统整车架构如图 6-33 所示。

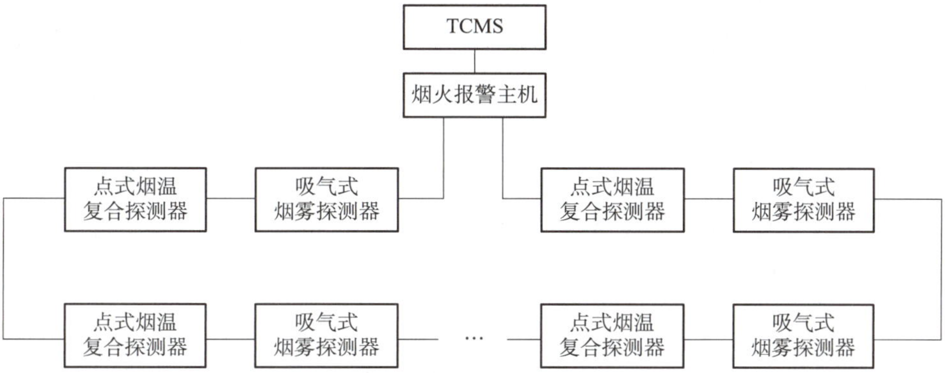

图 6-33 烟火报警系统整车架构

2. 温度监测系统

CRH1A 平台动车组每个轴箱、齿轮箱、牵引电机的轴承部位均设有轴承温度传感器，在运行中轴温监测系统（BMS）实时监控各位置轴承的温度，当温度超过设定值（预警、报警）时，车辆将自动报警或者实施紧急制动停车。轴温传感器安装如图 6-34 所示。

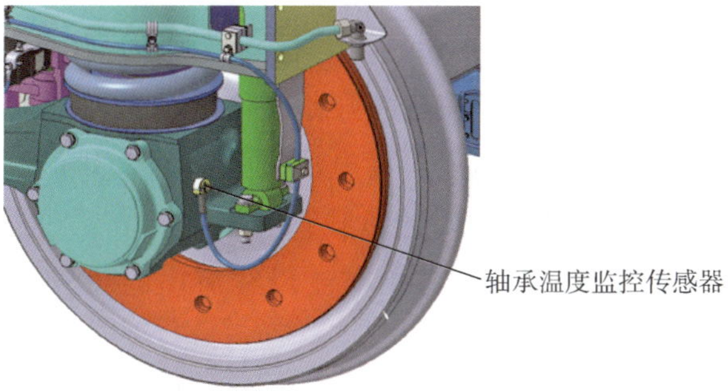

图 6-34 轴温传感器安装示意

第七节 辅助供电系统

一、辅助交流供电系统

1. 系统组成和功能

CRH1A 平台动车组的辅助交流供电系统主要由辅助变流器、辅助变压器、负载接触器、外电源连接插座、三相总线分离开关、三相总线接地开关等部件组成。辅助变流器从牵引变流器中间直流环节取电，采用三相四线制中性线接地系统。

8 辆编组 CRH1A 平台动车组设有 5 台辅助变流器，全列车供电容量约为 700 kV·A。辅助交流供电系统拓扑结构如图 6-35 所示。

辅助变流器与牵引变流器共用冷却系统，每辆动车配置 1 台。在拖车上安装 1 个三相总线分离开关(接触器)，能将三相母线分为两段。在三相母线分离开关的两端，安装 1 个三相总线接地开关，可将三相总线接地，用于维护时防止三相母线意外得电，从而保护人身安全。辅助交流供电系统具有外接电源供电功能，三相外接电源接口位于 Tp02/Tp07 车的侧部，8 辆编组的 CRH1A 平台动车组的头车，也装有外接电源接口，用于救援和被救援工况的三相供电。

2. 辅助变流器

CRH1A 型动车组的单个辅助变流器模块额定容量为 140 kV·A，输出电源为 3AC 876 V/50 Hz，经降压变压器后变为 3AC 400 V/50 Hz。

二、辅助直流供电系统

1. 系统组成和功能

CRH1A 型动车组的辅助直流供电系统采用 DC 110 V 并联母线供电，共有三条母线：直流母线、列车控制总线、紧急供电总线。

辅助直流供电系统拓扑结构如图 6-35 所示。全列设有 5 台充电机、5 组蓄电池，每组蓄电池设有 1 个蓄电池隔离开关，用于完全断开蓄电池。基于列车基本单元配置，直流母线上设有 2 个熔断器，将直流母线分成三段。蓄电池接触器 1(BC1)、蓄电池接触器 2(BC2)、蓄电池接触器 3(BC3)用于蓄电池放电时的负载管理控制。

CRH1A 型动车组配置 5 台充电机，三相交流母线有电时由充电机给整车直流负载供电，同时给蓄电池进行一对一的充电。

CRH1A 型动车组配置 5 组 200 A·h 镍镉碱性蓄电池，全列车蓄电池总容量为 1 000 A·h，无三相交流输入时由蓄电池给整车直流负载提供不间断应急供电，蓄电池容量能满足应急通风及其他应急供电 120 min、应急照明至少 180 min 的放电需求。

2. 充电机

CRH1A 型动车组充电机的输入为三相 AC 400 V/50 Hz，输出电压为 DC 110 V，输出功率为 22 kW。

3. 蓄电池

CRH1A 型动车组采用镍镉碱性蓄电池，蓄电池容量为中倍率 200 A·h，全列共有 5 组蓄电池，每组蓄电池由 82 块单体组成。

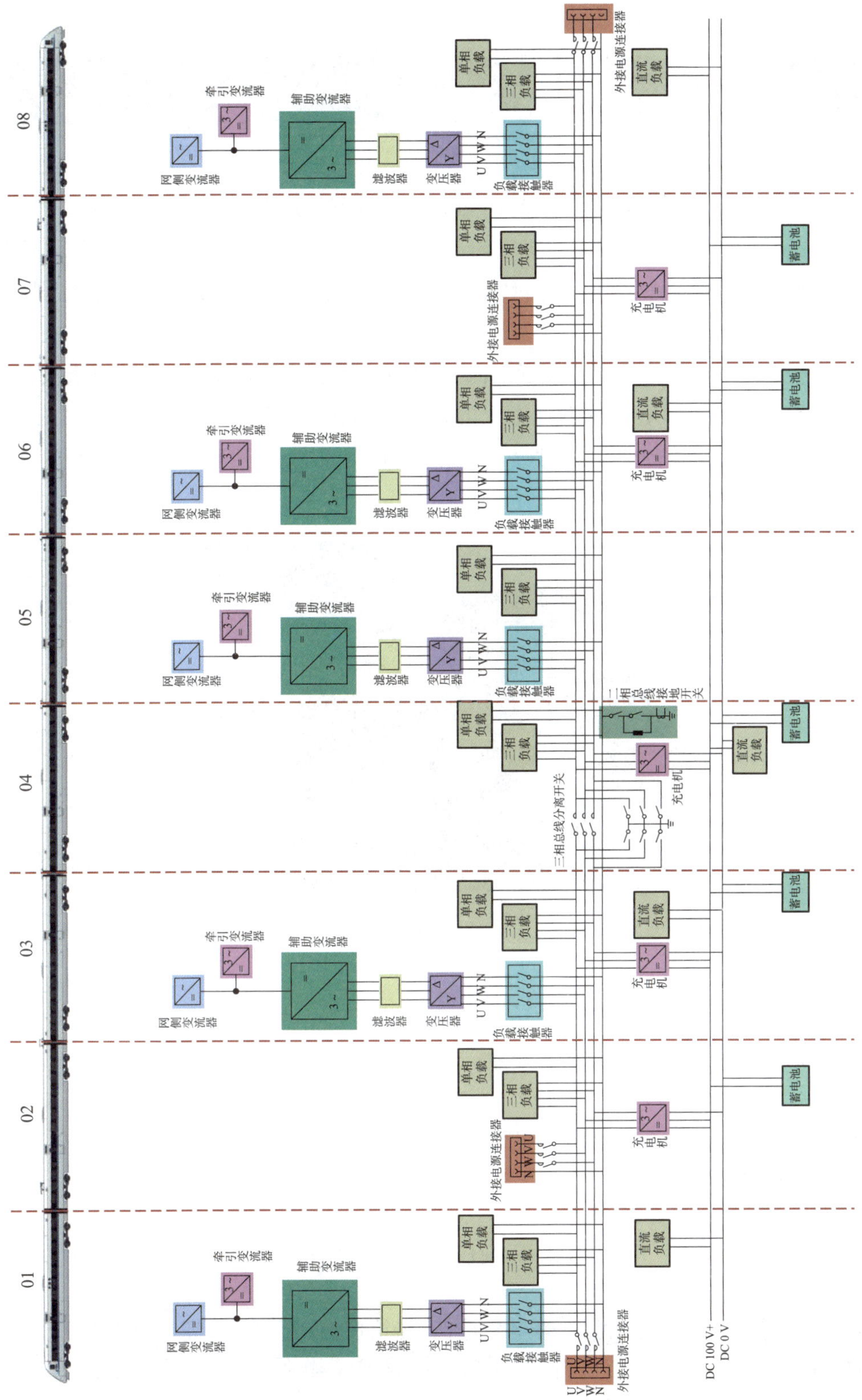

图6-35　CRH1A型动车组辅助供电系统拓扑结构

第八节 驾驶设施

CRH1A 平台动车组设有两个相同操作功能的司机室,分别设在动车组两端的 Mc1a 和 Mc2a 车上,便于列车的双向驾驶。司机室内部为司乘人员提供了良好的人机界面、便利的操作空间和充分的瞭望条件,同时设置有基本的辅助设施,为司乘人员提供安全、可靠、健康、舒适的工作环境。

CRH1A 平台动车组驾驶设施分为操纵设施和驾驶配套设施两部分,操纵设施包含操纵台框架、操纵台面板及安装在操纵台面板上的显示屏、操作设备、面板座、按钮等设备;驾驶配套设置包含雨刮器、风笛、外部照明、司机室遮阳帘等部件。CRH1A 型动车组司机室如图 6-36 所示。

图 6-36 CRH1A 型动车组司机室

一、司机操纵台

CRH1A 型动车组司机操纵台位于司机室中央,是最重要的列车控制组件。

1. 操纵台布局

司机操纵台主要由仪表盘区域、台面区域、台面左侧外围扩展区域、脚踏区域、台面右侧外围扩展区域组成。

司机操纵台布置如图 6-37 所示。

仪表盘区域主要布置 CIR 显示屏、后视仪、TCMS 系统显示器、ATP/LKJ 显示器、手持机及仪表等设备。

台面区域主要布置司机控制器、受电弓按钮、风笛按钮、开关门按钮等操作开关。

台面左侧外围扩展区域下方设置 CIR 扬声器、220 V 电源插座及脚踏加热开关。脚踏加热开关用于控制脚踏加热功能。

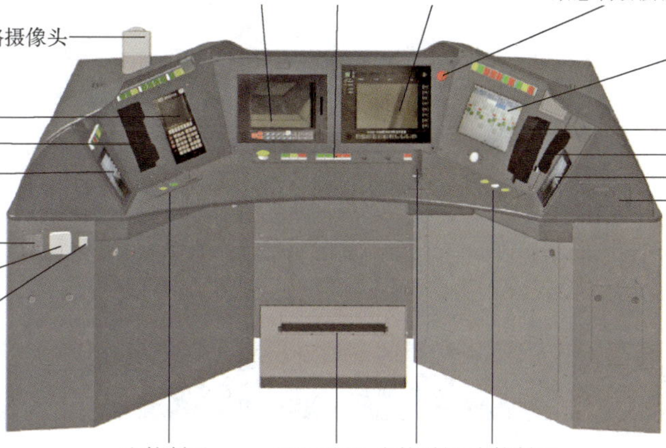

图 6-37 CRH1A 型司机操纵台布置

脚踏区域设置司机警惕装置及脚踏升降按钮。

台面右侧外围扩展区域设置 EOAS 数据转储装置。

2. 司机警惕系统

CRH1A 型动车组司机安全脚踏采用模块化设计，包括脚踏板、升降托盘、导向装置、升降控制组件、触发机构和安全踏板组件等部件。

3. 司机控制器

CRH1A 型动车组司机控制器位于操纵台面的右手侧，是司机操作列车的主要设备。司机控制器设置有一个手柄。手柄设有 0 位(手柄垂直)、恒速位、紧急制动位三个位置及牵引区域、制动区域两个区域。手柄上设有防误动按钮。

二、司机室遮阳帘

CRH1A 型动车组的司机室遮阳帘位于动车组车头前部司机室前窗下方，用于遮蔽司机室前窗玻璃，以保护司乘人员在车辆运行过程中免遭强烈的太阳光照射而引起头晕、目眩等不良情况。

CRH1A 型动车组的司机室遮阳帘为电动遮阳帘，司机室遮阳帘具有上升和下降两种动作模式，由位于司机操纵台上的“遮阳帘上升”按钮和“遮阳帘下降”按钮控制。按动“遮阳帘上升”按钮：遮阳帘上升，松手即停；按动“遮阳帘下降”按钮：遮阳帘下降，松手即停。

三、风　　笛

CRH1A 型动车组风笛是辅助司机进行安全提醒的一种安全功能装置，安装在车头前舱上部两侧区域，左侧为高音风笛，右侧为低音风笛。风笛主要由高音风笛、低音风笛、控制面板、供风管路及风笛开关组成，风笛开关位于司机室操纵台上。

四、雨 刮 器

CRH1A 型动车组雨刮器安装在司机室前窗外部，用于清洁前窗玻璃，保持风挡玻璃上不会积存雨雪，并清理风挡玻璃上的污物，以保障司机室的视野清晰，进而确保司机驾驶安全。

每个头车装有一套雨刮器，每套雨刮器由驱动装置、刮臂、洗涤泵、储液箱等组成。

五、外部照明

CRH1A 型动车组外部照明部件包括顶灯、前照灯和标志灯，前照灯、标志灯位于动车组司机室前部，前照灯用于照明和警示，标志灯用红色灯光显示列车运行线路和方向。

第九节　车内设备

一、旅客信息系统

CRH1A 型动车组旅客信息系统由信息显示系统、广播与通信系统以及娱乐系统组成。具有通告广播、通信、信息显示和音视频播放的功能。控制器、操作屏及其终端设备拓扑结构如图 6-38 所示。

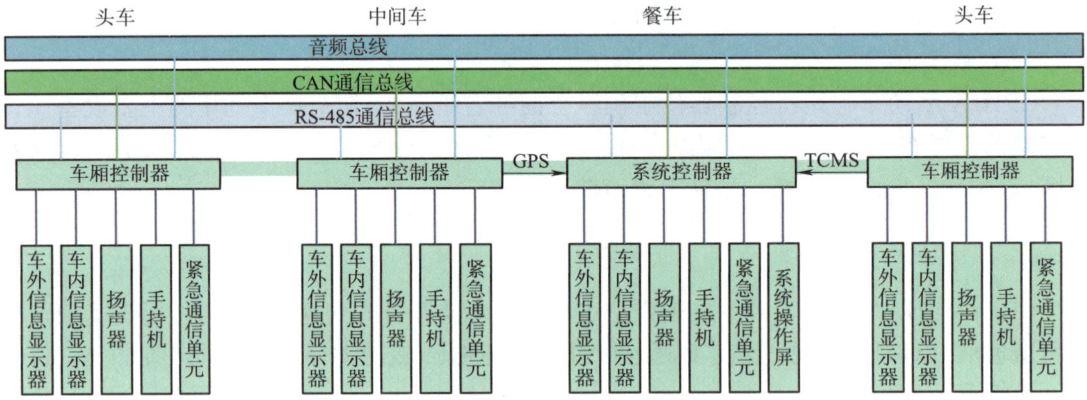

图 6-38　旅客信息系统控制器及其终端设备拓扑结构

二、视频监控系统

视频监控系统由监控屏、受电弓摄像机、全景网络摄像机、半球网络摄像机、视频监控服务器和智能分析主机组成。车厢视频监控主要功能包括对车厢内公共区域监视、对采集的视频信息进行实时存储，具有使用外接授权终端设备进行单车厢预览、查询、回放及下载的功能。受电弓视频监控系统对受电弓和接触网进行状态监视，为随车机械师处理异常降弓等弓网故障提供辅助的图像监视功能；减少机械师在高压设备发生故障后登顶检查的频次，提高动车组运用安全性。视频监控系统拓扑结构如图 6-39 所示。

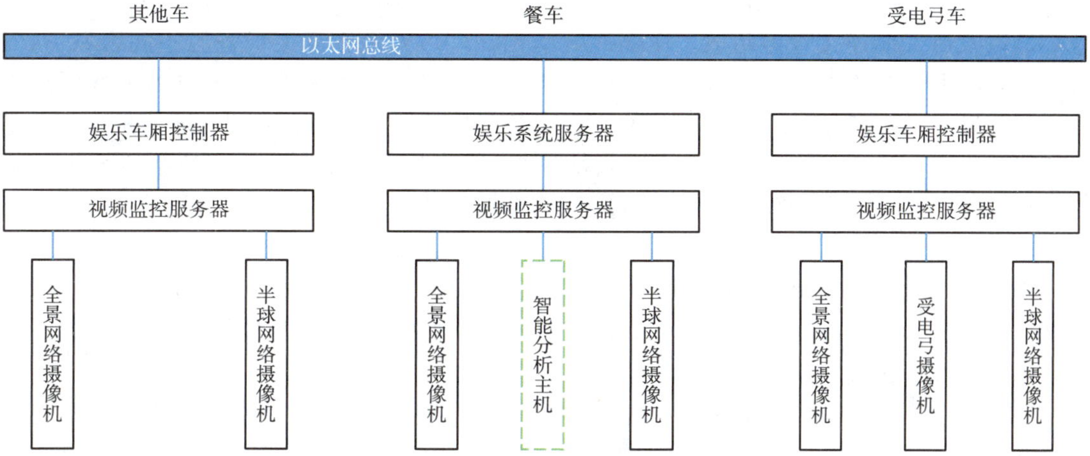

图 6-39　视频监控系统拓扑结构

三、照　　明

CRH1A 型动车组客室内部为 T5 荧光灯管,CRH1A-A 型动车组客室内照明采用节能环保 LED 灯。车内照明具备全灯、半灯控制功能。整车照明可集中控制,可通过设置在司机室、机械师室的 IDU 屏幕按钮控制整列或单车的全灯、半灯切换。车内照明按安装区域主要分为客室照明、通过台及司机室照明、乘务员及机械师室照明、厨房吧台及走廊照明。照明系统构成如图 6-40 所示。

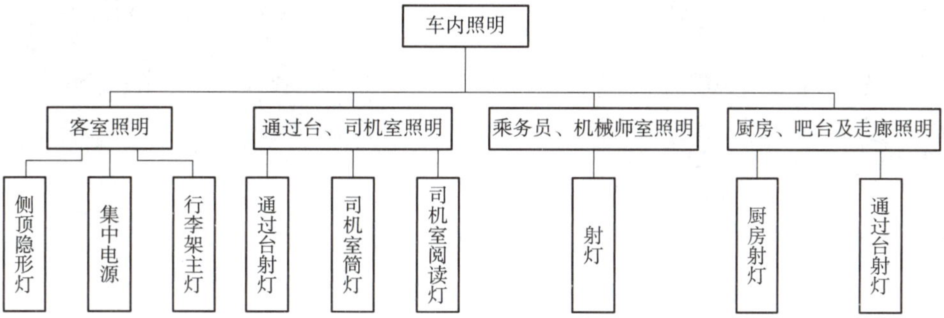

图 6-40　CRH1A 平台动车组车内照明系统构成

四、空　　调

CRH1A 型动车组空调系统可保证动车组车内舒适的空气环境性,车内夏季一般温度在 24～28 ℃,相对湿度≤70%,新鲜空气量 20～25 m^3/h 每人;冬季一般温度在 18～20 ℃,相对湿度≤30%,新鲜空气量 15～20 m^3/h 每人。

空调系统主要包括客室空调机组、废排装置、空调控制柜、司机室空调机组、温度传感器、风扇、电加热器等零部件,部分车型设有压力波保护装置。CRH1A 型动车组客室气流组织分布如图 6-41 所示。

CRH1A 型客室空调机组采用分体式，主要由空气处理单元（AHU）和压缩冷凝单元（CCU）以及有关的连接管道组成。压缩冷凝单元（CCU）安装在底架设备舱中间区域，空气处理单元（AHU）在车体顶部中间区域，两个单元之间通过预埋在侧墙体内的制冷管道连接。制冷量 48 kW，制热量 24 kW，送风量 6 200 m^3/h，制冷剂采用 R407C 环保制冷剂。空气处理单元由蒸发器、通风机、电加热器、新风口、新风风门等组成；压缩冷凝单元由压缩机、冷凝风机、冷凝器、储液器、视液镜、过滤干燥器等组成。

CRH1A 型司机室空调机组采用单元式，安装在客室区域端部车顶。

废排装置为单元式，每辆车设有两个废排装置，分别安装在车内两端内顶板之上，通过废排风道与车体废排风口连接。每个废排装置有 2 个废排风口，废排装置主要由废排风机、电动风阀等部件构成。

空调系统的控制元件均集成在客室空调控制柜中；根据传感器用途的不同，空调系统视需要配备有不同数目的温度传感器，用于对客室、司机室和通过台温度的调节和控制。

五、给排水卫生系统

CRH1A 型动车组给排水卫生系统主要包括供水装置、饮水装置及卫生装置三部分，系统组成如图 6-42 所示。

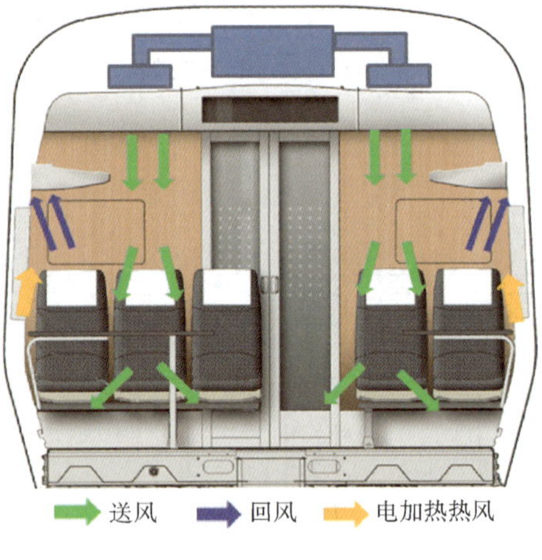

图 6-41　CRH1A 型动车组客室气流组织分布

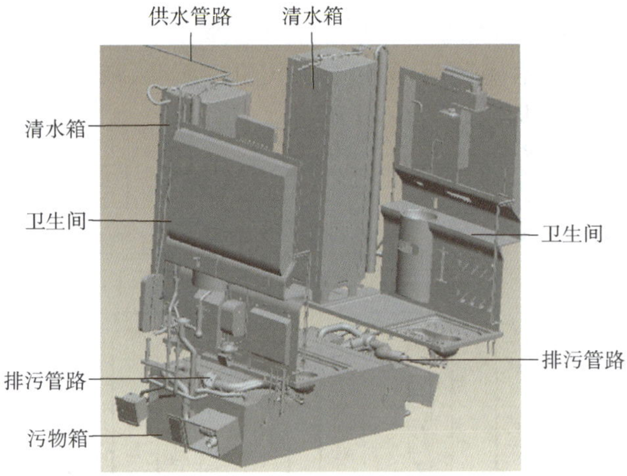

图 6-42　给排水卫生系统组成

CRH1A 型动车组主要采用紧凑式真空集便系统，污物箱为常压箱体，真空在中转箱中产生，污物被抽吸到中转箱中后再排入污物箱中。部分车组采用在线式真空集便系统，污物箱为常压箱体，真空在排污管路中产生，污物经过喷射器排入污物箱中。

六、内装设备

1. 车窗

CRH1A 型动车组车窗主要包括司机室前窗、司机室侧窗、客室侧窗、客室紧急车窗。

侧窗主要由中空玻璃（物理钢化）等组成。紧急车窗旁边设有安全锤，紧急情况下可使用安全锤敲打紧急车窗玻璃的标识处，每层玻璃都破碎后，推掉玻璃形成安全出口，实现逃生。

动车组司机室前窗具有电加热功能，具有良好的透光率、抗冲击性、光畸变、耐磨性等性能。

2. 车门

根据车门的功能及安装位置，车门可分为外门和内门两大类。外门为塞拉门，为保证旅客舒适度，外门具有良好的气密性能；为保证司乘人员及财产安全，外门具有牵引联锁功能，如外门未良好关闭，列车不能启动。内门可分为风挡门、通过台门等，部分车型未设独立的司机登乘门，司机和旅客共用同一车门。

通过台门为电动门，主要作用是实现客室侧与通过台侧的隔离，包括门扇、承载驱动机构、下导轨、前门框组件、红外传感器（按钮开关门板）、隔离锁等，通过红外传感器开关实现开关门，红外传感器位于通过台门客室侧顶部区域。

3. 座椅

CRH1A 平台动车组车内座椅包括商务座椅、一等座椅、二等座椅、司机座椅。

部分车型设置有商务座椅。客室座椅为非旋转和可旋转结构两种。司机室座椅主要有体重调节功能、座椅前后移动功能、前升降调节功能、旋转调节功能、后升降调节功能、坐垫前后调节功能、靠背倾角调节功能、挺腰调节功能、扶手倾角调节功能、头枕高度调节功能等功能。

4. 内装

内装主要包括侧墙板、客室顶板、平顶板、地板、间壁、地板布、行李架等。内装主要采用玻璃钢、铝板、蜂窝复合板等环保材料，具有良好的防火、阻燃、吸音等性能。

5. 厨房

CRH1A 型动车组在列车中部设有餐车，主要为乘客提供快餐、快速食品、酒水、饮料等服务，可对食物进行加热或冷却操作。

第十节 其他车型对比

CRH380D 型动车组与 CRH1A 型动车组对比，属于两个完全不同的平台。车辆的编组形式、平面布置、车体结构、转向架、高压牵引系统、制动系统、网络系统、辅助供电系统、驾驶设施、车内设备布置等均不相同。CRH380D 型动车组采用 4 动 4 拖编组；车体为典型的铝合金型材结构，采用与车体等长的大型中空铝合金型材组焊而成；转向架设有联系枕梁，联系枕梁内腔同时充当附加空气室，同时设有失稳监控装置及轮缘润滑装置；牵引系统设备配置不同，轮周牵引总功率为 10 080 kW；制动系统主供风单元压缩机的形式以及配置数量不同，全列设置 2 台螺杆式主供风单元，每台空气排量 1 060 L/min；网络系统 MVB 总线物理介质为 EMD（electrical middle distance，电气中距离，本传输介质为屏蔽双绞线结构，传输距离较长），全列分为两个单元组，单元组内新增了网关冗余、CCU 冗余、MVB 中继器冗余，司机室新增了人机接口显示屏 IDU 冗余。

复习思考题

1. CRH1A 平台动车组包括哪些车型?
2. 8 辆编组 CRH1A 平台动车组由几个动车和几个拖车组成?
3. CRH1A 平台动车组车体主要由哪些结构组成?
4. CRH1A 平台动车组高压设备有哪些组成部件?
5. CRH1A 平台动车组牵引变压器内部共有几个原边绕组和几个牵引绕组?
6. CRH1A 平台动车组受电弓安装在动车组的哪个位置?
7. CRH1A 平台动车组制动系统具有哪些功能?
8. CRH1A 平台动车组网络系统有哪些系统组成部件?
9. CRH1A 平台动车组辅助交流供电系统的额定电压是多少?辅助直流供电系统的额定电压是多少?
10. CRH1A 平台动车组空调系统的主要功能是什么?空调系统主要有哪些组成部件?

第七章

CRH5A平台动车组

学习任务

CRH5A 平台动车组是和谐号系列动车组的典型代表，是中车长春轨道客车股份有限公司生产的动车组。

本章以 CRH5A 型动车组为典型车型，从总体、车体、转向架、高压牵引系统、制动系统、网络系统、辅助供电系统、驾驶设施、车内设备等主要系统的组成、原理和功能等方面进行阐述。

通过学习，熟悉 CRH5A 平台动车组的概念、基本构成，掌握 CRH5A 平台动车组各系统主要工作原理和功能，提高对 CRH5A 平台动车组各系统技术的理解。

第一节　总　　体

一、概　　述

CRH5A 平台动车组为动力分散电动车组，包括 CRH5A、CRH5G、CRH5E 等型号。其中，CRH5A、CRH5G 型动车组为 8 辆编组动车组（座车），CRH5E 型动车组为 16 辆编组动车组（座卧两用）。

CRH5A 型动车组为 CRH5A 平台动车组的典型车型，最高运营速度 250 km/h，可在高速铁路及客运专线上运营，也可在新建 200 km/h 客货共线铁路上以线路允许速度运营，还可以在既有线电气化区段上运行。

CRH5A 型动车组列车外形采用流线型设计，如图 7-1 所示。动车组两端为对称设计，两端均设有司机室，便于列车双向驾驶。

二、平面布置

1. 平面布置

CRH5A 型动车组为时速 250 km 的动力分散电动车组，采用 5 动 3 拖，定员 586 人，按座椅布置的不同可分为一等座车、二等座车和餐座合造车。一等车厢座席采取 2 +2 布置；

图 7-1　CRH5A 型动车组

二等车厢座席采取 2 +3 布置；餐座合造车厢设置厨房及二等座；整列动车组除餐车外各车厢均设有卫生间，其中 07 车设有轮椅存放区和无障碍卫生间。CRH5A 型动车组平面布置如图 7-2 所示。

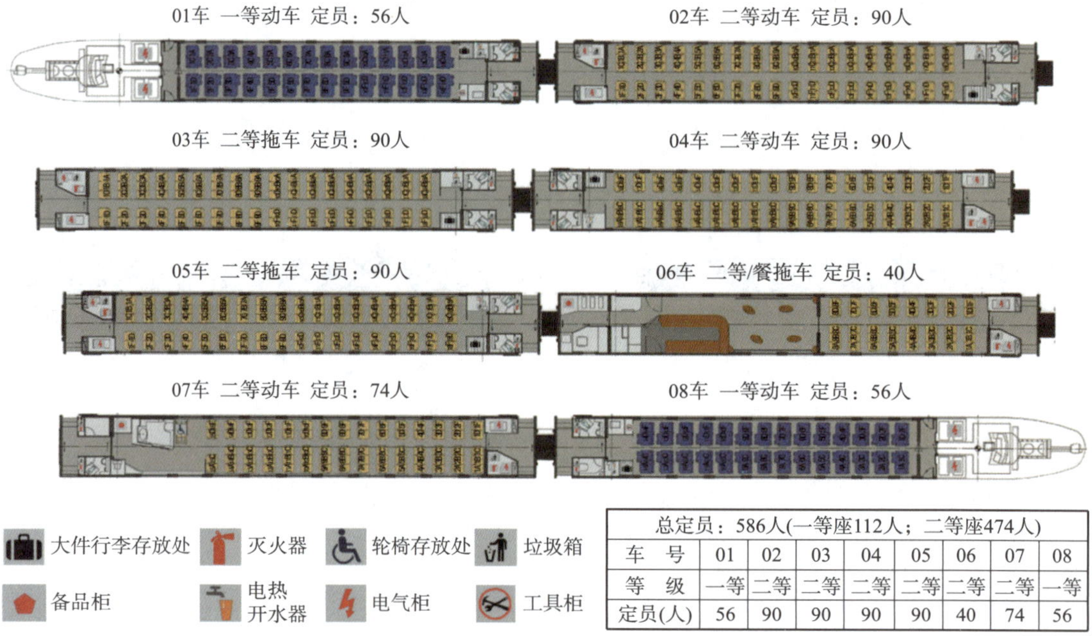

总定员：586人(一等座112人；二等座474人)								
车　号	01	02	03	04	05	06	07	08
等　级	一等	二等	二等	二等	二等	二等	二等	一等
定员(人)	56	90	90	90	90	40	74	56

图 7-2　CRH5A 型动车组平面布置

2. 车下设备布置

CRH5A 型动车组车下布置有牵引辅助变流器、牵引变压器、制动控制单元、风缸、污水箱、充电机、蓄电池等设备，车下设备布置如图 7-3 所示。

3. 车顶设备布置

CRH5A 型动车组车顶布置有天线、空调、受电弓、避雷器等设备。车顶设备布置如图 7-4 所示。

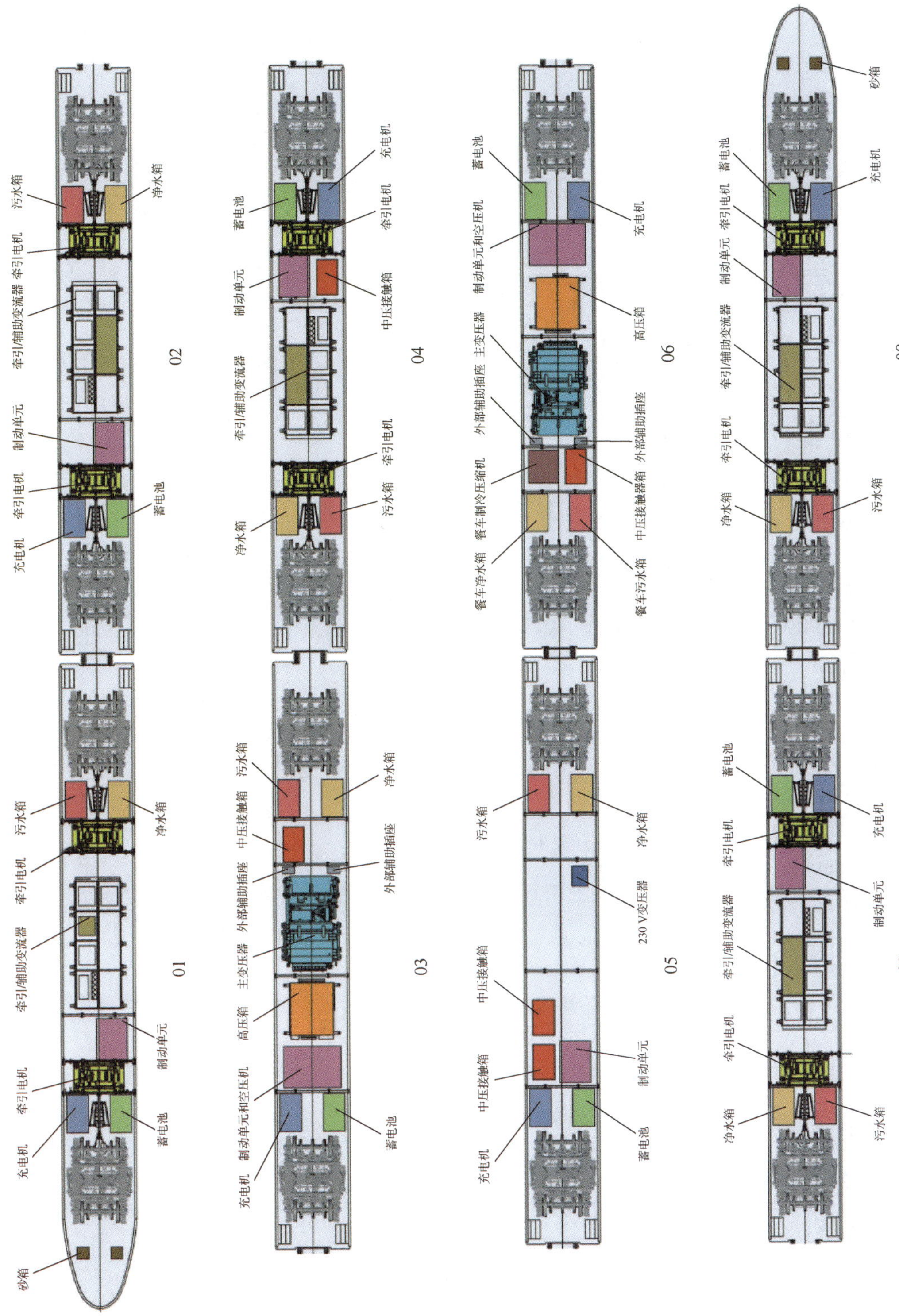

图 7-3　CRH5A型动车组车下设备布置

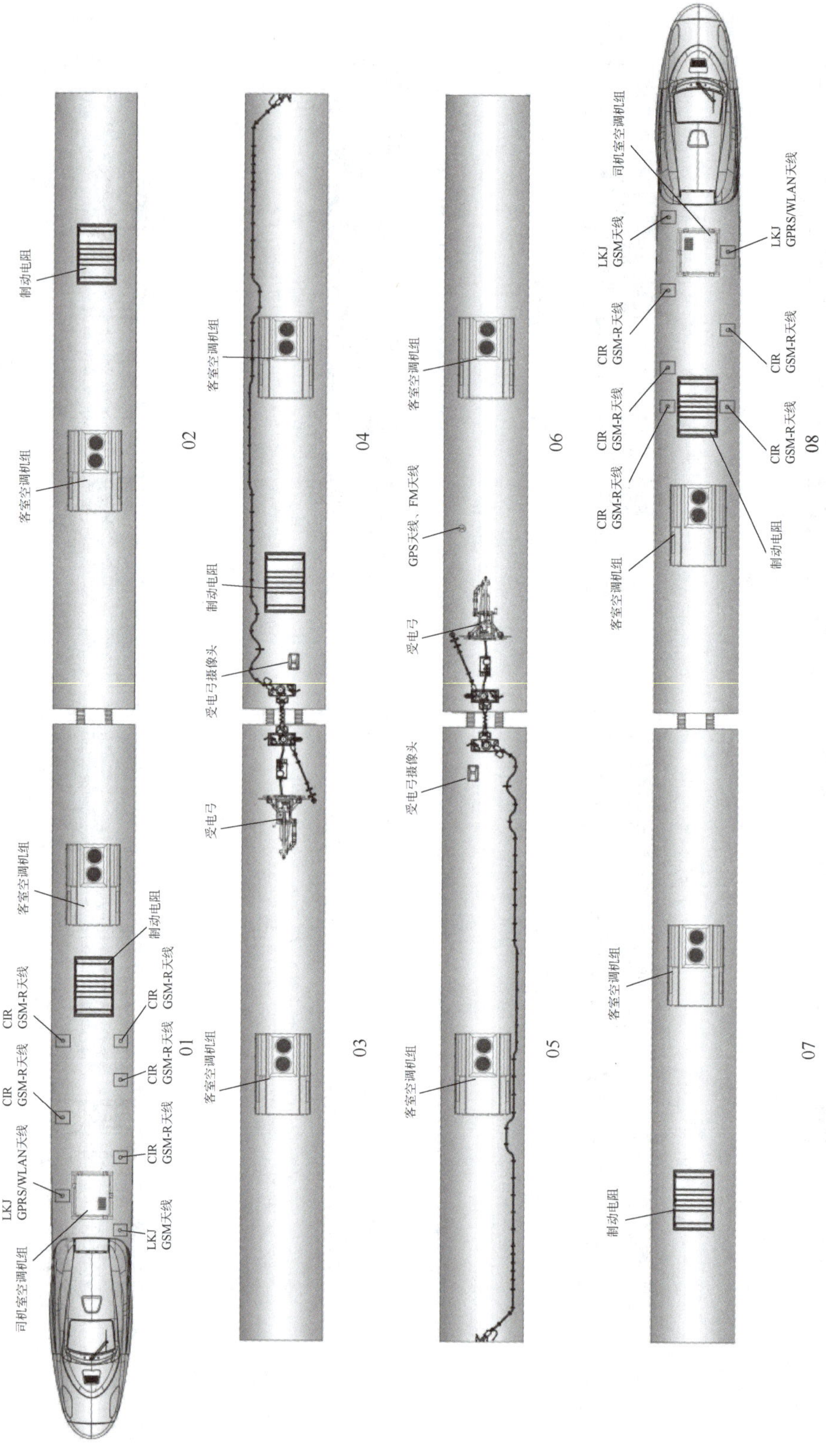

图 7-4　CRH5A型动车组车顶设备布置

三、主要技术参数

CRH5A 型动车组主要技术参数见表 7-1。

表 7-1 CRH5A 型动车组主要技术参数

项 点	参 数	项 点	参 数
车体总长(m)	约 211	车体最大高度(mm)	4 270
车组设计寿命(年)	30	编组整备总重(t)	429.4
最高试验速度(km/h)	275	最大制动距离(m)	3 200
车辆固定轴距(mm)	2 700	车轮踏面类型	XP55
自动车钩中心高度(mm)	1 000	轮周牵引总功率(kW)	5 500
受电弓落弓高度(mm)	4 472	车组通过最小曲线半径(m)	160
蓄电池电压(V)	DC 24	重联时双弓间距(m)	211.09
车体最大宽度(mm)	3 200	环境温度(℃)	-25 ~ 40
适应站台高度(mm)	1 250	车体材质	铝合金
最高运营速度(km/h)	250	全列载重(t)	46.9
车轮直径(mm)	890/820	转向架中心距离(mm)	19 000
中间车钩中心高度(mm)	950	最大轴重(t)	17
受电弓高度(mm)	4 862 ~ 6 768	车组通过最小 S 形曲线半径(m)	160 + 10 + 160
外接电源电压(V)	AC 380	正常运行网压(kV)	22.5 ~ 29
编组方式	5 动 3 拖	ATP 型号	CTCS-2

第二节 车 体

一、组 成

CRH5A 平台动车组车体包括车体结构、车端连接装置、设备舱、前端开闭机构等。

二、车体结构

车体结构主要分为中间车体和头车车体两种基本结构，中间车体由底架、侧墙、车顶、端墙组成，头车车体由中间车体演变而来，结构上仅以空气动力学前端结构取代了中间车的一端外端墙及底架端部结构。车体结构采用与车体等长的大型中空铝合金型材组焊而成，为薄壁筒形整体承载结构。车体所使用的材料为可焊接铝合金，主要材料牌号有 5083、6005A、6082。头车车体结构如图 7-5 所示，中间车体结构如图 7-6 所示，头车长度为 27 600 mm，中间车长度为 25 000 mm，宽度为 3 200 mm，距轨面高度为 3 730 mm。

图 7-5 头车车体结构

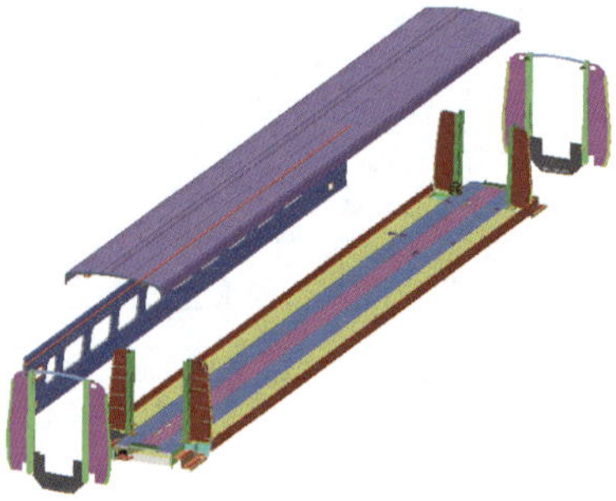

图 7-6 中间车体结构

三、车端连接装置

1. 车钩缓冲装置

(1)自动车钩

自动车钩采用连杆式车钩，由机械车钩、电气车钩、主风管、连接卡环、接线盒、缓冲装置、接地线、压溃系统等零部件组成，如图 7-7 所示，为一体式自动车钩，距轨面高度 1 000 mm。电气车钩安装在机械车钩上部，由气缸推动控制机构，实现电气车钩的伸出和缩回。

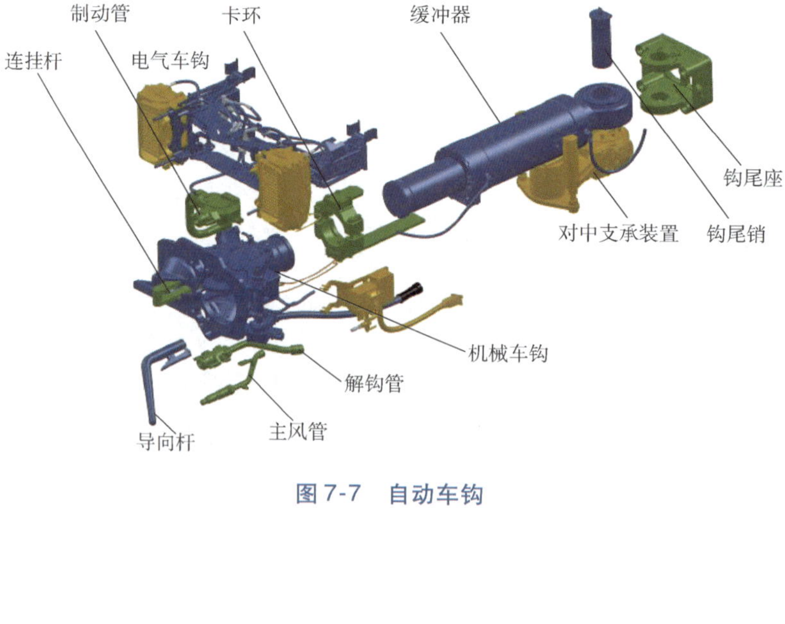

图 7-7 自动车钩

(2)中间车钩

中间车钩采用半永久车钩,一端设缓冲装置,配对的另一个半永久车钩配有刚性杆,如图 7-8 所示。两个半永久车钩通过卡环连接在一起,可满足动车组的垂直曲线运动、水平曲线运动以及两连接车辆间的相对旋转运动。

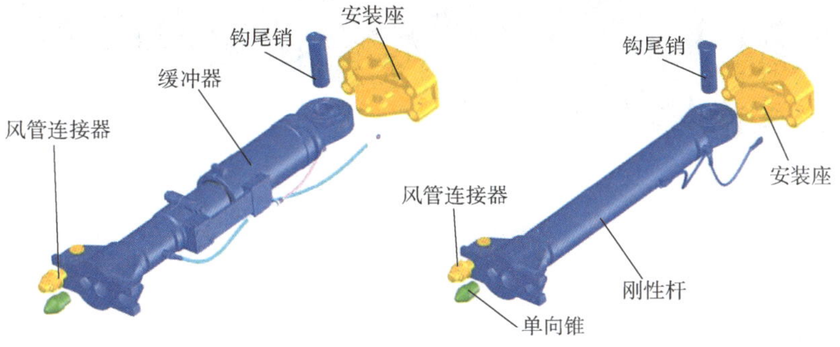

(a) 带缓冲器半永久车钩　　(b) 无缓冲器半永久车钩

图 7-8　中间车钩

(3)过渡车钩

在动车组无火回送和救援工况,需使用动车组配备的过渡车钩连挂。

2. 风挡

风挡包括折棚组成、渡板、踏板、过渡板等部件。折棚组成由两个连接框、双层折棚和防护裙边组成;连接框由铝型材焊接而成,设有锁闭机构;双层折棚由柔软的篷布材料制成,内外篷布用铝型材压褶在一起,形成完整封闭 O 形。折棚组成通过锁闭装置固定在车体端墙上,折棚应具有足够的刚度和阻尼特性,以抑制车体侧滚、摇头等相对运动。风挡如图 7-9 所示。

图 7-9　风挡

四、设备舱

车下设备舱为整体模块化结构,分为端部模块、中部模块、端板三部分。端部模块位于枕外,中部模块位于枕内,端板位于转向架前后部的端部托架上,如图 7-10 所示。

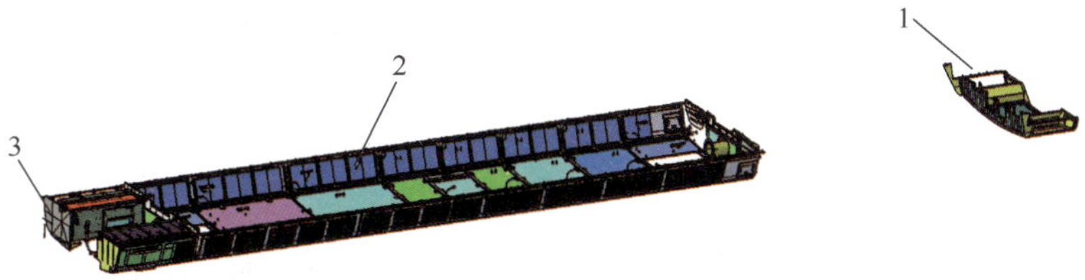

图 7-10　车下设备舱

1—端部模块;2—中部模块;3—端板

中部模块设备舱由裙板、底板、设备舱支架等组成，与车体底架隔墙形成一个密闭型舱体，将车下设备置于其中，如图 7-11 所示。

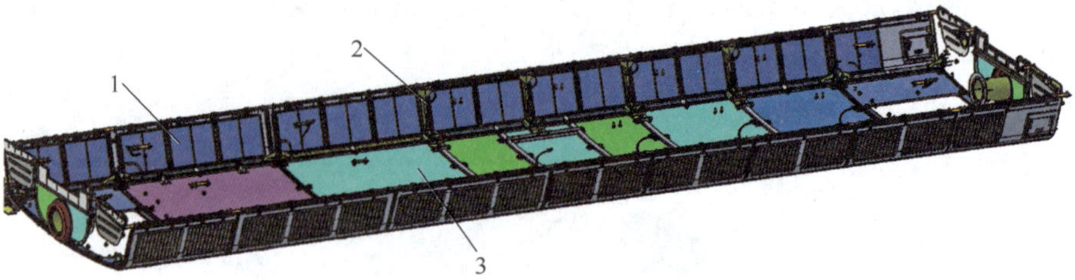

图 7-11　中部模块设备舱

1—裙板；2—设备舱支架；3—底板

五、前端开闭机构

前端开闭机构在重联、回送和救援工况下，可自动/手动打开和关闭，如图 7-12 所示。

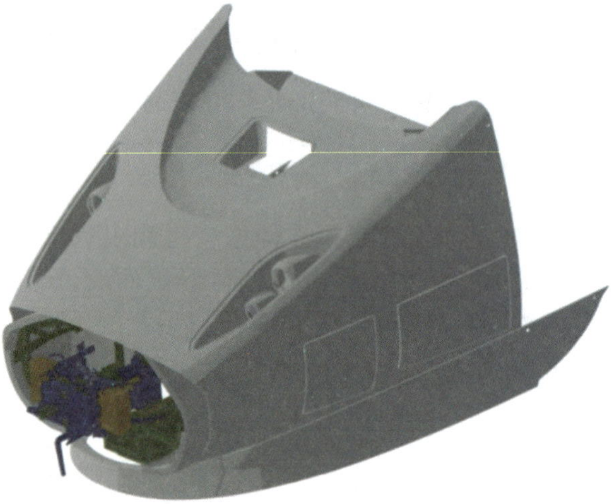

图 7-12　开闭机构

第三节　转　向　架

一、组　　成

CRH5A 平台动车组转向架主要由轮对轴箱装置、一系悬挂、构架、二系悬挂及中央牵引、传动装置、基础制动、轴端及辅助设备等组成。动车转向架与拖车转向架主要区别在于动车转向架配置有传动装置，动车转向架配置有 1 条动力轮对和 1 条非动力轮对，拖车转向架配置 2 条非动力轮对，转向架如图 7-13 所示。

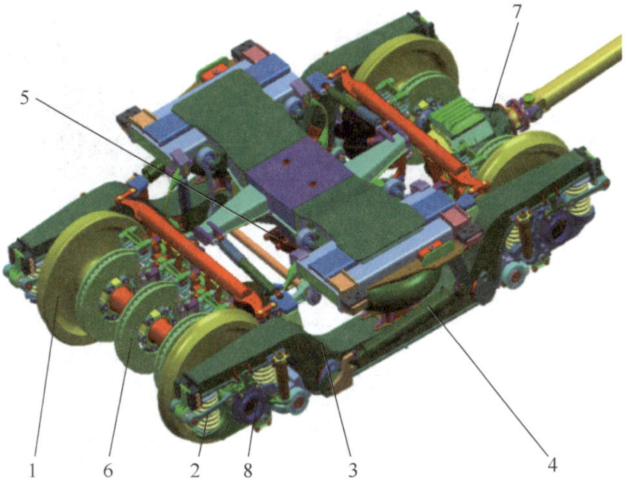

(a) 动车转向架

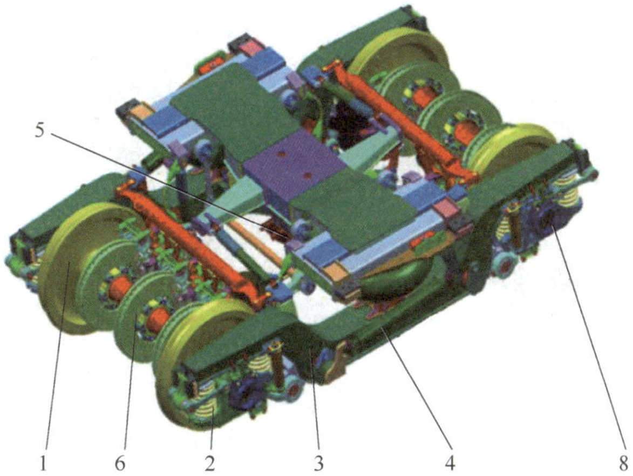

(b) 拖车转向架

图7-13　转向架

1—轮对轴箱装置;2——系悬挂;3—构架;4—二系悬挂;5—中央牵引;
6—基础制动;7—传动装置;8—轴端及辅助设备

二、轮对轴箱装置

1. 轮对组成

轮对组成分为动车轮对和拖车轮对,如图 7-14 所示,动车轮对配置 2 套轴装制动盘,拖车轮对配置 3 套轴装制动盘。动车、拖车车轮完全相同,采用曲辐板结构,踏面廓形为 LMC,材质牌号为 ER8C,新轮直径 890 mm,磨耗到限直径 820 mm。车轴中心孔直径分为 65 mm 和 30 mm 两种规格,材料牌号为 30NiCrMoV12。

2. 轴箱定位装置

轴箱采用双拉杆定位,主要由轴箱体、轴箱盖、轴箱轴承、轴端压盖、上拉杆、下拉杆等

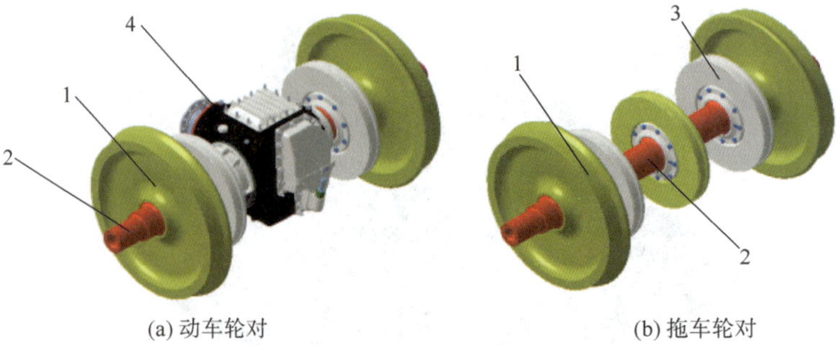

图 7-14　轮对组成

1—车轮;2—车轴;3—制动盘;4—齿轮箱

部件组成。轴箱体通过上、下拉杆与构架连接,拉杆可实现轴箱体与构架在垂向有较大的相对位移,拉杆两端均设有橡胶节点,实现轴箱和构架之间横向与纵向弹性定位,如图 7-15 所示。

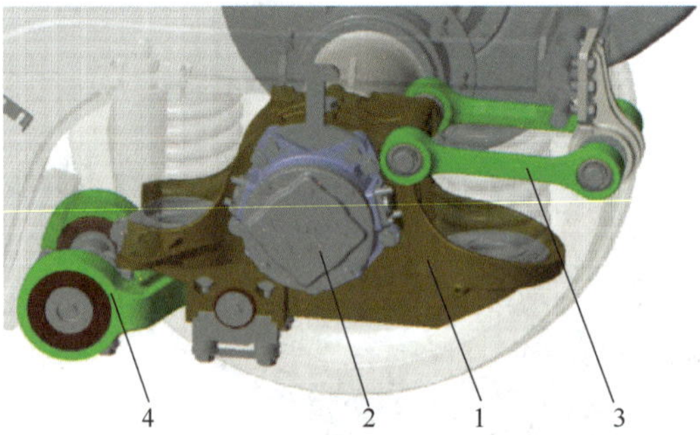

图 7-15　轴箱定位装置

1—轴箱体;2—轴箱盖;3—上拉杆;4—下拉杆

轴箱轴承采用自密封双列圆锥滚子轴承,采用润滑脂润滑、间隙式自密封结构。轴承主要由内圈、外圈、中隔圈、滚动体、保持架、密封罩及润滑脂等组成。

三、一系悬挂

一系悬挂装置采用拉杆式轴箱定位结构。一系悬挂系统由两组螺旋钢弹簧、一系垂向减振器和定位装置组成。箱体与构架间的连接通过在不同高度、端部有弹性节点的纵向拉杆组实现(双拉杆轴箱定位结构),如图 7-16 所示。

四、构　架

构架侧梁由钢板焊接成箱形结构,横梁采用无缝钢管;横梁、侧梁上焊有各种安装座。动车、拖车构架主要区别为动车构架焊有齿轮箱吊杆座,如图 7-17 所示。

五、二系悬挂及中央牵引

二系悬挂装置主要由空气弹簧、联系枕梁、牵引装置、抗侧滚扭杆等部件组成。二系悬

图 7-16　一系悬挂

1—一系垂向减振器;2—螺旋钢弹簧

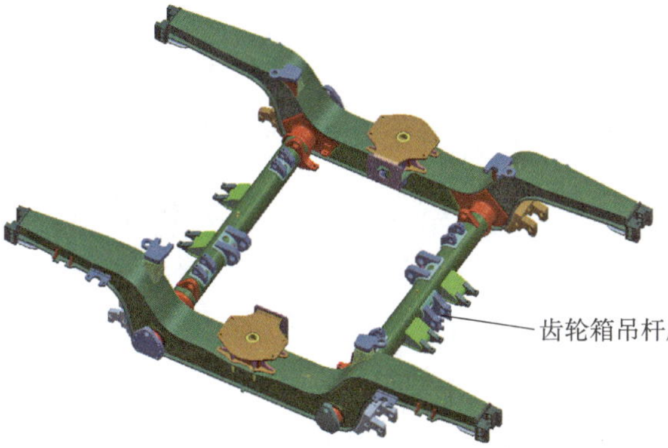

图 7-17　动车构架

挂采用四点支撑方案,每个转向架配置 2 套抗侧滚扭杆,扭臂与构架横梁连接,连杆连接至联系枕梁,如图 7-18 所示。

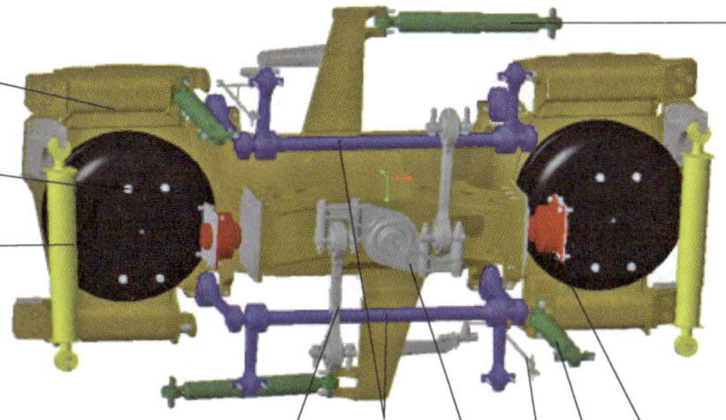

图 7-18　二系悬挂及中央牵引

1—联系枕梁;2—空气弹簧;3—抗蛇行减振器;4—二系横向减振器;5—横向止挡;6—二系垂向减振器;7—高度阀;8—抗侧滚扭杆;9—牵引梁;10—牵引拉杆

六、传动装置

传动装置的传动方式为齿轮箱和万向轴组成垂直传动，牵引电机和齿轮箱之间的转矩通过万向轴和安全装置进行传递。万向轴传动装置由铰接法兰、十字单元包、套筒和花键组成，安装在齿轮箱与电机的安全装置之间。安全装置能够实现过载保护，提高传动系统的安全性和可靠性，如图 7-19 所示。

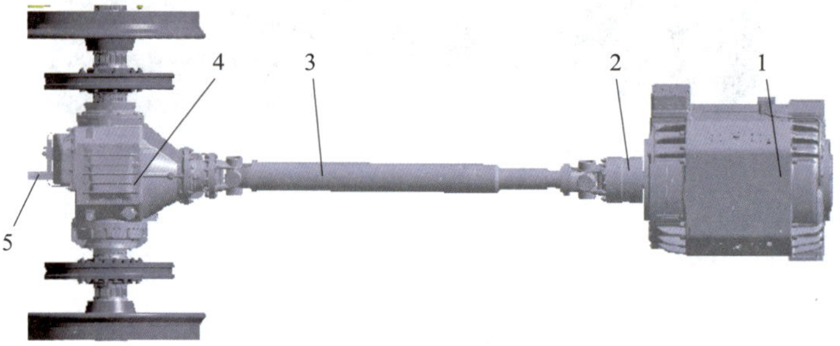

图 7-19 传动装置

1—牵引电机；2—安全装置；3—万向轴；4—齿轮箱；5—齿轮箱吊杆

七、基础制动

基础制动装置采用轴盘制动，其中动车轮对安装 2 套轴装制动盘，拖车轮对安装 3 套轴装制动盘，制动夹钳单元为三点吊挂结构，如图 7-20 所示。

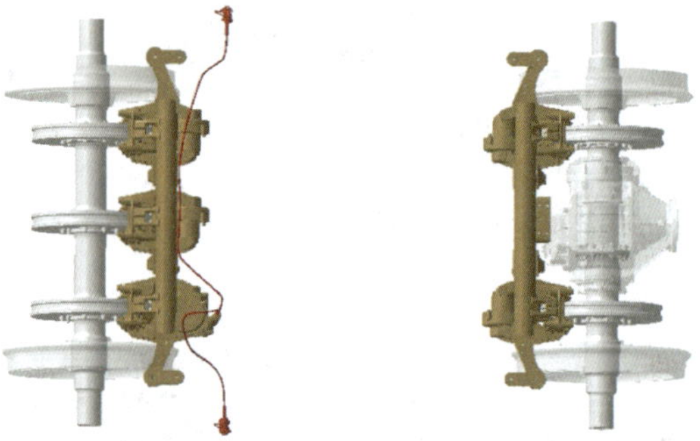

(a) 拖车轮对　　(b) 动车轮对

图 7-20 基础制动装置

八、轴端及辅助设备

转向架在轴端、构架、齿轮箱等零部件上设置有速度监测、温度监测、轮缘润滑、撒砂和排障等装置，用以满足动车组高速运行中功能状态和安全监测的需求。

转向架在轴箱体、齿轮箱上均设有轴承温度传感器，当温度超过限制值时列车可实现自动报警或采取减速和停车措施，头尾车转向架的导向轮对处安装有轮缘润滑装置。扫石器安装在头尾车导向轮左右两侧构架端部，主要用于清除钢轨上的小型障碍物，避免车轮踏面硌伤受损，辅助设备如图 7-21 所示。

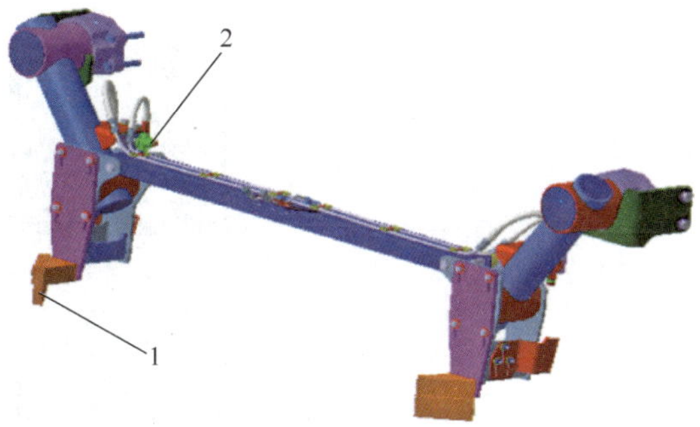

图 7-21　辅助设备

1—扫石器;2—轮缘润滑装置

第四节　高压牵引系统

一、主电路拓扑

CRH5A 平台动车组由 2 个基本动力单元组成,每个基本动力单元具有独立的高压牵引系统,主电路拓扑结构如图 7-22 所示。

二、动车组高压设备

高压设备包括受电弓、真空断路器、避雷器、互感器等,所有高压设备主要安装在车顶。

1. 受电弓

受电弓通过支撑绝缘子安装在动车组的车顶,主体结构采用双滑板、单臂设计,结构及组成如图 7-23 所示。受电弓额定电压 25 kV/50 Hz,额定电流 1 000 A,工作高度 634 ~ 2 540 mm,静止状态下接触力为(70 ± 10) N。

2. 真空断路器

真空断路器和接地开关安装于 03、06 车车顶。真空断路器的额定电压为 31.5 kV,额定电流为 1 000 A,额定分断电流为 16 kA,额定断开时间为不超过 60 ms。接地保护开关的额定电压为 31.5 kV,额定电流为 400 A,短时耐受电流为 16 kA/1 s。

3. 避雷器

避雷器额定电压 42 kV,持续运行电压 34 kV,标称放电电流 10 kA。

4. 互感器

电压互感器一次侧和二次侧额定电压比为 25 kV:150 V,网侧电流互感器一次侧和二次侧额定电流比为 500 A:1 A,变压器原边电流互感器额定电流比为 250 A:1 A。

5. 绝缘子

支绝缘体材料为硅橡胶类,嵌件为不锈钢材质。绝缘子高度为 400 mm,爬电距离 >1 000 mm。

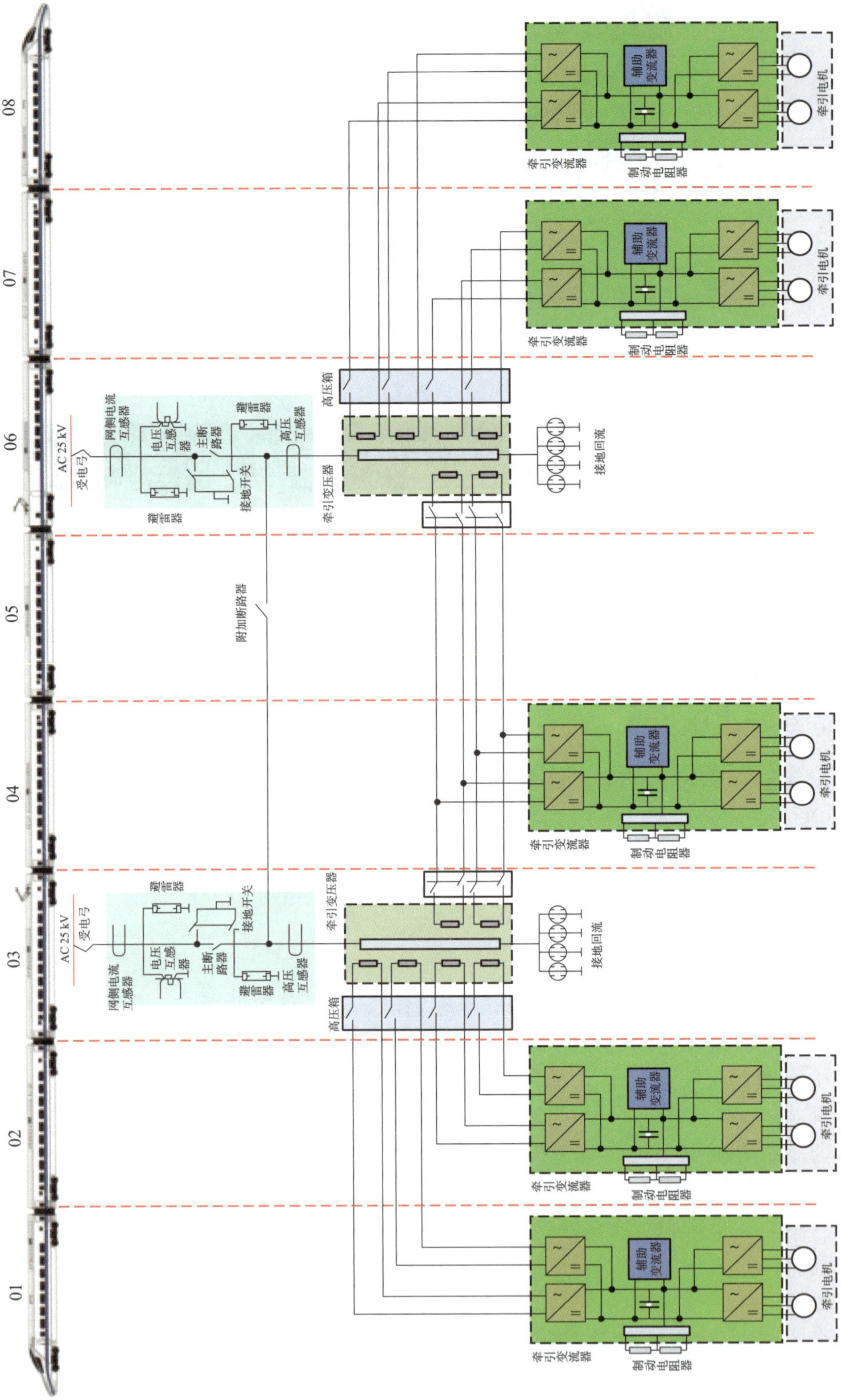

图 7-22 CRH5A平台动车组主电路拓扑结构

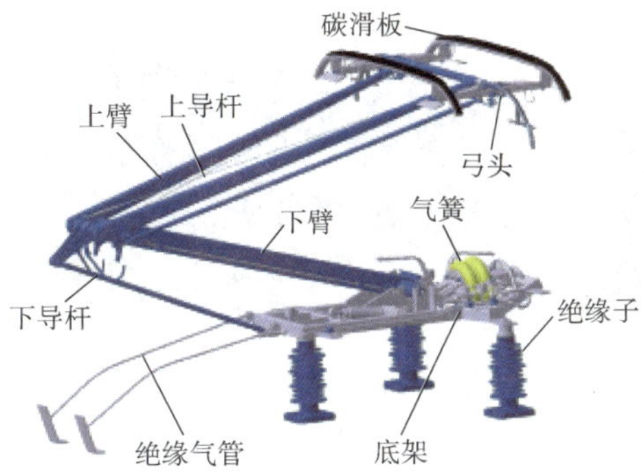

图 7-23　受电弓组成

三、牵引变压器

每个基本动力单元有 1 台牵引变压器，每台牵引变压器有 1 个原边绕组、6 个牵引绕组，将接触网上获取的 AC 25 kV 高压电变换为牵引变流器所适合的 AC 1 770 V 电压。其中一台牵引变压器为 3 台牵引变流器供电，驱动 6 台牵引电机，另一台牵引变压器为 2 台牵引变流器供电，驱动 4 台牵引电机。

采用单相芯式牵引变压器，容量为 5 262 kV·A，采用强迫导向油循环风冷方式，车体下整体弹性悬挂安装。牵引变压器结构及组成如图 7-24 所示。

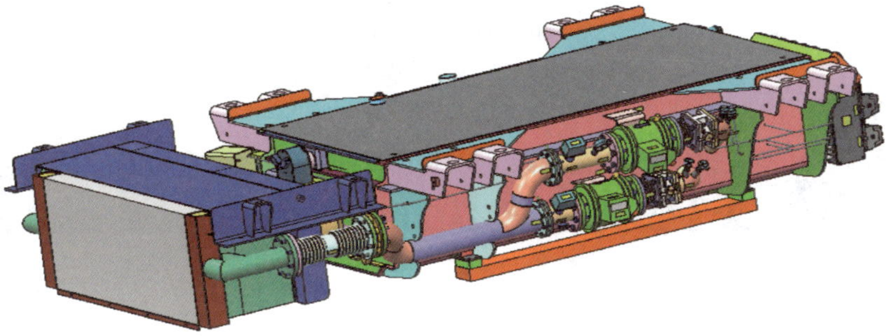

图 7-24　牵引变压器

四、牵引变流器

动车组包括 2 个牵引单元，其中一个牵引单元有 3 个动力车，另一个牵引单元有 2 个动力车，每个动力车均设置 1 台牵引变流器，驱动 2 台牵引电机。辅助变流器从牵引变流器中间回路取电，为辅助负载供电。

采用主辅一体式牵引变流器，牵引功率为 1 208 kW，结构及组成如图 7-25 所示。

五、牵引电机

牵引电机为变频调速异步电动机，电机定子机座采用全叠片拉板焊接结构，两端端盖采用球墨铸铁结构，采用开放式强迫风冷，通风装置设在电机两侧。电机安装一套速度检

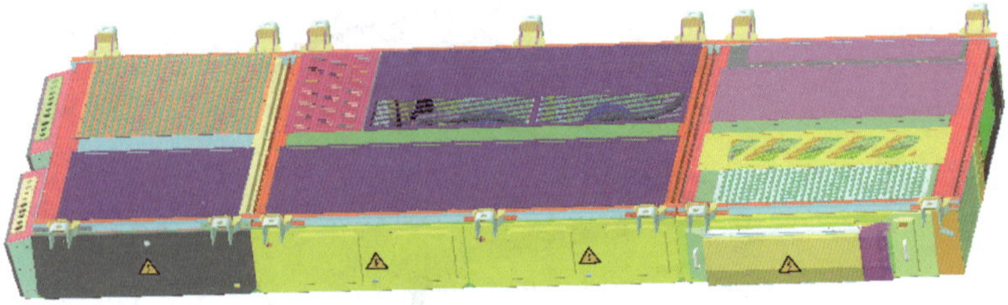

图 7-25 牵引变流器

测系统用于监控,并且在定子线圈上预埋温度传感器用来测量电机定子温度。牵引电机采用弹性吊架吊装在车体底架上,由联轴器通过万向轴连接至安装在转向架上的变速箱传递扭矩。牵引电机如图 7-26 所示。

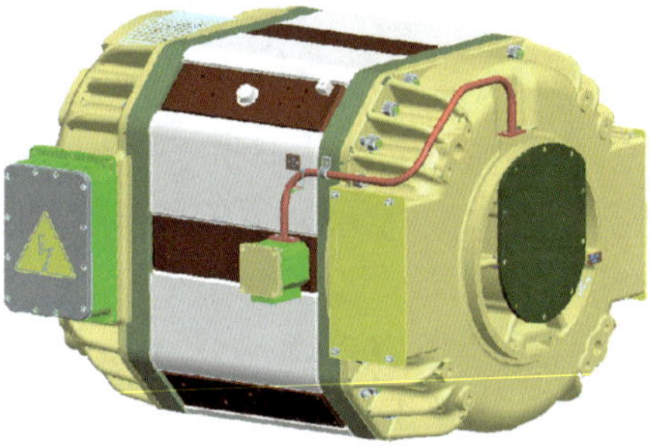

图 7-26 牵引电机

第五节 制动系统

CRH5A 平台型动车组采用微机控制的直通式电空复合制动系统和间接空气制动系统。正常运行情况下,常用制动通过直通电空复合制动系统实现,紧急制动通过直通电空复合制动系统和间接空气制动系统冗余控制实现。救援时使用间接空气制动系统。

一、制动系统组成

制动系统由供风系统、制动控制系统、基础制动装置等组成,如图 7-27 所示。

1. 供风系统

主供风单元主要由空气压缩机和干燥装置组成。全列设置 2 台主供风单元,每台空气排量为 1 060 L/min,由列车网络控制主供风单元的启动和停止,使全列总风压力维持在 850 ~ 1 000 kPa,主供风单元如图 7-28 所示。

在有受电弓的车辆设置辅助供风单元,在动车组主供风单元不能工作且总风压力不足时,可启动辅助供风单元工作为受电弓、真空断路器(VCB)等高压设备提供压缩空气。辅助供风单元由车辆蓄电池供电,排量不小于 70 L/min,辅助供风单元如图 7-29 所示。

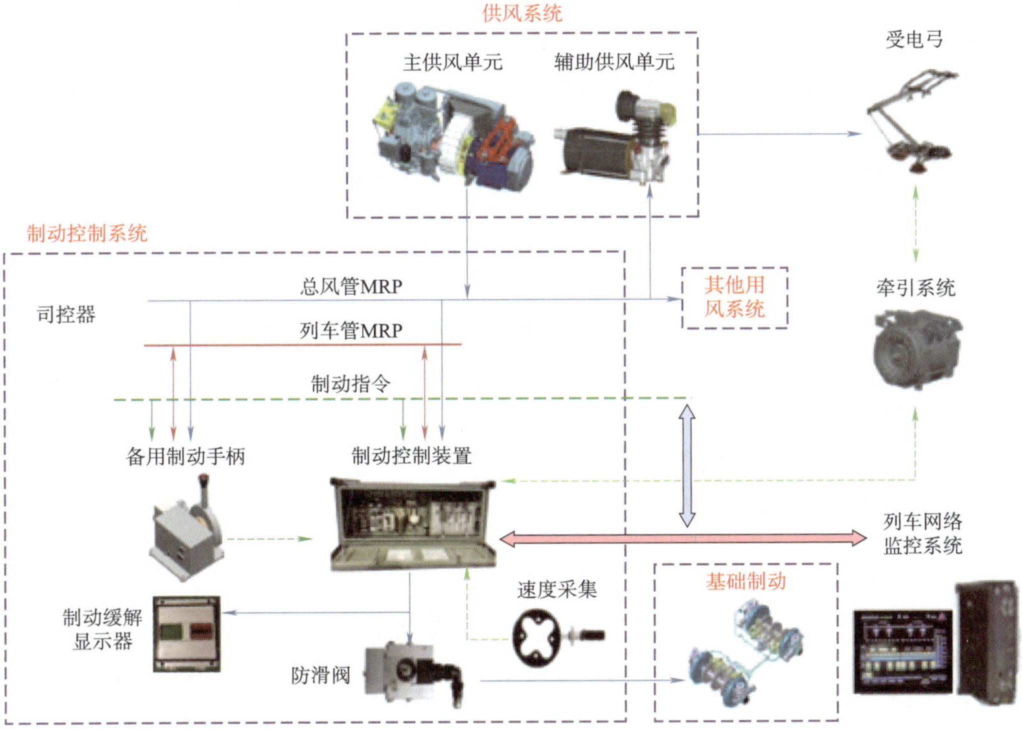

图 7-27 制动系统组成

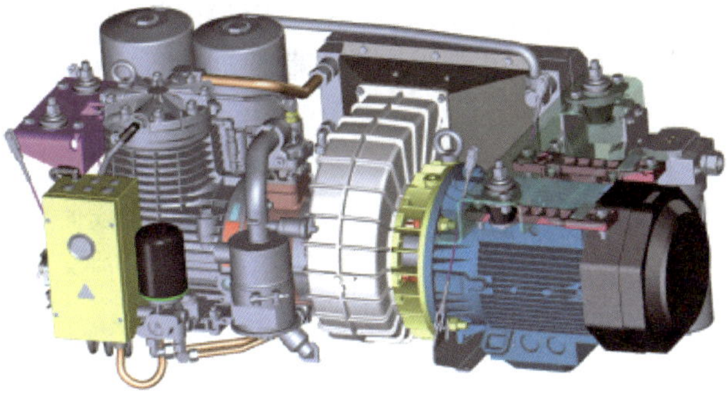

图 7-28 主供风单元

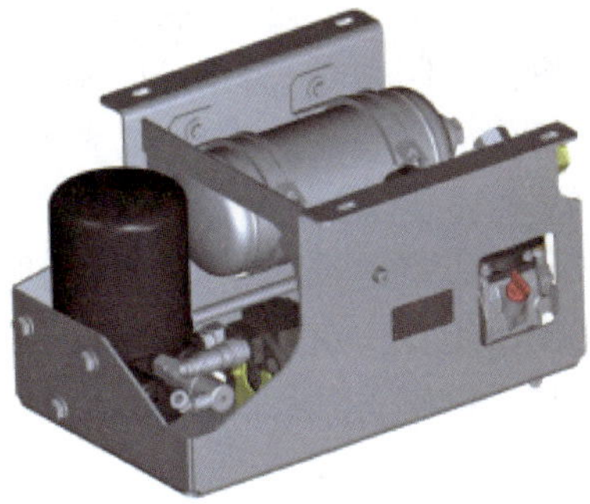

图 7-29 辅助供风单元

2. 制动控制系统

制动控制系统包括电子制动控制单元(EBCU)和空气制动控制单元(PBCU)。

3. 基础制动装置

基础制动装置主要由制动盘、制动夹钳和闸片等组成,安装在每辆车的转向架上。

二、功能及控制原理

制动系统具有常用制动、紧急制动 EB、紧急制动 UB、乘客紧急制动、停放制动、保持制动、备用制动、防滑保护、撒砂控制和救援回送等功能。

1. 常用制动

牵引制动手柄采用无级控制，当手柄位于制动第一扇区（电制动扇区）时，仅动车施加电制动，手柄进入第二扇区（电空复合制动扇区）后，拖车和动车的拖轴开始补充施加空气制动。

常用制动时，EBCU 控制本车 PBCU 内电空转换阀输出对应于当前载荷状态的制动预控压力，预控压力经中继阀放大流量后，输出至基础制动制动缸，制动控制原理如图 7-30 所示。

2. 紧急制动 EB

紧急制动 EB 是由紧急制动 EB 安全环路控制施加的紧急制动，采用电空复合制动，由 EBCU 按照预设的减速度实施制动，具有空重车载荷调整功能，控制原理同常用制动。

3. 紧急制动 UB

紧急制动 UB 通过独立的安全环路实施，直接作用于紧急制动电磁阀。紧急制动电磁阀采用失电制动的控制形式，制动风缸内的压缩空气通过空重车调整阀调压后，再通过紧急电磁阀到达中继阀，由中继阀放大流量后输出制动缸压力。

4. 乘客紧急制动

当乘客拉动客室内的乘客紧急制动拉手后，紧急制动信号被迅速传递到司机室，列车管将迅速排风，动车组产生空气紧急制动作用。乘客紧急制动装置具有 3 s 延时，如果司机认为动车组处在不适宜停车的位置，司机可以发出指令取消该紧急制动的产生。

5. 停放制动

在司机室操纵台上设有停放制动施加按钮和停放制动缓解按钮，在列车静止时，操作停放制动施加按钮，控制双脉冲电磁阀排出停放制动缸中的压缩空气，施加停放制动；当需缓解停放制动时，操作停放制动缓解按钮，控制双脉冲电磁阀向停放制动缸充入压缩压力，缓解停放制动。

6. 保持制动

司机室内设置保持制动施加按钮，可通过按下保持制动施加按钮，确保定员载荷状态下动车组在一定坡道上静置。当司机操作牵引制动手柄推至小牵引位时约 1 s 后保持制动自动缓解，可确保定员载荷状态下动车组在一定坡道上启动时不溜逸。

7. 备用制动

如果电空装置发生故障或处于救援模式，动车组可启动备用制动继续运行。此时制动将通过列车管中的压力（600 kPa）进行控制。备用制动系统具有紧急制动功能。

8. 防滑保护

防滑控制单元根据各轴车轮的速度进行计算分析和逻辑判断，当检测到某根车轴发生滑行时，减小再生制动力，并控制防滑阀动作调节空气制动力，使滑行车轴恢复车辆速度。

9. 撒砂控制

司机操纵台设置撒砂开关，当轮轨黏着差时，司机手动操作司机台上的撒砂开关进行手动撒砂。另外，当动车组发生空气制动滑行时，可进行自动撒砂。

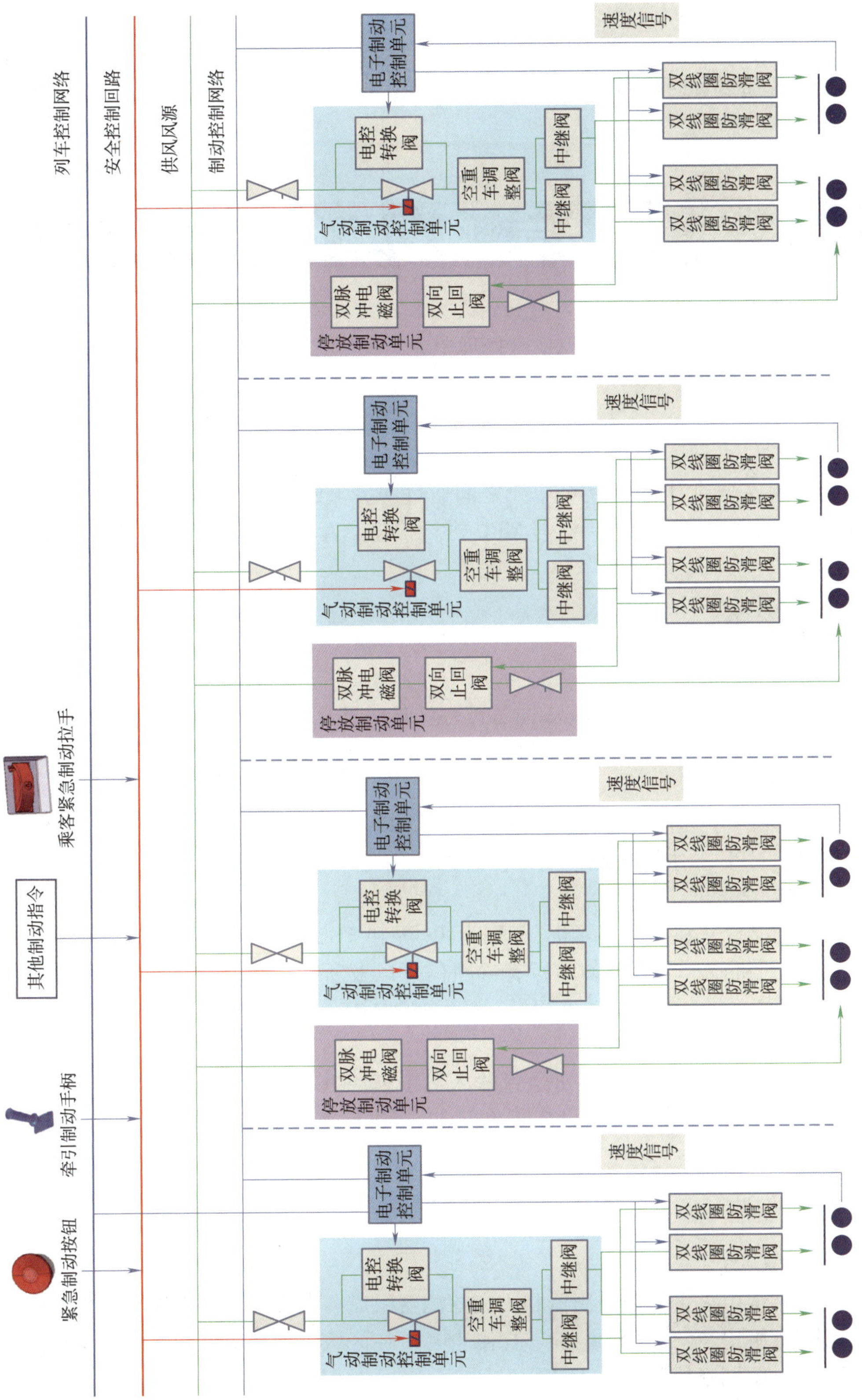
列车控制网络
安全控制回路
供风风源
制动控制网络
紧急制动按钮
牵引制动手柄
其他制动指令
乘客紧急制动拉手
电子制动控制单元
速度信号
电控转换阀
空重车调整阀
中继阀
双线圈防滑阀
气动制动控制单元
双脉冲电磁阀
双向止回阀
停放制动单元

图 7-30　制动控制原理

10. 救援回送

动车组设自动式空气制动的备用制动系统，当动车组被救援回送时，自动式空气制动的备用制动系统通过贯通整列动车组的列车管控制，根据列车管的压力变化实现动车组的制动和缓解。

第六节　网络系统

CRH5A 平台动车组网络设备包括微处理单元（MPU）、远程输入输出模块（RIOM）、人机接口显示屏（TD/TS/LT）等。

一、拓扑结构

每 4 辆车为一个动力单元，两个单元之间通过网关上的 WTB 总线进行信息交互。单元内有车辆总线，用于子系统控制器与 MPU 进行信息交互。网络系统拓扑结构如图 7-31 所示。

二、系统设备

1. 网关

网关用于实现列车总线与车辆总线之间的双向信息交换。每个网关与列车总线之间以 128 字节的报文（周期数据）交换来自编组中其他所有网关的信息。

2. 微处理单元

MPU LT 控制牵引和信号总线上的所有设备，MPU LC 则控制旅客服务线和 CAN 总线上的所有设备。MPU 的主要功能包括过程数据收发、逻辑判断与处理及故障诊断。

3. 人机接口显示屏

司机台设置 2 个人机接口显示屏，分别为 TS 屏和 TD 屏。TS 屏向司机显示主要牵引信息。TD 屏向司机显示车辆设备的所有诊断信息以及所有被监视设备和部件的状态。TS 屏和 TD 屏互为冗余，可以手动进行设置（TS 或 TD）。

4. 远程输入/输出模块

不具备 MVB 接口能力的设备可通过输入输出模块 IOM 与 MPU 进行数据交互，MPU 通过 IOM 的 DI 模块、AI 模块采集设备工作状态，经过计算机逻辑运算输出 DO 指令对设备施加控制命令。

三、安全监控

1. 烟火报警系统

烟火报警系统由火灾报警控制器和火灾探测器组成。火灾探测器安装于车内电气柜、司机室、卫生间、厨房、客室等区域，能够探测自身所在区域的烟雾浓度和温度，并将监测状态通过 I/O 传送至网络控制系统 TCMS。

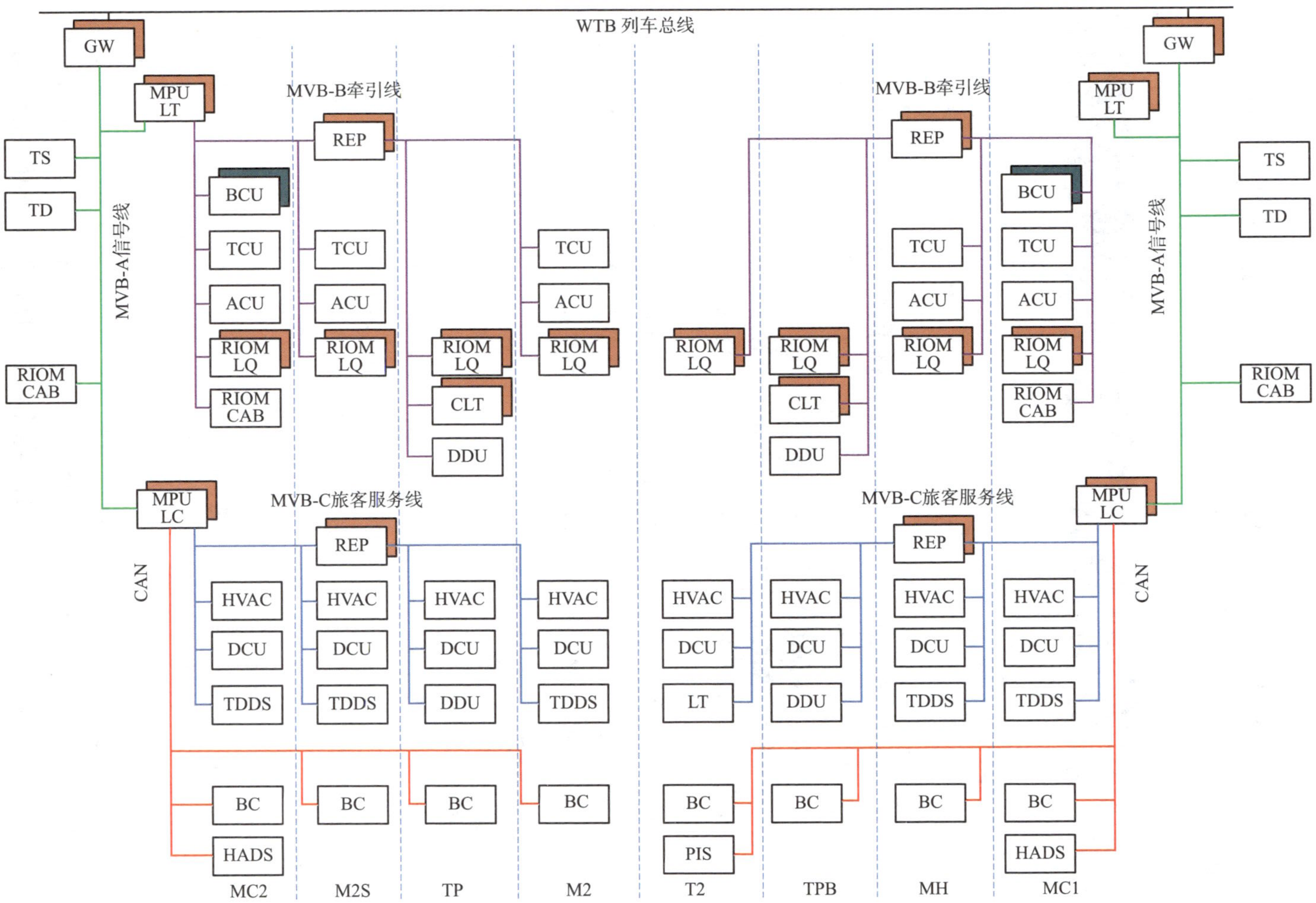

图 7-31　网络系统拓扑结构

ACU—辅助控制单元；BCU—制动控制单元；HADS—轴温检测系统；CLT—本地牵引控制；DCU—门控器；GW—WTB/MVB网关；HVAC—空调；MPU LC—微处理器单元舒适线；MPU LT—微处理器单元牵引线；PIS—旅客信息系统；REP—中继器；RIOM CAB—远程输入输出模块（司机室）；RIOM LQ—远程输入输出模块（客室）；TCU—牵引控制单元；TD—司机诊断显示器；TS—司机主显示器；BC—充电机；TDDS—传动系统监控装置

每节车设置一个火灾报警控制器，火灾报警控制器与本车火灾探测器之间通过硬线通信。火灾报警控制具有状态显示、消音及复位功能。

2. 温度监测系统

每辆车配置1台温度监测主机，主机与传感器之间通过线缆连接，通过CAN总线与列车网络系统通信。每辆动车配置8个轴箱轴承温度传感器。

第七节 辅助供电系统

一、辅助交流供电系统

1. 系统组成和功能

CRH5A平台动车组辅助交流供电系统采用三相四线制中性点接地系统，扩展供电方式。列车设有5台辅助变流器，和牵引变流器安装在同一箱体。辅助变流器将牵引变流器的中间直流电压DC 3 600 V变换成DC 600 V，再逆变为三相AC 400 V/50 Hz后为中压负载系统供电。中压线路(MV)配置有接触器，允许在正常和故障条件下切换中压线路。中压配电系统具有冗余功能。辅助交流供电系统构成如图7-32所示。

2. 辅助变流器

01车、02车、04车、07车和08车配备一个辅助变流器，连同相关的控制器，与牵引变流器安装在同一牵引/辅助变流器箱中。辅助变流器将牵引变流器的中间直流DC 3 600 V电压经斩波降压，再逆变成AC 400 V三相电压输出，向三相负载供电。

二、辅助直流供电系统

1. 系统组成和功能

CRH5A平台动车组辅助直流供电系统采用DC 24 V并联母线供电，分为+LP、B1+两路。+LP母线由直流蓄电池供电，负载包括蓄电池启动设备、信号灯等重要负载。B1+为非优先供电母线，为制动控制、照明、牵引控制和辅助变流器控制等大功率负载供电。两路线路共负极并接地。

辅助直流供电系统由蓄电池和充电机构成，列车设置有8台蓄电池充电机，将三相AC 380 V/50 Hz电压转换为DC 24 V电压，为蓄电池充电，同时为直流负载供电。蓄电池用于在应急条件下为列车提供电源。

2. 充电机

设置8套充电机系统(CBS)，每辆车一套。充电机将来自辅助变流器的三相交流380 V/50 Hz的电源输入变换为额定24 V直流输出，其输出最大功率为15 kW。充电机按照一定的特性曲线为蓄电池充电，蓄电池充电目标电压根据温度传感器Pt100采集的温度进行补偿。充电机具有向车载24 V直流用电设备供电的性能，同时具备给蓄电池供电的性能。

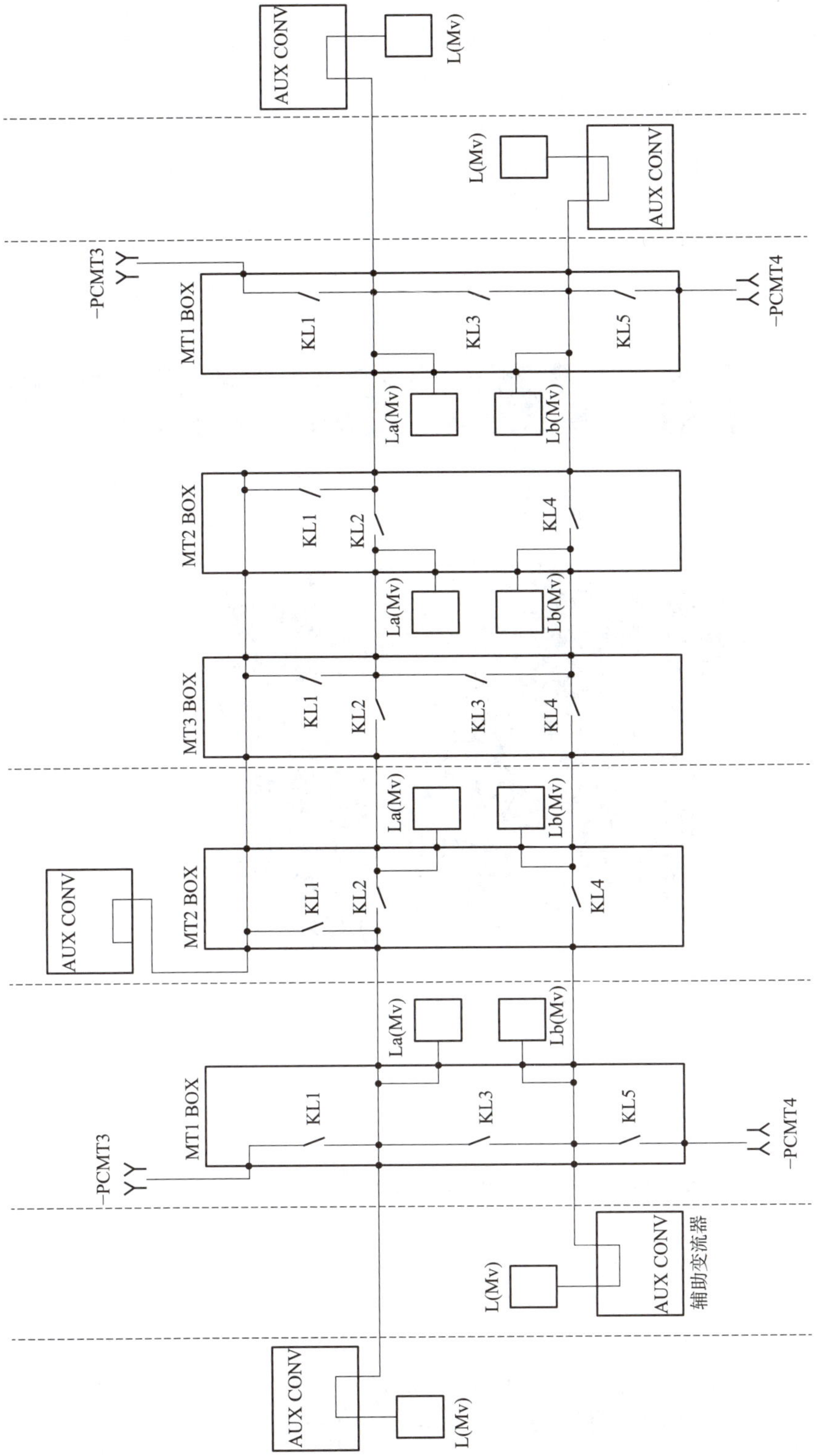

图7-32　辅助交流供电系统

AUX CONV—辅助变流器；L（Mv）/La（Mv）/Lb（Mv）—中压辅助；PCMT—外接插座；
MT1/MT2/MT3 BOX—中压箱；KL1/KL2/KL3/KL4—中压接触器

3. 蓄电池

蓄电池的功能是在系统故障情况下(缺少接触网电压、牵引变压器或变流器故障、蓄电池充电机故障等)确保向重要负载供电,采用镍镉碱性电池,全列每台车都配置有1个蓄电池箱,电池的标称电压为DC 24 V。

蓄电池安装在车下的可移动电池箱中,每个电池箱装两组共20只蓄电池。为了保证冬季蓄电池的供电效率,电池箱中带有温度传感器和加热装置,同时电池箱具有隔热功能。为了监测蓄电池的电解液状态,每一个电池还有电解液液面监测传感器。车内的电池诊断系统通过温度传感器和电解液液面监测传感器对蓄电池的状态进行自动检测。

第八节　驾驶设施

CRH5A平台动车组司机室布置如图7-33所示。

图7-33　司机室

一、司机操纵台

1. 操纵台布局

司机操纵台主要由仪表盘区域、台面区域、左下柜设备区域、脚踏区域组成。司机操纵台功能区如图7-34所示。

仪表盘区域主要布置ATP/LKJ显示器、TCMS系统显示器、CIR显示器、压力表面板、报警灯面板、声光报警面板、自动车钩命令控制板等设备。

台面区域主要布置主控面板、制动系统控制面板、司机控制器、空调系统控制面板及左侧、右侧、制动等模块化功能开关面板以及CIR、TSC1通信电话。

左下柜设备区域布置CIR打印机和PIS电话、EOAS数据转储装置。

脚踏区域布置司机警惕脚踏开关。

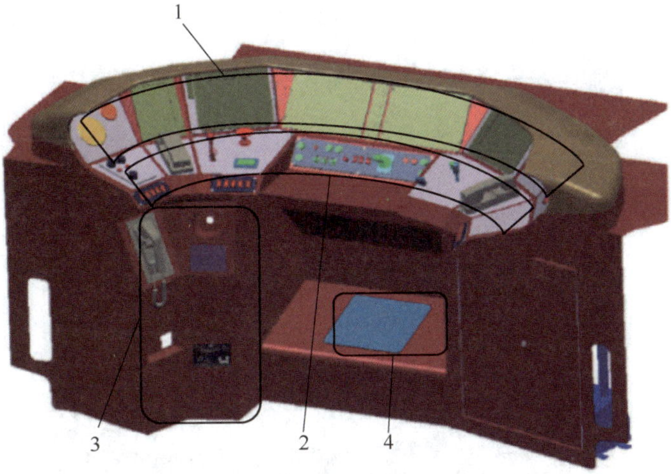

图 7-34　司机操纵台功能区

1—仪表盘区域;2—台面区域;3—左下柜设备区域;4—脚踏区域

2. 司机警惕系统

在动车组运行中,如司机未在规定时间内进行有效操作,将依次触发警惕报警、常用制动,直至施加紧急制动指令。

3. 司机控制器

司机控制器采用牵引/制动一体结构,司机通过操作司机控制器,来设定列车的牵引与制动工况、运行速度,确认列车操纵方向,实现车辆的启动和调速、制动等功能。

二、司机室遮阳帘

司机室遮阳帘为手动遮阳帘,遮阳帘由左右滑道、拉杆组成、帘布、卷筒组成、卷筒支架和位于滑道内的钢丝绳等组件组成。即拉即停,可根据使用需要,使遮阳帘停留行程内的任意位置。

三、风　　笛

每个头车装有"高"、"低"音风笛各 1 个。风笛由司机操纵台主控面板上的风笛开关进行控制。通过操纵风笛开关可实现风笛高、低音单独鸣响。

四、雨 刮 器

每个头车装有一套雨刮器,每套雨刮器由电机、传动机构、刮臂、刮片、水箱等组成。

五、外部照明

外部照明部件包括前照灯和标志灯,前照灯、标志灯位于动车组司机室前部,前照灯用于照明和警示,标志灯用红色灯光显示列车运行线路和方向,如图 7-35 所示。

图 7-35 前照灯、标志灯布置

第九节 车内设备

一、旅客信息系统

CRH5A 平台动车组旅客信息系统拓扑结构如图 7-36 所示。

1. 信息显示系统

车外信息显示器主要显示车次号、车厢号和起点站终点站等信息，如图 7-37 所示。车内信息显示器主要显示车厢号、车外温度等信息，如图 7-38 所示。

2. 广播与对讲系统

(1)广播系统

广播由车载电话、扬声器等组成。广播的优先级从高到低依次为：全列人工广播、手动触发全列服务信息广播、自动触发全列服务信息广播、单车广播、娱乐音频。任何时刻只能有一种广播存在。

(2)对讲系统

对讲系统主要实现司机室之间、司机室和列车长室之间、司机室和乘务员之间、列车长和乘务员之间以及乘务员之间的对讲通讯。

(3)娱乐系统

娱乐系统主要由旅客信息管理单元、音视频读取单元、音频功放单元、音视频分配单元、间壁电视、吊顶电视、酒吧车电视、座椅音频接收器等组成。

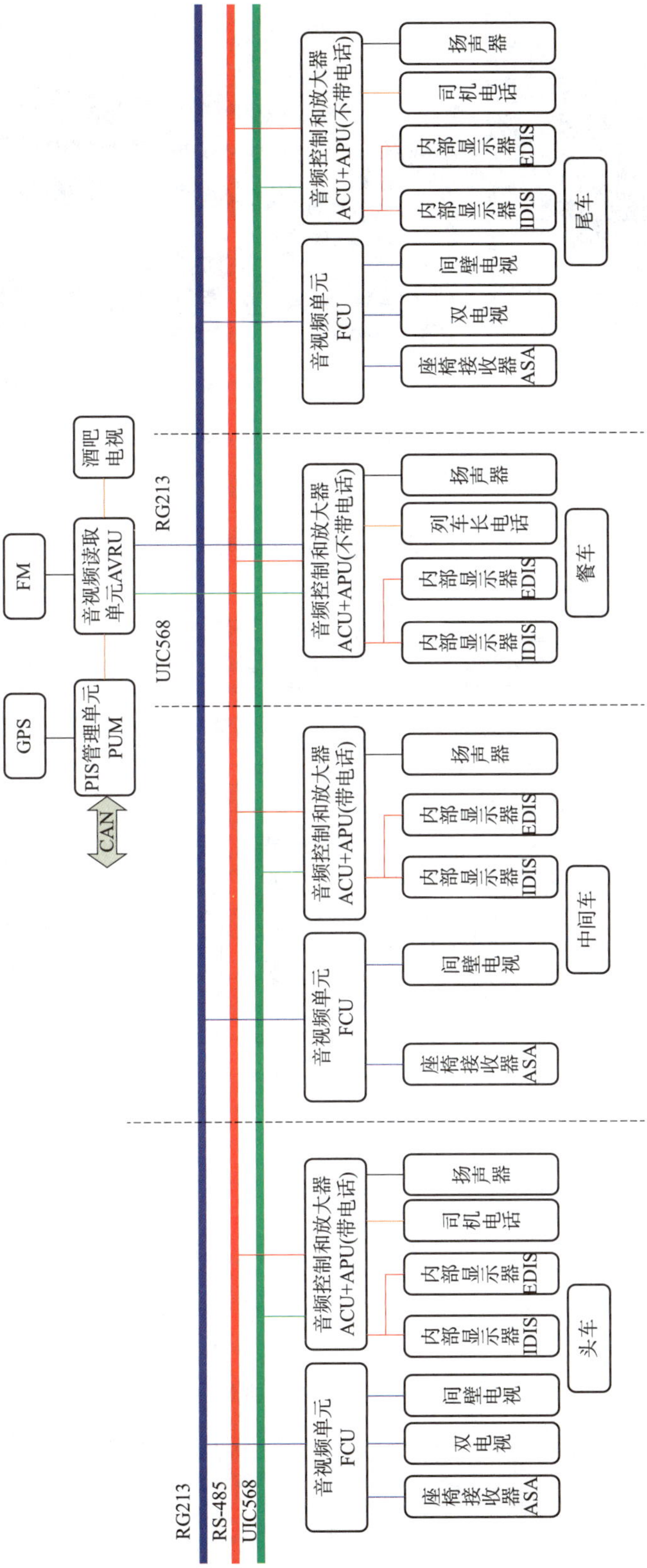

图 7-36　旅客信息系统拓扑结构

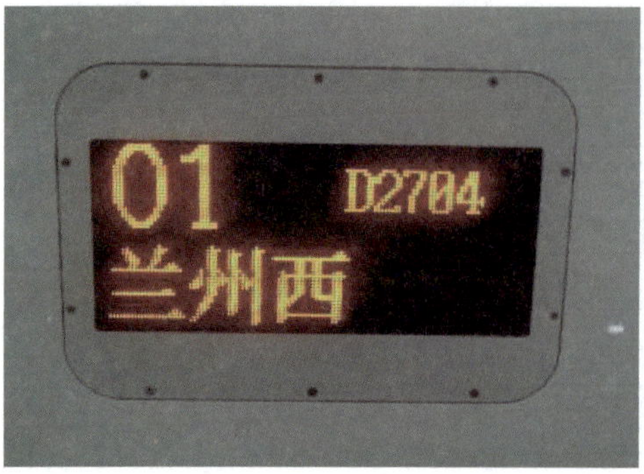

图 7-37　车外信息显示器

图 7-38　车内信息显示器

二、视频监控系统

视频监控系统包含客室监控和受电弓视频监控，系统拓扑结构如图 7-39 所示。

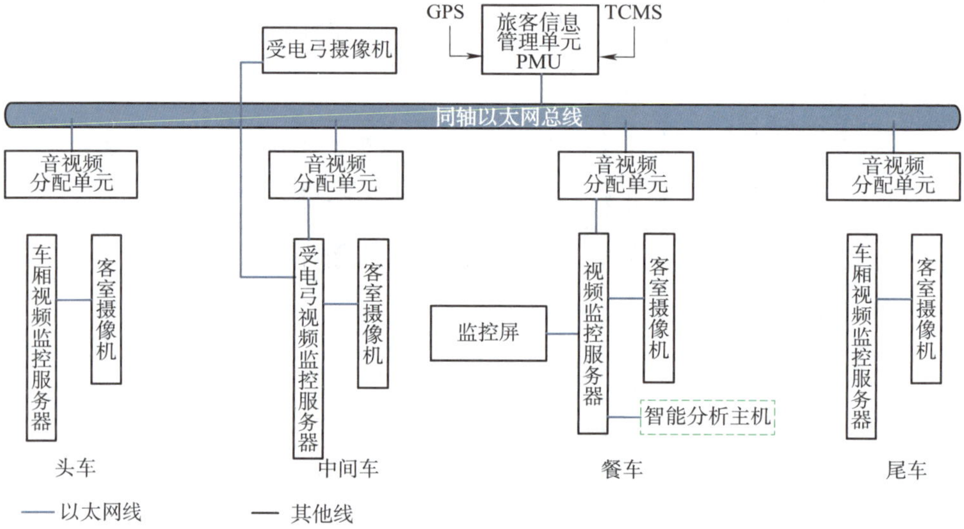

图 7-39　视频监控系统拓扑结构

1. 客室视频监控

客室视频监控系统主要硬件包括网络摄像机、车厢视频监控服务器、连接电缆等。

2. 受电弓视频监控

受电弓视频监控系统主要硬件包括监控屏、受电弓视频监控服务器、受电弓摄像机、连接电缆等，受电弓视频可满足 30 天存储。受电弓视频监控摄像机如图 7-40 所示，受电弓视频监控屏如图 7-41 所示。

图 7-40　受电弓视频监控摄像机

图 7-41　受电弓视频监控屏

三、照　　明

车内照明按安装区域主要分为客室照明、端部及司机室照明、乘务室及服务区照明、厨房吧区及走廊照明。照明系统构成如图 7-42 所示。

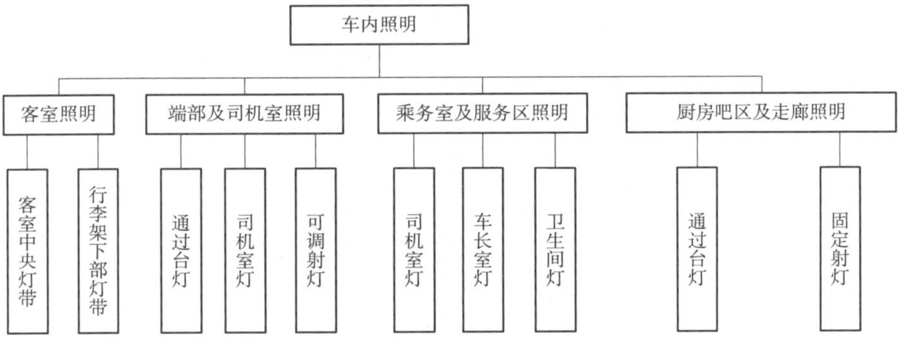

图 7-42　车内照明系统构成

1. 客室照明

客室中顶板布置两条直接照明灯带，行李架下方布置两条隐形灯带，照明效果如图 7-43 所示。

图 7-43　客室照明效果

2. 端部照明及司机室照明

两端通过台、走廊采用通过台灯,风挡处设置通道灯;卫生间照明采用卫生间灯;监控室、乘务员室/机械师室、司机室照明采用司机室顶灯和可调射灯。

3. 厨房吧区及走廊照明

厨房照明采用通过台灯,吧区照明采用 LED 射灯。

四、空　　调

空调系统可保证动车组车内舒适的空气环境,车内夏季一般温度在 24 ~ 28 ℃,相对湿度≤70%,新鲜空气量 15 ~ 20 m^3/h 每人;冬季一般温度在 18 ~ 22 ℃,相对湿度≤30%,新鲜空气量 10 ~ 20 m^3/h 每人。

空调系统主要包括客室空调机组、废排装置、压力波保护装置、空调控制柜、司机室空调机组、温度传感器、风扇电加热器、静态加热器等零部件。客室气流组织分布如图 7-44 所示。

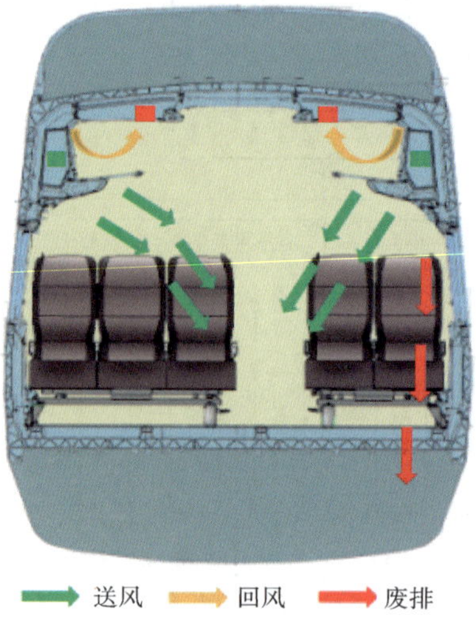

图 7-44　客室气流组织分布

空调机组采用车顶单元式安装结构,制冷量 44 kW,制热量 29 kW,送风量最大为 4 300 m^3/h,制冷剂采用 R407C 环保制冷剂。机组内设全封闭立式压缩机、冷凝器、蒸发器、冷凝风机、蒸发风机、加热器、旁通阀、膨胀阀、压力开关、压力传感器、风压开关等。

司机室空调机组采用车顶单元嵌入式安装结构。

废排装置为单元式,通过安装座与车体刚性连接,安装在车内;车厢顶板上部设有废排风道,通过侧墙软风道与废排装置连接;废排装置工作时将车内废气排出车外。废排装置主要由风机、废排风阀以及紧急通风逆变器等部件构成。

空调系统的控制元件均集成在客室空调控制柜中;空调控制柜以空调控制器为核心,配合断路器、接触器、继电器等元件,自动完成空调装置的控制、保护、故障诊断和故障记录功能,使空调系统工作在预冷、预热、通风、制冷、加热、紧急通风等模式,调节客室内的舒适度,同时也具有 MVB 网络通信接口,可与列车网络通信,实现指令和信息的交换。

五、给排水卫生系统

给排水卫生系统主要包括供水装置、饮水装置及卫生装置三部分。

1. 供水装置

供水装置包含净水箱、中间水箱、注水管路、供水管路。主要采用重力供水的方式向车上用水设备供水。

2. 饮水装置

电热开水器主要由炉体及接水面板组成。

3. 卫生装置

卫生间分为标准卫生间和无障碍卫生间。无障碍卫生间兼顾乘坐轮椅旅客的如厕需求，在标准卫生间基础上，增设折叠扶手、婴儿护理台和 SOS 按钮等设备。采用中转式真空集便系统，污物箱为常压箱体，真空在中转箱中产生，污物被抽吸到中转箱中后再排入污物箱中。

六、内装设备

1. 车窗

客室侧窗采用中空玻璃，由夹层玻璃 + 中间层 + 钢化玻璃构成。玻璃的外层为灰色夹层玻璃，内层为钢化玻璃。两层玻璃之间进行了密封，并填充了气体(氩气)。

紧急车窗旁边设有安全锤，紧急情况下可使用安全锤敲打紧急窗玻璃的标识处，每层玻璃都破碎后，推掉玻璃形成安全出口，实现逃生。侧窗如图 7-45 所示。

2. 车门

车门可分为外门和内门，外门包括塞拉门、司机登乘门和餐车上货门，内门包括风挡门、通过台门等。

塞拉门为电控、电动外塞拉式单扇滑动门，由门框、门扇、设备架组件、承载驱动机构、内部操作装置、外部操作装置、高站台踏板、低站台踏板等部件组成，具有集控开关门、本地开关门、故障自诊断、障碍检测、自动/手动锁闭、隔离、紧急解锁、速度联锁保护等功能。塞拉门如图 7-46 所示。

图 7-45 侧窗

1—紧急车窗；2—紧急车窗红色敲击点；3—安全锤

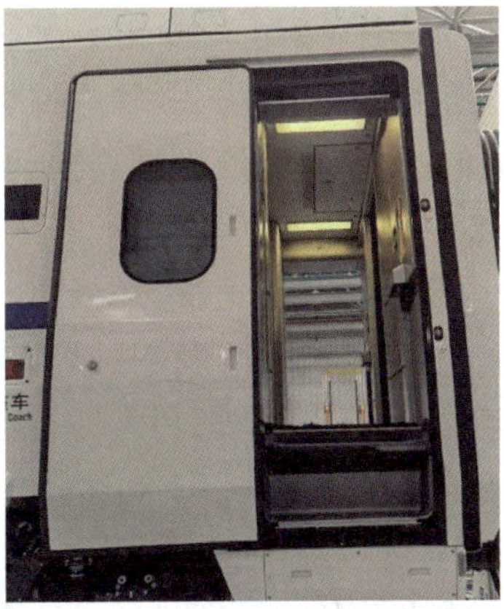

图 7-46 塞拉门

司机登乘门采用手动折页门，主要由门扇、门框、锁闭装置、铰链等组成，门向车内侧打开，如图 7-47 所示。

餐车上货门采用手动折页门，主要由门扇、门框、锁闭装置、铰链等组成，门向车内侧打开，如图 7-48 所示。

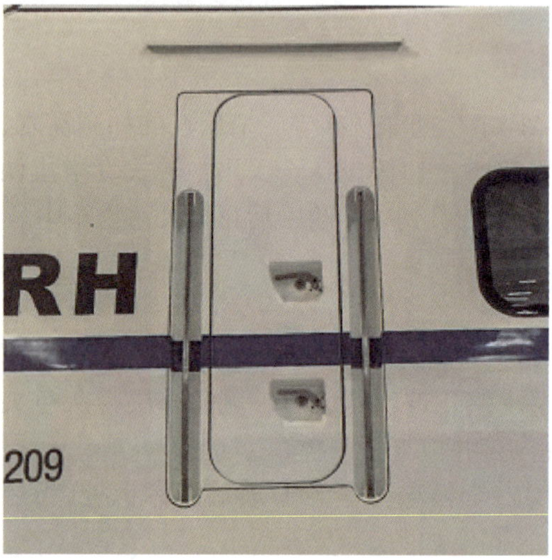

图 7-47　司机登乘门

图 7-48　餐车上货门

风挡门为电动门，主要由门扇、承载驱动机构、下导轨、防火框、手电动转换开关等组成。在发生火灾时，防火框胶条能受热膨胀对门扇与风挡支架间的缝隙进行密封，防止火灾在短时间内向其他车辆扩散。

通过台门为电动门，主要由门扇、承载驱动机构、下导轨、前门框组件、隔离锁等组成，通过操作开关按钮可实现自动开关门。

3. 座椅

采用旋转式座椅，一等座椅为 2+2 形式布置，二等座椅为 2+3 形式布置，座椅通过椅腿与弹性支承及侧墙支架连接，客室座椅如图 7-49 所示。

4. 内装

内装主要包括地板、地板布、侧墙、间壁、行李架、平顶板、客室顶板等。内装主要采用 Nomex 酚醛蜂窝复合材料、玻璃钢、三明治夹芯泡沫等环保材料。行李架用于存放旅客的行李物品，分为行李架和大件行李柜，客室内装如图 7-50 所示。

5. 厨房

厨房的选配设备有冷冻柜、冷藏柜、冷藏展示柜、微波炉、烤箱、电磁炉、保温柜、消毒柜、冷饮机、制冰机、电热开水器等，厨房布置如图 7-51 所示。

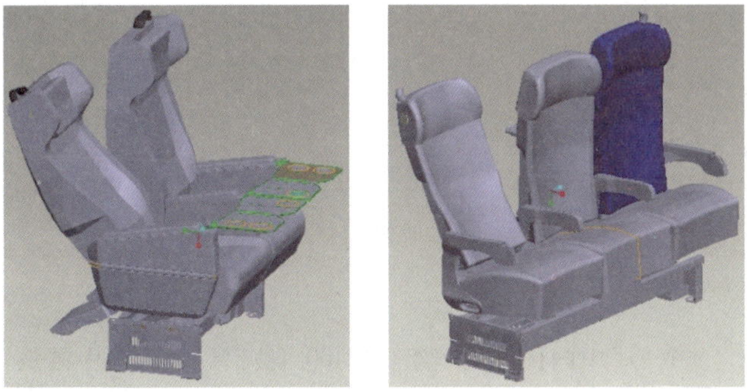

图 7-49　客室座椅

图 7-50　二等座车客室内装

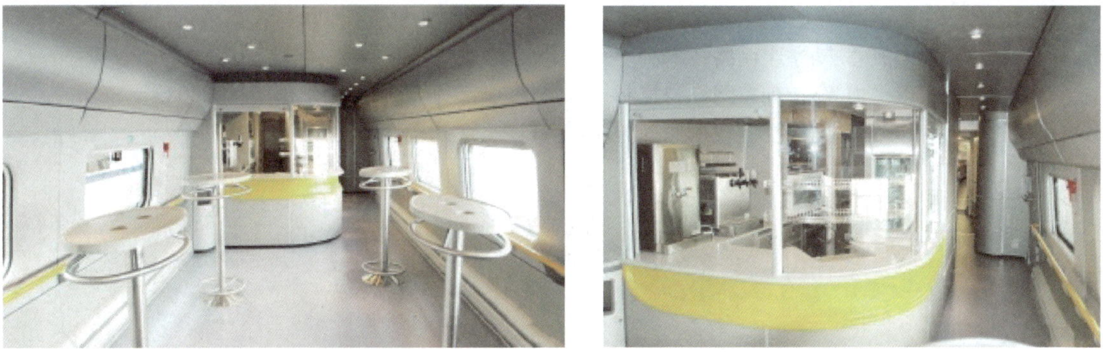

图 7-51　厨房布置

复习思考题

1. 8 辆编组 CRH5A 平台动车组由几辆动车和几辆拖车组成？
2. CRH5A 平台动车组转向架一系、二系悬挂装置主要包含哪些部件？
3. CRH5A 平台动车组高压设备有哪些组成部件？
4. CRH5A 平台动车组制动系统具有哪些功能？
5. CRH5A 平台动车组火灾探测器布置在哪些位置？
6. 8 辆编组 CRH5A 平台动车组设有几台辅助变流器？
7. CRH5A 平台动车组旅客信息系统有哪些基本功能？
8. CRH5A 平台动车组主要采用哪种供水的方式向车上用水设备供水？

参考文献

[1]《"复兴号"中国标准动车组》编委会."复兴号"中国标准动车组(CR400 型)[M].北京:中国铁道出版社有限公司,2020.

[2] 王开团,王志春,于泓,等.CRH380D 型动车组[M].北京:中国铁道出版社有限公司,2019.

[3] 孙帮成.CRH380BL 型动车组[M].北京:中国铁道出版社,2014.

[4] 王兆安,刘进军.电力电子技术[M].5 版.北京:机械工业出版社,2010.

[5] 黄秀川,何成才.动车组网络技术[M].2 版.成都:西南交通大学出版社,2018.

[6] 倪文波,王雪梅.高速列车网络与控制技术[M].成都:西南交通大学出版社,2008.

[7] 陶艳,龚娟.列车网络控制技术原理与应用[M].北京:中国电力出版社,2010.